CATALOGUE

DES PIERRES GRAVÉES

ANTIQUES ET MODERNES,

. DU CABINET

DE FEU M. HENRI TERSMITTEN,

En son vivant Bourguemaître & Conseiller de la Ville d'Amsterdam,
& Commissaire pour les Postes de leurs NN. & GG. PP.
les États de Hollande & de Westfrise, &c. &c. &c.

Dont la Vente se fera, en détail, aux plus offrans & derniers Enchérisseurs, le Lundi 18 may *1789, & jours suivans, de relevée, sans interruption; à Paris, rue Plâtrière, à l'hôtel de Bullion.*

Par Me. BOILEAU, Huissier-Priseur-Commissaire aux Ventes au Châtelet de Paris, rue du Bacq, n°. 262.

NOTA. Toute cette Collection sera exposée publiquement pendant les matinées des quatre jours qui précéderont ladite Vente, susdite rue Plâtrière, hôtel de Bullion.

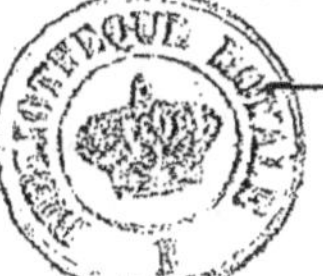

Prix 3 liv. broché.

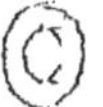

Il se distribue

A PARIS,

Chez A. J. PAILLET, Peintre, audit hôtel de Bullion.

1782.

AVERTISSEMENT.

DE tous tems on est convenu que parmi les
différens genres de curiosités relatifs aux Arts
& aux Sciences, celui de la connoissance des
Pierres gravées antiques & modernes doit avoir
un des premiers rangs, comme tenant de plus
près & plus spécialement à l'étude de la My-
thologie & de l'Histoire de tous les siècles;
il appartient à quiconque a des moyens d'opu-
lence ou quelque pratique des beaux Arts, de
rassembler ces objets de luxe & de déco-
ration dont on forme des Galeries aussi ma-
gnifiques à l'œil, qu'elles sont également pré-
cieuses pour l'émulation des Artistes & les
progrès de l'Art même; l'homme vraiment
instruit & savant peut seul entreprendre de
composer un Cabinet de Pierres gravées; &
c'est presque toujours autant l'ouvrage d'une
application constante & infatigable, & d'un
fonds inépuisable de lumières & de travail,
que le résultat ordinaire aussi d'une très-grande
dépense. Le possesseur d'une telle collection
voit alors auprès de lui un trésor fécond dont
la seule communication peut fournir les secours

les plus puiſſans à tous les autres Arts. Le Poëte, le Peintre, le Sculpteur, l'Hiſtorien, le Chronologiſte y viennent tour-à-tour puiſer ou des moyens ou des preuves; l'Amateur & l'Artiſte y admirent la beauté du travail ou la richeſſe des matières; & le Savant y paſſe en revue les noms illuſtres, les événemens fameux de tous les tems, les Empires détruits & les Règnes paſſés, en remontant depuis nos jours juſques aux dates les plus reculées de l'Antiquité.

Sous ces différens rapports, quelle idée ne doit-on pas se faire de la nombreuſe & importante Collection dont nous annonçons aujourd'hui la vente publique, & des deux hommes célèbres qui ont travaillé pendant près de cent années à la former & à la completter?

Feu M. HENRI TERSMITTEN, en son vivant Bourguemaître & Conseiller de la Ville d'Amsterdam, hérita vers le commencement de ce siècle de ce riche Cabinet, à la compoſition duquel M. ſon père avoit déja employé une longue ſuite d'années. Comme il avoit auſſi hérité de son goût & de son amour pour les Sciences & les Arts, il eut à cœur de porter au plus haut degré de perfection une Collection déja connue avantageuſement de tout

ce qui portoit en Europe le nom de Savant
ou d'Amateur en Pierres fines & Chefs d'œuvre
de Gravure, & qui attiroit chez lui le con-
cours des Étrangers & des Curieux de toutes
les Nations. Il ne négligea rien pour se pro-
curer tout ce qui lui étoit annoncé de rare ou
de très-beau dans tous les genres qui conve-
noient à sa Collection, & il en porta bientôt
le nombre à plus de deux mille & cent pierres
gravées, tant grandes que petites, & de diffé-
rentes espèces, comme saphirs d'Orient, ja-
cinthes, aigue-marines, topazes, améthistes,
turquoises, opales, onix, sardonix, jaspes,
cornalines, & autres matières les plus pré-
cieuses, & parvint enfin à former un ensemble
si riche de ces morceaux rares & uniques,
qu'aucun Cabinet de la Hollande n'étoit com-
parable au sien à cet égard.

Le genre de la Gravure en creux étant la
première & la plus difficultueuse partie de cet
art sublime, ce fut celui qu'adopta principale-
ment M. Tersmitten dans ses recherches,
& qu'il suivit avec une constance digne d'ad-
miration, toujours attentif à tirer de l'Italie
tous les morceaux dont la beauté ou le vo-
lume ne laissoit rien à désirer, & ne refusant
aucuns prix pour se les procurer ; également
scrupuleux dans son choix, soit pour l'authen-

ticité des filiations , foit pour la fuite des
Règnes, ou la rareté des portraits des perfon-
nages célèbres qu'il vouloit recueillir.

Nous avons fuivi & prefque copié pour la
rédaction du préfent Catalogue, celui qui a été
imprimé à Amfterdam après le décès de M.
HENRI TERSMITTEN en 1756, ayant
dû nous interdire d'y faire aucuns changemens
confidérables, attendu l'ordre établi pour les
numéros , fuivant lequel chaque pierre eft in-
diquée, de manière à être aifément & parfai-
tement reconnue des Amateurs. Quoique les
Pierres antiques qui font partie de la Collection
euffent feules pu fournir une claffe particulière
& très-nombreufe, nous avons préféré de ne
pas les diftinguer pour laiffer aux Connoiffeurs
la plus grande liberté dans leurs opinions, &
on avoit à cet égard pris le même parti dans
le Catalogue de 1756.

On trouvera à la fuite de la defcription de
quelques tiroirs (le Catalogue fe trouvant
divifé par tiroirs ainfi que le Cabinet) un mot
d'éloges fur telles ou telles fuites renfermées
dans lefdits tiroirs , M M. les Amateurs font
priés de ne pas établir pour cela aucune pré-
férence , attendu que toutes les fuites font
prefque également belles & précieufes , & que
ce n'eft que pour éviter les répétitions, que

les mêmes éloges n'ont pas été mis après cha-
que division.

☞ Les conditions de la Vente font, 1°.
qu'il ne fera délivré aucune pierre que pour
argent comptant, ou fur des folidités qui
pourroient être offertes pour pareille valeur.
2°. Que l'ordre établi pour la diftribution des
articles fera abfolument le même que celui du
préfent Catalogue, en commençant le premier
jour par le N°. 1er, & calculant qu'il fera
vendu 60 articles fans plus par vacation, fans
avoir égard aucunement aux divifions des ti-
roirs ; de manière que MM. les Amateurs
nationaux ou étrangers, en partant du premier
jour de la Vente, & divifant la totalité du
Catalogue par 60 articles chaque jour, fau-
ront parfaitement les dates de la vente de tel
ou tel article ; obfervation faite que s'il arri-
voit dans une féance, que la pluralité des
Amateurs préfens à la vente demandât qu'il
fût vendu ou deux articles enfemble, ou, ce
qui feroit affez vraifemblable, un certain
nombre de têtes formant fuite, nous ferons
attentifs à réduire le nombre des articles de la
féance en mefure proportionnée, afin de ren-
trer toujours pour les vacations fubféquentes
dans le nombre fixé de 60 articles, le tout

pour la plus grande commodité des Amateurs & Acheteurs, & pour nous conformer en tous points aux intentions des personnes qui ont confié cette opération à nos soins.

Nous invitons MM. les Amateurs étrangers ou autres qui voudroient nous remettre quelques commissions pour cette vente, à nous adresser directement leurs ordres, en notre demeure ci-après dite : *M. Paillet, Peintre, rue Plâtriere, hôtel de Bullion, à Paris ;* & à croire qu'ils seront fidèlement & exactement servis.

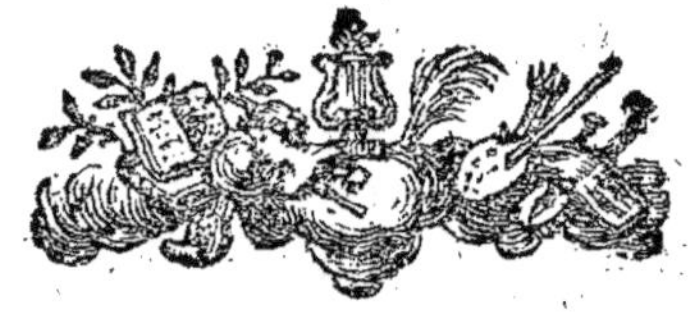

CATALOGUE

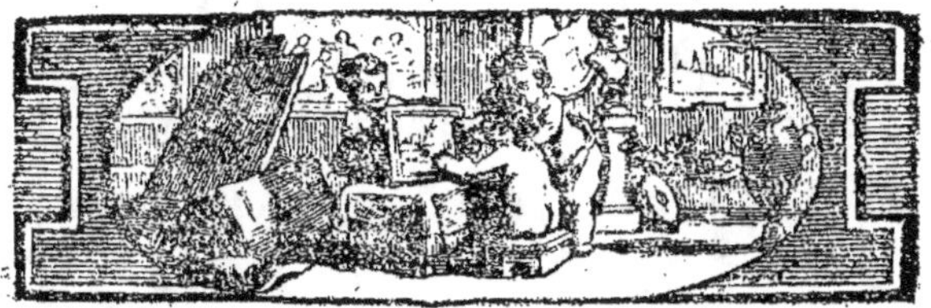

CATALOGUE

DU

CABINET

DE

PIERRES GRAVÉES,

ANTIQUES ET MODERNES;

De feu M. le Bourguemaitre TERSMITTEN, &c. &c. &c.

TIROIR, n°. I.

du haut du Cabinet,

Contenant XXIII Cornalines & autres Pierres gravées en creux.

N°. 1 Mars. La * Tête de *Mars*, avec lon-

---

* On avertit ici que toutes les Tetes & les Buftes mentionnés dans ce Catalogue font de profil, à la réferve de ceux qui feront défignés autrement.

A

gue barbe & le casque , sur *cornaline* ✳ , de un & trois-huit de pouce de haut.

2 Une Tête de femme inconnue; sur *Sardonix* de trois quarts de pouce de haut.

3 MACRINUS ET DIADUMENIANUS. Deux Têtes en regard de *Macrin* & de *Diaduménien* , dont l'une est barbue & ceinte de laurier ; toutes deux ont une petite draperie au bas du cou. Sur *cornaline* de un & demi pouce en travers.

4 Une très-belle Tête de femme inconnue , couronnée de laurier , & ayant une draperie au bas du cou. Sur *Amétifte* de fept-huit de pouce de haut.

5 MARS VICTOR. La Tête de *Mars Victorieux* , avec barbe & casque fort orné ; cette Tête a au bas du cou une draperie. Sur *cornaline* de un & trois-huit de pouce de haut.

6 Une Tête de femme inconnue , avec couronne ornée de perles , & ayant une draperie au bas du cou. Sur *Sardonix* de trois quarts de pouce de haut.

7 MEDUSA. La Tête de *Médufe languiffante* , coëffée en cheveux , avec une aile dans la coëffure. Sur *cornaline* de un & un huit de pouce de haut.

✳ On avertit auffi que toutes les Pierres font ovales, & que la forme de celles qui ne le font pas fera défignée.

8 CLAUDIUS CÆSAR ET AGRIPPINA. Deux Têtes
accolées ; celle de *Claude* est ceinte de laurier, &
celle d'*Agrippine* a une draperie au bas du cou.
Sur *cornaline* de un & trois-huit de pouce de
haut.

9 MEDUSA. La Tête de *Méduse mourante*, coëffée
en cheveux, avec aile & serpens dans la coëffure.
Sur *cornaline* de un & un huit de pouce de
haut.

10 Une très-belle Tête de femme inconnue, coëffée
en cheveux. Sur *Sardonix* de trois quarts de pouce
de haut.

11 NERO ET POPPEA. Deux Têtes en regard ;
celle de *Néron* un peu barbue & ceinte de laurier
a une draperie au bas du cou ; celle de *Poppée* est
coëffée en cheveux & a une draperie semblable.
Sur *cornaline* de un & demi pouce en travers.

12 TIBERIUS ET LIVIA. Deux Têtes accolées ;
Celle de *Tibère* est ceinte de laurier, & celle de
Livie a une draperie au bas du cou. Sur *cornaline*
marbrée d'environ un & trois quarts de pouce de
haut.

13 CAII ET LUCII CÆSARIS. Deux Têtes en re-
gard de *Cajus* & de *Lucius Césars*, *Petits fils d'Au-*
guste, sans barbe & avec cheveux courts ; ces Tê-
tes ont au bas du cou une draperie. Sur *cornaline*
de un & demi pouce en travers.

A 2

14 Une Tête de femme inconnue, coëffée en cheveux. Sur *Sardonix* d'environ trois quarts de pouce de haut.

15 PSYCHÉ. La Tête de *Pſyché*, coëffée en cheveux & couverte à moitié d'un voile. Sur *cornaline* de un & un huit de pouce de haut.

16 CLAUDIUS CÆSAR ET ANTONIA. Deux Têtes accolées; celle de *Claudé* eſt ceinte de laurier, & celle d'*Antonie* a une draperie au bas du cou. Sur *cornaline* de un & trois-huit de pouce de haut.

17 CLEOPATRA ULTIMA. Le Buſte de la dernière *Cléopatre*; la tête eſt ceinte de laurier, & un aſpic lui piqué le ſein. Sur *cornaline* de un & un quart de pouce de haut.

18 Une Tête de femme inconnue, coëffée en cheveux. Sur *Sardonix* de trois quarts de pouce de haut.

19 CHILO. Le Buſte de *Chilo*, avec barbe, caſque & cuiraſſe. Sur *cornaline* de un & trois-huit de pouce de haut.

20 Une belle Tête de femme inconnue, coëffée en cheveux & ayant une draperie au bas du cou. Sur *Amétiſte* de trois quarts de pouce de haut.

21 COMMODUS ET CRISPINA. Deux Têtes en regard; celle de *Commode* avec barbe & cheveux

courts , & celle de *Crispine* qui est coëffée en cheveux, a une draperie au bas du cou. Sur *cornaline* de un & demi pouce en travers.

22 Une Tête de femme inconnue , coëffée en cheveux. Sur *Sardonix* de trois quarts de pouce de haut.

23 La Tête de *Henri, Roi des Romains*, avec barbe & couronne : cette Tête a au bas du cou une draperie. Sur une belle *cornaline* de un & un quart de pouce de haut.

TIROIR n°. II.

Contenant XLIX Cornalines & autres Pierres gravées en creux.

n°. 1 JULIA TITI FILIA. La Tête de *Julie, fille de Titus*, coëffée en cheveux , & ayant une draperie au bas du cou. Sur *cornaline* d'un pouce de haut.

2 MÉROPE. La Tête de *Mérope* , vue de face coëffée en cheveux & ayant une draperie au bas du cou. Sur *cornaline* d'environ un demi pouce de haut.

3 PROSERPINA. Le Buste de *Proserpine* couverte d'un voile qui lui tombe sur les épaules. Sur *Cornaline* d'environ un demi pouce de haut.

4 GERMANICUS CÆSAR. La Tête de *Germanicus Céſar*. Sur *agathe brune* d'environ un pouce de haut.

5 HERCULES. La Tête d'*Hercule*, coëffée de la peau de Lion. Sur *cornaline* d'environ un demi pouce de haut.

6 VESTALIS. La Tête d'une *Veſtale*, voilée. Sur *cornaline* d'environ un demi pouce de haut.

7 NERO CLAUDIUS CÆSAR AUG. La Tête de *Néron* ceinte de laurier. Sur *cornaline* d'un pouce de haut.

8 M. JUN. BRUTUS. La Tête de *Brutus*. Sur *cornaline* d'environ un demi pouce de haut.

9 JUPITER OLYMPICUS. La Tête de *Jupiter Olympien*, fort barbue & couronnée de laurier. Sur *cornaline* de un & demi pouce de haut.

10 EPICURUS. La Tête d'*Epicure*, avec barbe longue. Sur *agathe* de cinq-huit de pouce de haut.

11 Un Buſte d'homme inconnu, avec barbe & cheveux crépus, ayant ſur l'épaule une draperie. Sur *cornaline* de trois quarts de pouce de haut.

12 SOCRATES La Tête de *Socrate*. Sur *agathe* d'environ un demi pouce de haut.

13 BACCHUS INDICUS. La Tête de *Bacchus Indien*, avec barbe épaiſſe & guirlande de pampres. Sur *cornaline* de un & demi pouce de haut.

14 L. SEPT. SEVERUS PERTINAX AUG. La Tête de *Septime Sévere*, avec couronne de laurier, & ayant une draperie au bas du cou. Sur *cornaline* octogone de cinq-huit de pouce de haut.

15 SERG. SULP. GALBA CÆSAR AUG. La Tête de *Galba*, avec cheveux courts; & ayant une draperie au bas du cou. Sur *cornaline pâle* de cinq-huit de pouce de haut.

16 Une Tête de Bacchante entourée d'une guirlande de feuilles de vigne. Sur *cornaline jaune* d'environ même hauteur que la précédente.

17 BACCHUS. La Tête de *Bacchus*, avec couronne de laurier, & ayant une draperie au bas du cou. Sur *cornaline* d'environ un pouce de haut.

18 CAIUS MARIUS COS. La Tête du *Consul Marius*, en partie chauve, avec visage maigre; autour on lit COS IIV. Sur *agathe noire* de trois quarts de pouce de haut.

19 Une Tête d'homme inconnu, fort barbue & ceinte de laurier. Sur *cornaline* de sept-huit de pouce de haut.

20 PALLAS. La Tête de *Pallas*, armée d'un casque, & ayant au bas du cou une draperie. Sur *cornaline* de cinq-huit de pouce de haut.

21 VESTALIS. La Tête d'une *Vestale*, voilée. Sur *cornaline* de trois quarts de pouce de haut.

A 4

22 AGRIPPINA MATER CAII CÆSARIS. La Tête
d'*Agrippine, Mere de Caligula*, coëffée en cheveux
& ayant une draperie au bas du cou. Sur *agathe
noire*, de fept-huit de pouce de haut.

23 Une Tête d'homme inconnu, frifée. Sur *agathe*
de cinq-huit de pouce de haut.

24 ANTONIA AUGUSTA GERMANICI UX. La Tête
d'*Antonie, femme de Germanicus*, coëffée en che-
veux, & courcnnée de laurier. Cette Tête a une
draperie au bas du cou. Sur *agathe noire* de fept-
huit de pouce de haut.

25 AUGUSTUS. La Tête d'*Augufte*. Sur *fardonix* de
un & un huit de pouce de haut.

26 ANTONIA AUG. DRUSI UX. La Tête d'*Anto-
nie, femme de Drufus*, coëffée en cheveux. Ceite
tête a une draperie au bas du cou. Sur *cornaline
jaune*, de fept-huit de pouce de haut.

27 La Tête de *Henri* IV, ayant une draperie au bas
du cou. Sur *agathe blanche* de cinq-huit de pouce
de haut.

28 HERCULES. La Tête d'*Hercule*. Sur *fardonix*
de trois-quarts de pouce de haut.

29 SOCRATES. La Tête de *Socrate*. Sur *cornaline* de
cinq-huit de pouce de haut.

30 Un Bufte de femme inconnue, coëffée en che-

veux ; & ayant le sein couvert d'une draperie. Sur *cornaline* de cinq-huit de pouce de haut.

31 HOMERUS. La Tête d'*Homere*. Sur *cornaline* blanche, d'environ trois-quarts de pouce de haut.

32 AGRIPPINA MATER NERONIS. Le Bufte d'*Agrippine*, *mere de Néron*, coëffée en cheveux & ceinte de laurier. Ce Bufte a une draperie fur les épaules. Sur *cornaline fardonix*, d'environ un pouce de haut.

33 AMILCAR. La Tête d'*Amilcar*, barbue, fur *Cornaline*, de cinq-huit de pouce de haut.

34 DOMITIA DOMITIANI UXOR. La Tête de *Domitia*, *femme de Domitien*, coëffée en cheveux, & ayant une draperie autour du cou. Sur *Cornaline* de trois-quarts de pouce de haut.

35 JUPITER. La Tête de *Jupiter*. Sur *Sardonix* d'environ trois quarts de pouce de haut.

36 MARCELLUS AUG. NEPOS. Une très-belle Tête de *Marcellus*, *neveu d'Augufte*, fans barbe, avec cheveux courts & frifés. Sur *Cornaline* d'environ un & trois-quarts de pouce de haut.

37 Une Tête de vieillard inconnu, avec barbe longue & cheveux courts. Sur *Cornaline* d'environ cinq-huit de pouce de haut.

38 Une Tête de femme inconnue, coëffée en cheveux, & ayant une draperie au bas du cou. Sur *Cornaline* de trois-quarts de pouce de haut.

39 Une Tête de vieillard inconnu, barbue & frisée. Sur *Cornaline* de cinq-huit de pouce de haut.

40 ALEXANDER MAGNUS. Le Buste *d'Alexandre le Grand*; avec barbe courte, le casque & la cuirasse fort ornée. Sur une belle & grande *cornaline* d'environ un & cinq-huit de pouce de haut.

41 ALEXANDER MAGNUS. La Tête nue *d'Alexandre le Grand*. Sur *Agathe noire* & presque ronde, d'environ trois-quarts de pouce de haut.

42 GERMANICUS CÆSAR. La Tête de *Germanicus Cœsar*, ceinte de laurier. Sur *Cornaline* d'environ un & un huit de pouce de haut.

43 FAUSTINA AUG. La Tête de *Faustine*, coëffée en cheveux & ayant une draperie au bas du cou. Sur *cornaline* de cinq-huit de pouce de haut.

44 SOCRATES. La Tête de *Socrate*. Sur *Cornaline pâle*, de cinq-huit de pouce de haut.

45 Une Tête de vieillard inconnu, barbue & frisée. Cette tête a une draperie au bas du cou. Sur *Cornaline* de sept-huit de pouce de haut.

46 La Tête de S. *Pierre*. Sur *cornaline* de cinq-huit de pouce de haut.

47 JUPITER. La Tête de *Jupiter*, avec une draperie au bas du cou. Sur *Cornaline* de cinq-huit de pouce de haut.

48 PALLAS. Le Buste de *Pallas*, avec le casque &

la cuirasse très-ornée. Sur une belle *Cornaline* d'un
peu plus d'un pouce de haut.

49 Une Tête inconnue, fort barbue & frisée, qui a
au bas du cou une draperie. Sur *Cornaline blanche*
de trois-quarts de pouce de haut.

TIROIR n°. III.

Contenant XVII Cornalines & autres Pierres
gravées en creux.

N°. 1 FLAVIA MAXIMA FAUSTA. La Tête de *Fla-
vie, femme de Constantin le Grand*, coëffée en che-
veux & ayant une draperie au bas du cou. Sur *Aga-
the noire* d'un peu plus d'un pouce de haut.

2 Une Tête de femme, avec cheveux pendans, &
ayant au bas du cou une draperie. Sur *Cornaline*
de sept-huit de pouce de haut.

3 AELIA FLACCILLA AUG. La Tête de *Flaccille*,
coëffée en bonnet, orné de perles, & ayant une
draperie au bas du cou, ornée de même. Sur
Cornaline noire, d'un peu plus d'un pouce de haut.

4 SESTILIA. Le Buste de *Sestilie* couverte d'un voile
qui lui descend sur les épaules. Sur *Cornaline* de
même hauteur que la précédente.

5 POMPEIA JULII CÆSARIS UX. La Tête de *Pom-*

peia, *femme de Jules César*, coëffée en cheveux, & ayant une draperie au bas du cou. Sur une belle *cornaline* de un & un huit de pouce de haut.

6 AURELIA CÆSARIS MATER. Le Buſte d'*Aurélie*, *mere de Jules Céſar*, couverte d'un voile qui lui pend ſur les épaules. Sur *cornaline* d'un peu plus d'un pouce de haut.

7 POPPEA NERONIS UXOR. La Tête de *Poppée*, *femme de Néron*, coëffée en cheveux & ayant une draperie au bas du cou. Sur *cornaline* de même hauteur que la précédente.

8 ANTONIA AVIA NERONIS. La Tête d'*Antonie*, *ayeule de Néron*, avec un voile qui deſcend juſqu'au bas du cou & lui couvre une partie du viſage. Sur *cornaline* de un & un quart de pouce de haut.

9 MARCUS AURELIUS ANTON. AUG. Une grande Tête de *Marc-Aurele*. Sur *Cornaline* d'un peu plus de un & demi pouce de haut.

10 CALPURNIA CÆSARIS UXOR. La Tête de *Calpurnie*, *femme de Jule-Céſar*, coëffée en cheveux pendans, & ayant une draperie au bas du cou. Sur *Cornaline* de un & un huit de pouce de haut.

11 MARTIA FULVIA TITI. La Tête de *Fulvie*, *femme de Titus*, coëffée en cheveux, & ayant une draperie au bas du cou. Sur *Cornaline* d'un peu plus d'un pouce de haut.

12 CLAUDIA NERONIS FILIA. La Tête de *Claudie, fille de Néron*, coëffée en cheveux, ornés de perles, & ayant une draperie au bas du cou. Sur *cornaline* de même hauteur que la précédente.

13 CORNELIA JULII CÆSARIS UX. La Tête de *Cornélie, femme de Jule-César*, coëffée en cheveux. Sur *cornaline* de un & un huit de pouce de haut.

14 DOMITIA DOMITIANI UX. La Tête de *Domitia, femme de Domitien*, coëffée en cheveux, & ayant une draperie au bas du cou. Sur une très-belle *cornaline* de même hauteur que la précédente.

15 VESPASIA POLLA. La Tête de *Vespasie Polla*, coëffée en cheveux, ornés de perles, & ayant une draperie au bas du cou. Sur *cornaline* d'un peu plus d'un pouce de haut.

16 Une Tête de femme, coëffée en cheveux, & ceinte du diadême. Cette Tête a une draperie au bas du cou. Sur *cornaline* d'environ un pouce de haut.

17 CLAUDIA OCTAVIA AUG. NERONIS UXOR. La Tête d'*Octavie, femme de Néron*, uniment coëffée en cheveux, & ayant au bas du cou une draperie. Sur *cornaline* d'un pouce de haut.

TIROIR n°. IV.

Contenant XXI Cornalines & autres Pierres
gravées en creux.

N°. 1 CAIUS CÆSAR AGRIPPÆ FIL. La Tête de
Caius *César*, *fils d'Agrippa*, & *petit fils d'Auguste*,
avec cheveux courts. Sur *Cornaline* de un & un
quart de pouce de haut.

2 JULIUS CÆSAR. La Tête de *Jule-César*, couron-
née de laurier. Sur *Cornaline* d'environ même hau-
teur que la précédente.

3 LUCIUS CÆSAR AGRIPPÆ FIL. La Tête de *Lu-
cius César*, *fils d'Agrippa*, & *petit fils d'Auguste*.
Sur *cornaline* de un & un quart de pouce de haut.

4 L. AEL. AUREL. COMMODUS AUG. Le Buste de
Commode, avec tête barbue & couverte d'un mufle
de lion, dont la peau lui descend jusques sur l'épaule.
Sur *cornaline* d'un peu plus d'un pouce de haut.

5 CN. POMPEIUS MAGNUS. La Tête du *grand Pom-
pée*, avec cheveux courts. Sur *cornaline* d'environ
un & un quart de pouce de haut.

6 TIBERIUS AUG. La Tête de *Tibere*. Sur *cornaline*
de un & un huit de pouce de haut.

7 AUGUSTUS. La Tête d'*Auguste*. Sur *cornaline* de même hauteur que la précédente.

8 MARCUS ANTONIUS. La Tête de *Marc-Antoine*, avec barbe & couronne. Cette tête a au bas du cou une draperie. Sur *cornaline* d'environ la même hauteur que la précédente.

9 FL. PLACID. VALENTINIANUS AUG. La Tête de *Valentinien*, ceinte de laurier. Cette tête a au bas du cou une draperie. Sur *sardonix* d'un peu plus d'un pouce de haut.

10 DRUSUS TIBERII FIL. La Tête de *Drusus, fils de Tibere*, avec cheveux courts & frisés. Sur *cornaline* de un & un huit de pouce de haut.

11 L. AUREL. VERUS AUG. Le Buste de *Lucius Verus*, avec couronne de laurier & draperie ornée d'une tête de *Méduse*. Sur *cornaline* d'environ un & demi pouce de haut.

12 P. LICIN. EGNAT. GALLIENUS AUG. Le Buste de *Gallien*, avec tête barbue & couronnée de laurier. Ce buste est drapé, & a le bouclier passé dans le bras. Sur *cornaline* d'un peu plus d'un pouce de haut.

13 CISSUS. Le Buste de *Cissus*; avec cheveux pendans sur les épaules. Sur *cornaline* de même hauteur que la précédente.

14 AMPELUS NATANS. *Ampelus nageant*, Tête qui

fort de l'eau, avec de longs cheveux pendans. Sur *cornaline* de un & un huit de pouce de haut.

15 PTOLEMÆUS AULETES. La Tête de *Ptolomée Aulete*, ceinte d'un bandeau, & ayant les cheveux courts. Cette Tête a au bas du cou une draperie. Sur *cornaline* de un & un huit de pouce de haut.

16 MELEAGER. La Tête de *Méléagre*, avec cheveux courts & frifés, & ayant au bas du cou une draperie. Sur *cornaline* de même hauteur que la précédente.

17 PTOLEMÆUS JUNIOR. La Tête de *Ptolomée le jeune*, avec cheveux courts & frifés; cette tête eft ceinte d'un bandeau. Sur *cornaline* d'environ un & un quart de pouce de haut.

18 AURELIUS CÆSAR. La Tête d'*Auréle Céfar*, avec barbe & cheveux courts & frifés. Sur *cornaline* d'un peu plus d'un pouce de haut.

19 Une Tête inconnue, avec cheveux courts & bandeau. Sur *cornaline* d'uu pouce de haut.

20 LEANDER NATANS. *Leandre nageant*, Tête qui fort de l'eau, avec de longs cheveux pendants. Sur *cornaline* de un & un huit de pouce de haut.

21 ALEXANDER MARC. ANT. FILIUS. La Tête d'*Alexandre*, *fils de Marc-Antoine*, avec cheveux courts & couronne radiale. Sur une très-belle *cornaline* de un & un quart de pouce de haut.

TIROIR n°. V.

Contenant XLI Cornalines & autres Pierres gravées en creux.

N°. 1 HERCULES ET OMPHALE. Deux Têtes accolées ; celle d'*Hercule* est couverte d'un mufle de Lion, & toutes deux ont une draperie au bas du cou. Sur *cornaline* d'un pouce de haut.

2. FAUSTINA AUG. La Tête de *Faustine*, coëffée en cheveux & ayant une draperie au bas du cou. Sur *Cornaline* de trois quarts de pouce de haut.

3 JULIA MÆSA AUG. La Tête de *Mésa*, coëffée en cheveux & ayant une draperie au bas du cou. Sur *Cornaline* de cinq-huit de pouce de haut.

4 VESTALIS. Le Buste d'une *Vestale*, couverte d'un voile qui lui tombe sur l'épaule. Sur *Cornaline blanche* d'un peu plus d'un demi pouce de haut.

5 JULIA DOMNA P. F. AUG. La Tête de *Julie*, *femme de Septime Sévere*, coëffée en cheveux courts & ayant une draperie au bas du cou. Sur *Cornaline marbrée* de cinq-huit de pouces de haut.

6 LUCILLA AUG. La Tête de *Lucille*, *femme de L. Aur. Verus*, coëffée en cheveux & ayant une

B

draperie au bas du cou. *Cornaline* de trois quarts
de pouce de haut.

7 FIDES. *Femme* nue , ayant les mains jointes &
regardant vers le ciel. Elle eft entourée d'une dra-
perie , qui lui couvre une partie du corps , & foule
aux pieds un Cupidon qui tient un arc en fa main.
A fes pieds fe voyent un carquois & une corne
d'abondance. Sur un beau *Sardonix* de un & un
quart de pouce de haut.

8 MATIDIA MARCIANÆ FILIA. La Tête de *Ma-
tidie* , *Fille de Marciane* , coëffée en cheveux &
ceinte du diadême. Cette Tête a une draperie au
bas du cou. Sur *Cornaline marbrée* de cinq-huit
de pouce de haut.

9 FAUSTINA AUG. La Tête de *Fauftine* , coëffée
en cheveux & ayant une draperie au bas du cou.
Sur *Cornaline marbrée* de trois quarts de pouce de
haut.

10 DIVA PAULINA AUG. Le Bufte de *Pauline* ,
avec voile qui lui defcend fur l'épaule & draperie.
Sur *Cornaline marbrée* à peu près de même hau-
teur que la précédente.

11 FAUSTINA P. F AUG. La Tête de *Fauftine* ,
coëffée en cheveux & ayant une draperie au bas
du cou. Sur *Cornaline* de même hauteur que la
précédente.

12 Un Buſte de Guerrier inconnu, avec le caſque fort orné & la cuiraſſe. Sur *Cornaline marbrée* de un & ſept-huit de pouce de haut.

13 JUBA REX MAURITANIÆ. La Tête de *Juba*, *Roi de Mauritanie*, avec cheveux treſſés en forme de bonnet, longue barbe pointue, & une draperie au bas du cou, derriere lequel s'éleve un ſceptre. Sur *Cornaline* de un & un quart de pouce de haut.

14 Le Buſte de la *Folie*, comiquement repréſentée, avec longue barbe pendante, oreilles d'âne, le caſque en tête, ailes au cou, & armée d'une eſpece de cuiraſſe. Sur *Cornaline marbrée* de un & ſept-huit de pouce de haut.

15 DIVÆ AUGUSTÆ PIÆ. La Tête de *Fauſtine*, voilée & ayant autour du cou une draperie. Sur *Cornaline marbrée* de trois quarts de pouce de haut.

16 FAUSTINA AUG. PII FILIA. La Tête de *Fauſtine* fille d'*Antonin le Pieux*, coëffée en cheveux & ayant une draperie au bas du cou. Sur *Cornaline* de même hauteur que la précédente.

17 FAUSTINA AUG. La Tête de *Fauſtine*, coëffée & ornée de même que celle ci-deſſus. Sur *Cornaline marbrée* de même hauteur que la précédente.

18 JULIA MAMÆA AUG. La Tête de *Mamée*, mere de *Sévère Alexandre*, coëffée en cheveux & ceinte du diadème. Cette Tête a une draperie au bas du

cou. Sur *Cornaline* de même hauteur que la précédente.

19 DIVÆ AUGUSTÆ FAUSTINÆ. La Tête de *Faustine*, voilée & ceinte d'une couronne de perles. Cette Tête a une draperie au bas du cou. Sur *Cornaline* un peu plus haute que la précédente.

20 CN. POMPEIUS MAGNUS. Le Buste du grand *Pompée*, avec cheveux courts & peu de barbe. Ce Buste a une draperie ou cuirasse. Sur une belle *Cornaline* de un & trois huit de pouce de haut.

21 SABINA AUG. La Tête de *Sabine, femme d'Adrien*, coëffée en cheveux & ceinte d'un bandeau. Cette Tête a une draperie au bas du cou. Sur un beau *Sardonix* d'un pouce de haut.

22 SEXTUS POMPEIUS. La Tête de *Sexte Pompée*, avec cheveux courts, & ayant au bas du cou une draperie. Sur un belle *Cornaline* de un & trois huit de pouce de haut.

23 JUSTA FLUVIA PLAUTILLA AUG. La Tête de *Plautille*, avec les cheveux treffés, & ayant au bas du cou une draperie. Sur *Cornaline jaune* d'environ fept huit de pouce de haut.

24 PLOTINA AUG. La Tête de *Plotine, femme de Trajan*, coëffée en cheveux & ceinte du diadême. Sur *Cornaline marbrée* d'environ trois quarts de pouce de haut.

25 HER. CUP. ETRUSCILLA AUG. La Tête d'*Etruſ-
cille, femme de Trajan Déce*, coëffée en cheveux
& ayant au bas du cou une draperie. Sur *Cornaline
marbrée* d'environ trois quarts de pouce de haut.

26 Un Buſte de Guerrier inconnu, avec caſque fort
orné, & portant une draperie doublée de pellice
ſur les épaules. Sur *Cornaline marbrée* de un &
ſept huit de pouce de haut.

27 JUBA JUNIOR REX MAURITANIÆ. La Tête de
Juba le jeune, Roi de Mauritanie, avec cheveux
courts & bandeau. Cette Tête a au bas du cou une
draperie. Sur *Cornaline* de un & un quart de pouce
de haut.

28 La Tête d'un *Satyre*, ornée de fruits & de feuilles
de vigne. Cette Tête a une peau de panthere au
bas du cou, en forme de draperie. Sur *Cornaline
marbrée* de un & de ſept huit de pouce de haut.

29 ULPIA SEVERINA P. F. AUG. La Tête de *Sé-
vérine*, coëffée en cheveux, ornés de perles, &
ceinte du diadême. Cette Tête a une draperie au bas
du cou. Sur *Cornaline* de trois quarts de pouce de
haut.

30 DIVA HELENA AUG. La Tête d'*Hélène*, coëffée
en cheveux, ornés de perles, & ayant une draperie
au bas du cou. Sur *Cornaline* de trois quarts de
pouce de haut.

31 JUL. CORN. SALONINA CHRYS. La Tête de

Salonine, femme de l'Empereur Gallien, coëffée
en cheveux & ceinte du diadême. Cette Tête a une
draperie au bas du cou. Sur *Corualine* de même
hauteur que la précédente.

32 FAUSTINA AUG. La Tête de *Fauſtine*, coëffée
en cheveux & ayant une draperie au bas du cou.
Sur *Cornaline blanche & marbréc* de même hauteur
que la précédente.

33 DIVA MARCIANA AUG. La Tête de *Marciane,
ſœur de Trajan*, voilée, & ayant une draperie au
bas du cou. Sur *Cornaline* de même hauteur que
la précédente.

34 MANLIA SCANTILLA AUG. La Tête de *Manlia
Scantilla*, coëffée en cheveux & ayant au bas du
cou une draperie. Sur *Cornaline jaune* de même
hauteur que la précédente.

35 MATIDIA MARCIANÆ FILIA. La Tête de *Mati-
die, fille de Marciane*, coëffée en cheveux & ceinte
d'un bandeau. Cette Tête a une draperie au bas du
cou. Sur *Cornaline* de un & un huit de pouce de
haut.

36 FLAVIA MAXIMA FAUSTA. La Tête de *Fla-
vie, femme de Conſtantin le Grand*, coëffée en che-
veux, ornés de perles, & ayant une draperie au
bas du cou. Sur *Cornaline marbrée* de trois quarts
de pouce de haut.

37 AELIA FLACCILLA AUG. La Tête de *Flaccilla*

coëffée d'un bonnet, enrichi de perles, & ayant
une draperie au bas du cou, enrichie de même. Sur
Cornaline marbrée de pareille hauteur que la pré-
cédente.

38 FLORA. La Tête de *Flore*, ornée de fleurs,
ayant au bas du cou une draperie. Sur *cornaline
jaune* de cinq huit de pouce de haut.

39 MATIDIA AUG. La Tête de *Matidie*, *niece de
Trajan*, coëffée en cheveux & ceinte du diadême.
Cette Tête a au bas du cou une draperie. Sur *cor-
naline* d'environ trois quarts de pouce de haut.

40 MARCIA OCTACILIA SEVERA AUG. La Tête
d'Octacilie, coëffée en cheveux & ayant le front
ceint d'un diadême. Cette Tête a une draperie au
bas du cou. Sur *cornaline* de trois quarts de pouce
de haut.

41 JULIA AUGUSTI FILIA. La Tête de *Juliè*, *fille
d'Augufte*, ceinte du diadême & ayant une dra-
perie au bas du cou. Sur une belle *cornaline* de
un & un huit de pouce de haut.

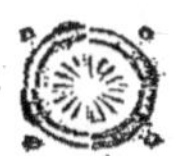

T I R O I R n°. V I.

Concernant XXV Cornalines & autres Pierres
gravées en creux.

N°. 1 MAUR. PROBUS AUG. Le Buſte de *Probus*,
avec peu de barbe, le caſque entouré de laurier,
la cuiraſſe, & un bouclier qui lui couvre l'épaule.
Sur *cornaline* de un & un huit de pouce de haut.

2 M. AUR. CARUS AUG. La Tête de *Carus*, avec
peu de barbe, cheveux courts, & une couronne
de laurier. Cette Tête a au bas du cou une dra-
perie. Sur *cornaline* d'environ même hauteur que
la précédente.

3 M. AUR. CARINUS AUG. La Tête de *Carinus*,
avec barbe & couronne de laurier. Cette Tête a
au bas du cou une draperie. Sur *cornaline de*
couleur d'ambre à peu près de même hauteur que
la précédente.

4 M. AUR. NUMERIANUS AUG. Le Buſte de *Nu-*
mérien, ceint de laurier & armé d'une cuiraſſe.
Sur *cornaline* d'un pouce de haut.

5 M. AUR. VAL. MAXIMIANUS AUG. La Tête de
Maximien, avec barbe & couronne de laurier.
Cette Tête a une draperie au bas du cou. Sur *cor-*
naline de un & un huit de pouce de haut.

6 CARAUSIUS AUG. Le Buſte de *Corauſius*, avec barbe, couronne radiée & cuiraſſe. Sur *cornaline* d'un pouce de haut.

7 ALLECTUS AUG. Le Buſte d'*Allectus*, de même que celui ci-deſſus. Sur *cornaline* de même hauteur que la précédente.

8 CONSTANTINUS CHLORUS AUG. La Tête de *Conſtantin Chlore* ſans barbe, avec cheveux courts, ornés d'une double rangée de perles, & ayant une draperie au bas du cou. Sur *cornaline* de un & un huit de pouce de haut.

9 M. AUR. VAL. MAXIMIANUS AUG. Le Buſte de *Maximien*, avec la tête barbue & couverte d'une peau de Lion, qui lui tombe ſur les épaules. Sur *cornaline* d'un pouce dé haut.

10 FL. VALER. SFVERUS AUG. La Tête de *Valere Severe*, avec barbe & couronne de laurier. Cette Tête a au bas du cou une draperie. Sur une belle *cornaline* de un & un huit de pouce de haut.

11 C. VAL. DIOCLETIANUS AUG. Le Buſte de *Dioclétien*, avec barbe, cheveux courts, couronne de laurier & cuiraſſe fort ornée. Sur *ſardonix* d'environ un & demi pouce de haut.

12 Une très-belle Tête de jeune homme, friſée. Sur une belle *cornaline* d'environ un pouce de haut.

13 MAXIMINUS ET MAXIMUS. Deux Têtes en re-

gard de *Maximin* & de *Maxime*, avec cheveux
courts. L'une de ces Têtes eſt ſans barbe, & toutes
deux ſont couronnées de laurier & ont une drape-
rie au bas du cou. Sur *cornaline* d'environ un &
un quart de pouce de haut ſur un & trois quarts
de pouce de large.

14 Une Tête barbue & friſée. Cette Tête a beaucoup
d'air de celle d'Hercule. Sur *cornaline* d'un pouce
de haut.

15 M. AUR. VAL. MAXENTIUS AUG. Le Buſte
de *Maxence*, avec barbe, caſque & cuiraſſe; ce
Buſte a le bouclier paſſé dans le bras. Sur *cornaline*
de un & un huit de pouce de haut.

16 DIVUS ROMULUS MAXENTII FIL. La Tête de
Romulus, *fils de Maxence*, avec cheveux courts.
Sur *agathe* d'un pouce de haut.

17 ALEXANDER PHRIX. La Tête d'*Alexandre le
Phrigien*, avec barbe, & cheveux courts & ban-
deau enrichi de perles. Sur *agathe* de même hau-
teur que la précédente.

18 DIVUS NIGRIANUS. La Tête de *Nigrien*, avec
cheveux courts & couronne radiale. Sur *agathe*
de même hauteur que la précédente.

19 FL. VAL. LICINIUS LICINIAN. CÆSAR. La
Tête de *Licinius*, avec barbe & couronne de lau-
rier. Sur *cornaline* de un & un huit de pouce de haut.

20 FL. VAL LICINIAN LICINIUS AUG. Le Buſte de *Licinius*, avec caſque & draperie ; ce Buſte a un bouclier ſur l'épaule. Sur *cornaline* de même hauteur que la précédente.

21 FL. VAL. CONSTANTINUS MAX. AUG. La Tête de *Conſtantin le Grand*, avec cheveux courts & couronné de laurier ; cette Tête a au bas du cou une draperie. Sur *cornaline* de même hauteur que la précédente.

22 FL. JUL. CRISPUS CÆSAR. La Tête de *Criſpus Céſar*, ceinte de laurier, & ayant au bas du cou une draperie. Sur *cornaline* de même hauteur que la précédente.

23 FL. CLAUD. CONSTANTINUS AUG. JUNIOR. La Tête de *Conſtantin le jeune*, avec cheveux courts, bandeau orné de perles, & ayant au bas du cou une draperie. Sur *cornaline* de même hauteur que la précédente.

24 FL. JUL. CONSTANT AUG. La Tête de *Conſtant*, avec cheveux courts, & ceinte de laurier ; cette Tête a au bas du cou une draperie. Sur *agathe blanche* d'un pouce de haut.

25. JUL. VAL. CONSTANTIUS AUG. Le Buſte de *Conſtance*, avec caſque & draperie, & ayant le bouclier paſſé dans le bras. Sur *cornaline* de un & un huit de pouce de haut.

TIROIR n°. VII.

Centenant XXIII Cornalines & autres Pierres gravées en creux.

n°. 1 Un Buſte de femme, avec cheveux treſſés & draperie, qui lui couvre l'épaule & partie du ſein. Sur *Sardonix* de un & un huit de pouce de haut.

2 Une Tête de femme inconnue, coëffée en cheveux, & ayant une draperie autour du cou. Sur *cornaline* d'un pouce de haut.

3 Un très-beau Buſte de femme inconnue, avec cheveux treſſés, & draperie qui lui couvre l'épaule & partie du ſein. Sur *cornaline* de un & trois huit de pouce de haut.

4 Une Tête de femme inconnue, avec voile, & ayant au bas du cou une petite draperie. Sur *cornaline* d'environ un & un huit de pouce de haut.

5 Un Buſte de femme inconnue, coëffée en cheveux qui lui tombent ſur les épaules, & ayant une petite draperie au deſſous du ſein. Sur *cornaline* d'environ un & un quart de pouce de haut.

6 Un Buſte de femme inconnue, avec cheveux treſſés, & draperie qui lui couvre le dos. Sur *cornaline* de un & un huit de pouce de haut.

7 Une Tête de femme inconnue, coëffée de même, avec voile qui la couvre en partie, & une draperie au bas du cou. Sur un *jaspe bleuâtre*, dé un & un huit de pouce de haut.

8 Un Buste de femme inconnue, coëffée & ornée à peu près de même. Sur *sardonix blanchâtre*, de même hauteur que la pierre précédente.

9 Une Tête de femme inconnue, coëffée en cheveux & ornée d'une couronne de perles. Cette tête a au bas du cou une draperie. Sur *cornaline* de même hauteur que la pierre précédente.

10 Une Tête de femme inconnue, coëffée en cheveux & ceinte d'un bandeau. Cette tête a une draperie au bas du cou. Sur *cornaline* de même hauteur que la précédente.

11 Trois Bustes accolés, de *Charles-Quint*, d'*Isabelle* & de *Philippe second*, avec casques, cuirasses & draperies. Ce tout très-orné & travaillé avec beaucoup d'art. Sur cornaline de un & demi pouce de haut.

12 FL. VAL. CONSTANTINUS MAGNUS AUG. Le Buste du *grand Constantin*, ayant le front ceint de laurier & le corps armé d'une cotte de mailles, qui lui couvre une partie de l'épaule & de la poitrine, Près de lui se voit le Labarum surmonté d'une aigle. Sur *cornaline* de un & cinq-huit de pouce de haut.

13 FL. CLAUD. CONSTANTINUS JUNIOR AUG. Le
Bufte de *Conftantin le jeune*, ayant la tête ceinte
d'un bandeau enrichi de perles, & le bouclier de
Médufe, fur lequel font repréfentés plufieurs fer-
pens entrelacés. Sur *cornaline* d'environ un & trois-
quarts de pouce de haut.

14 Une Tête de femme ayant les cheveux treffés, &
au bas du coup une draperie. Sur *cornaline* de un
& un huit de pouce haut.

15 Une Tête de femme, très-gracieufement coëffée,
·& ayant une draperie au bas du cou. Sur *corna-
line* de même hauteur que la précédente.

16 Une Tête de femme ayant les cheveux treffés, &
au bas du cou une draperie. Sur *cornaline* d'un
pouce de haut.

17 Une Tête de femme voilée, qui a une draperie
au bas du cou. Sur *agathe* de un & un huit de
pouce de gaut.

18 Une Tête de femme coëffée en cheveux, ceinte d'un
bandeau. Cette tête a une draperie au bas du cou.
Sur *cornaline* de un & un huit de pouce de haut.

19 Un Bufte de femme coëffée en cheveux, ceinte
d'un bandeau. Ce bufte a au-deffous du fein une
draperie. Suf *cordaline* un peu plus haute que la
précédente.

20 Une Tête de femme avec cheveux treffés, & voile

qui la couvre en partie. Sur *cornaline-sardonix* de
un & un huit de pouce de haut.

21 Une Tête de femme, coëffée en cheveux qui lui
tombent le long du cou, ornés de plusiéurs rangées
de perles. Sur une belle *cornaline* de un & de-
mi pouce de haut.

22 Un Buste de femme, coëffée en cheveux avec
une espece de bonnet qui lui couvre le derriere
de la tête, & une draperie qui lui cache une par-
tie du dos. Sur *cornaline* de un & un huit de pouce
de haut.

23 La Tête d'une Reine, coëffée en cheveux, &
ornée d'une espece de couronne ou bonnet garni
de fleurs de lis. Sur *cornaline* de même hauteur
que la précédente.

N. B. *Toutes ces Têtes & Bustes sont d'nne grande
beauté, & travaillés avec beaucoup d'art.*

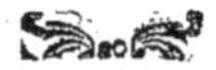

TIROIR no. VIII.

Contenant XXXIII Cornalines & autres Pierres
gravées en creux.

No. 1 Une Tête de vieillard inconnu, avec cheveux
& barbe épaiffe. Cette tête qui eft vue par der-
riere, a le vifage tourné vers le ciel, & une dra-
perie au bas du cou. Sur *cornaline-fardonix* d'en-
viron un & demi-pouce de haut.

2 Une Tête d'homme inconnu, fort barbue & frifée,
qui a de l'air de celle d'Heroule. Sur *cornaline*
d'environ trois-quarts de pouce de haut.

3 LEPIDIUS. La Tête de *Lépidius* frifée, & ayant
au bas du cou une draperie. Sur *cornaline marbrée*,
d'environ un & un quart de pouce de haut.

4 Une Tête fort barbue & coëffée d'un turban. Cette
tête a une draperie au bas du cou. Sur *cornaline*
d'environ trois-quarts de pouce de haut.

5 Une Tête inconnue, barbue & entourée d'un voile
qui lui fert de bonnet. Cette tête eft vue par der-
riere, & a une draperie au bas du cou. Sur *corna-
line-fardonix* de un & demi-pouce de haut.

N. B. *Cette Tête peut fervir de pendant ou* No 1 *de
ce Tiroir.*

6 Une Tête de jeune homme avec cheveux courts & bonnet. Sur *cornaline blanche*, de cinq-huit de pouce de haut.

7 Un Buſte de femme inconnue, avec cheveux un peu pendans, & une petite draperie qui lui couvre une partie du bas du ſein & de l'épaule. Sur *cornaline blanche & marbrée*, de même hauteur que la précédente.

8 Une Tête inconnue, barbue & friſée, qui a une draperie au bas du cou. Sur *cornaline* de ſept-huit de pouce de haut.

9 Une Tête de jeune homme inconnu, avec cheveux friſés & bonnet. Cette tête a au bas du cou une draperie. Sur *cornaline* de trois-quarts de pouce de haut.

10 MEROPE. Le Buſte de *Mérope*, vu preſque de face, avec un petit voile qui lui couvre une partie de la tête, une draperie ſur les épaules, & le ſein découvert. Sur *cornaline* de ſept-huit de pouce de haut.

11 DEJANIRA. Le Buſte de *Déjanire*, la tête un peu penchée & coëffée en cheveux ornés d'épis. Ce buſte a une peliſſe qui deſcend juſqu'au deſſous du ſein qui eſt couvert de même qu'une épaule. Sur une belle *cornaline* d'un pouce de haut.

12 SAPHO. La Tête de *Sapho*, couverte d'une eſpèce

de bonnet & ayant une draperie au bas du cou.
Sur *sardonix* de sept huit de pouce de haut.

13 Une Tête de femme inconnue, ayant les cheveux relevés en treffes & une draperie au bas du cou. Sur *cornaline* de trois quarts de pouce de haut.

14 Une Tête inconnue, fort barbue, ayant les cheveux courts & au bas du cou une draperie. Sur *cornaline* de même hauteur que la précédente.

15 M. Jun. Brutus. La Tête de *Brutus*, avec une draperie au bas du cou. Sur *cornaline* de un & un quart de pouce de haut.

16 Pyrrhus. Le Bufte de *Pyrrhus, Roi d'Epire*, vu prefque de face, avec le cafque, la cuiraffe, le bouclier & le javelot. Sur une *jacinthe* la belle d'environ un pouce de haut & large à proportion.

17 Hadrianus et Sabina. Deux Buftes d'*Hadrien* & de *Sabine*. Le premier a la tête ceinte de laurier & une cuiraffe fort ornée. Sur *cornaline blanche* de un & trois quarts de pouce de haut.

18 Imperator Augustus. La Tête de *l'Empereur Augufte* ceinte de laurier. Sur *agathe-onix* de fept huit de pouce de haut.

19 Lucius Antonius Cos. La Tête nue du *Conful Luzius Antoine, frere du Triumvir*, ayant les cheveux courts & frifés, & au bas du cou une

draperie. Sur *cornaline marbrée* de un & un huit de pouce de haut.

20 Une Tête de femme inconnue, coëffée en cheveux pendants & ayant au bas du cou une draperie. Sur *cornaline* de sept huit de pouce de haut.

21 DIANA. La Tête de *Diane*, coëffée en cheveux. Sur *cornaline* de trois quarts de pouce de haut.

22 HOMERUS. La Tête d'*Homere*, ceinte d'une bandelette & ayant une draperie au bas du cou. Sur *jaspe* de trois quarts de pouce de haut.

23 MERCURIUS. La Tête de *Mercure*, ayant les cheveux pendants & le casque orné d'un masque & d'une aile. Sur *cornaline* d'un pouce de haut.

24 M. CLAUD. PUPIENUS MAX. AUG. La Tête de *Pupien*, ceinte de laurier & ayant une draperie au bas du cou. Sur *cornaline* de sept huit de pouce de haut.

25 Une Tête de femme inconnue, coëffée en cheveux & ayant une draperie au bas du cou. Sur *cornaline* de trois quarts de pouce de haut.

26 AURELIUS CÆSAR. La Tête d'*Aurelius César* ceinte de laurier. Sur *cornaline* de sept huit de pouce de haut.

27 SACERDOS. La Tête barbue d'un *Prêtre*, couverte d'un voile, qui lui tombe sur l'épaule, &

ayant une draperie au bas du cou. Sur *cornaline* de trois quarts de pouce de haut.

28 Une Tête d'homme inconnu, avec courte barbe & bandeau. Sur *cornaline* de même hauteur que la précédente.

29 Un Buſte d'homme inconnu, vu preſque de face, avec forte barbe, cheveux courts & draperie. Sur *cornaline blanche & marbrée* de un & cinq huit de pouce de haut.

30 ANNIBAL. Le Buſte d'*Annibal*, vu preſque de face, avec le caſque en tête, le corps armé d'une cuiraſſe, & le bouclier paſſé dans le bras. Sur *cornaline* d'environ trois quarts de pouce de haut.

31 MARCUS ANTONIUS. La Tête de *Marc-Antoine*, ayant les cheveux courts & au bas du cou une draperie. Sur *cornaline* de un & un quart de pouce de haut.

32 Une Tête de Guerrier, fort barbue & couverte d'un caſque, orné d'un maſque. Sur *cornaline* de trois quarts de pouce de haut.

33 Un Buſte d'homme inconnu, avec barbe, cheveux courts & draperie. Sur *cornaline ſardonix* de un & cinq huit de pouce de haut.

Ce Buſte fait le pendant du N°. 29 de ce tiroir.

TIROIR n°. IX.

Contenant XXV Cornalines & autres Pierres
gravées en creux.

n°. 1. FL. JUL. DELMATIUS CÆSAR. La Tête de
Delmace, avec cheveux courts & couronne de
laurier; cette Tête a au bas du cou une draperie.
Sur *cornaline marbrée* d'environ un pouce de haut.

2 FL. HANNIBALLIANUS REX. La Tête d'*Hanni-
balien Roi*, avec cheveux courts, & ayant au bas
du cou une draperie. Sur *cornaline* de même hau-
teur que la précédente.

3 FL. MAGNENTIUS AUG. La Tête de *Magnence*,
avec cheveux & draperie de même que ci-deſſus.
Sur *agathe* d'environ un pouce de haut.

4 MAGNUS DECENTIUS CÆSAR. La Tête de
Decentius Céſar, avec cheveux, & ayant une dra-
perie au bas du cou. Sur *agathe* de même hau-
teur que la précédente.

5 FL. CLAUD. JULIANUS AUG. La Tête de *Julien*
l'Apoſtat, ceinte d'un bandeau, & double rangée
de perles, & ayant une draperie au bas du cou.
Sur *agathe* de même hauteur que la précédente.

6 FL. JOVIANUS AUG. Le Tête de *Jovien*, ceinte

de laurier & ayant une draperie au bas du cou.
Sur *agathe-onix* de même hauteur que la précédente.

7 FL. VALENTINIANUS AUG. PATER. Le Buſte de *Valentinien le pere*, armé du caſque, de la cuiraſſe & du bouclier. Sur *agathe marbrée*, de un & un huit de pouce de haut.

8 CAIUS VALERIUS. La Tête du *Tribun militaire Caius Valere*, avec cheveux courts & bandeau à deux rangées de perles. Cette tête a une draperie au bas du cou. Sur *agathe-ſardonix* d'un peu plus d'un pouce de haut.

9 PROCOPIUS AUG. La Tête de *Procope*, avec barbe, cheveux courts & bandeau. Cette tête a une draperie au bas du cou. Sur *cornaline* d'un pouce de haut.

10 FL. VALENTINIANUS AUG. JUNIOR. La Tête de *Valentinien le jeune*, avec cheveux courts & bandeau enrichi de perles. Cette tête a une draperie au bas du cou. Sur *agathe* de un & un huit de pouce de haut.

11 FL. GRATIANUS AUG. La Tête de *Gratien*, avec bandeau, à double rangée de perles, & ayant une draperie au bas du cou. Sur *agathe* de même hauteur que la précédente.

12 FL. MAGNENTIUS AUG. La Tête de *Magnence*, avec bandeau enrichi de perles, & ayant une dra-

perie au bas du cou. Sur *agathe* d'un peu plus d'un pouce de haut.

13 MARCUS AURELIUS ANTON. AUG. La Tête de *Marc-Aurele*, barbue & frifée, & ayant une petite draperie au bas de cou. Sur *cornaline* de un & demi-pouce de haut. Cette tête eſt très-belle.

14 FL. VICTOR AUG. La Tête de *Flavius Victor*, avec cheveux courts, ornés d'une double rangée de perles, & ayant au bas du cou une draperie. Sur *cornaline* d'un peu plus d'un pouce de haut.

15 THEODOSIUS AUG. La Tête *Théodoſe*, avec cheveux & bandeau. Cette tête a au bas du cou une draperie. Sur *agathe* d'un peu plus d'un pouce de haut.

16 EUGENIUS AUG. La Tête d'*Eugène* avec barbe, cheveux & bandeau orné d'une double rangée de perles. Cette tête a une draperie au bas du cou. Sur *cornaline* d'un peu plus d'un pouce de haut.

17 FL. ARCADIUS AUG. La Tête d'*Arcadius*, avec bandeau & draperie ſemblable. Sur *cornaline* de même hauteur que la précédente.

18 HONORIUS AUG. La Tête d'*Honorius*, ceinte d'un bandeau, & ayant une draperie ſemblable. Sur *cornaline* de même hauteur que la précédente.

19 M. ANN. GALERIUS ANTON. AUG. FIL. La Tête de *Galere*, *fils de Tite Antonin*, & de *Fauſtine*, avec

cheveux courts & frifés. Cette téte a une petite
draperie au bas du cou. Sur *cornaline* de un & un
huit de pouce de haut.

20 L. CLODIUS MACER. La Tê-e de *Clodius Ma-
cer*, avec cheveux courts & frifés Sur *cornaline*
de·même hauteur que la précédente.

21 ANNIUS VERUS CÆSAR ANTON. AUG. FIL. La
Tête d'*Annius Verus*, *fils de Marc-Aurele* ; comme
celle ci-deffus. Sur *cornaline* de même hauteur
que la précédente.

22 Le Bufte d'un jeune homme, avec cheveux courts &
frifés, & ayant une petite draperie. Sur *cornaline*
d'un peu plus d'un pouce de haut.

23 PYRRHUS. La Tête de *Pyrrhus*, *Roi d'Epire*,
avec cheveux pendans, barbe épaiffe & cafque en
forme de bec d'oifeau. Sur *cornaline* de fept-huit
de pouce de haut.

24 Une Tête de vieillard fort barbue. Sur *cornaline*
de même gauteur que la préééedente.

25 Une Tête de femme, avec cheveux pendans &
diadême. Cette tête a une draperie au bas du cou.
Sur *cornaline marbrée*, de même hauteur que la
précédente.

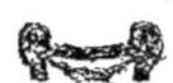

TIROIR n°. X.

Contenant XXV Cornalines & autres Pierres
gravées en creux.

N° 1 HERCULES. La Tête d'*Hercule jeune*, avec
cheveux courts & frifés. Un vifage de vieillard
lui foit du bas du cou. Sur une belle *cornaline* de
un & un quart de pouce de haut.

2 HERCULES. Le Bufte d'*Hercule*, avec barbe épaiffe
& couronne de laurier, Ce bufte a les épaules cou-
vertes d'une peau de lion, & la maffue derriere le
cou. Sur *cornaline marbrée*, d'un pouce de haut.

3 JOVIS AMMONIS. La Tête de *Jupiter Ammon*, re-
repréfenté avec fes attributs, & ayant une petite
draperie au bas du cou. Sur *cornaline* de un &
trois-huit de pouces de haut.

4 VULCANUS. La Tête de *Vulcain*, avec peu de
barbe & un bonnet. Sur *cornaline* d'un pouce de
haut.

5 MERCURIUS. La Tête de *Mercure*, avec une dra-
perie au bas du cou, & le caducée par derriere. Sur
cornaline de un & trois-huit de pouce de haut.

6 MERCURIUS La Tête de *Mercure* cafqué. Sur *cor-
naline* d'environ un pouce de haut.

7 CERES. Le Buſte de *Cérès*, ayant la tête ornée
d'épis de blé., & couverte en partie d'un voile
qui lui pend ſur les épaules. Sur *cornaline* de un
& un huit de pouce de haut.

8 CERES. La Tête de *Cérès*, coëffée en cheveux
& couronnée d'épis. Cette Tête a une draperie
au bas du cou. Sur *cornaline* de même hauteur
que la précédente.

9 Le Buſte d'une Reine d'Egypte, avec cheveux
friſés & voile qui lui tombe ſur les épaules. Sur
cornaline marbrée de même hauteur que la précé-
dente.

10 MERCURIUS. La Tête de *Mercure*, avec quel-
ques-uns de ſes attributs, & ayant une draperie
au bas du cou. Sur *cornaline* d'un pouce de
haut.

11 JOVIS AMMONIS ET JUNONIS. Les Têtes de
Jupiter Ammon & de *Junon* accolées ; celle de
Jupiter eſt barbue & friſée ; ces deux Têtes n'ont
point de cou. Sur *cornaline marbrée* de un & un
huit de pouce de haut.

12 DII PENATES. Deux Têtes de *Dieux Pénates*
accolées ; ces Têtes ont les cheveux courts, & la
premiere a un petit bandeau. Sur *cornaline* d'un
pouce de haut.

13 ISIS ET SERAPIS. Deux Têtes en regard ; celle
d'*Iſis*, avec cheveux longs très-friſés & arrangés,

eſt ceinte d'un bandeau & a une draperie au bas
du cou ; celle de *Sérapis* eſt barbue & friſée &
ceinte d'un bandeau. Sur *cornaline* de un & cinq
huit de pouce de large, ſur un & un quart de
pouce de haut.

14 CASTOR ET POLLUX. Les Têtes de *Caſtor &
Pollux* accolées. Toutes deux ont le bonnet qui ſe
termine en pointe, & la premiere eſt ornée d'une
couronne de laurier. Sur *cornaline* d'environ un
pouce de haut.

15 JUPITER REX. La Tête de *Jupiter Roi*, avec
barbe & bandeau. Cette Tête a une draperie au
bas du cou. Sur *cornaline* de un & un huit de
pouce de haut.

16 MERCURIUS. La Tête de *Mercure*, avec quel-
ques uns de ſes attributs & ayant une draperie au
bas du cou. Sur *cornaline* d'environ un pouce de
haut.

17 OMPHALE. Le Buſte d'*Omphale*, coëffée de la
dépouille d'un taureau, avec les cornes, qui lui
deſcend juſques ſur les épaules. Sur *cornaline tranſ-
parente & jaunâtre* d'un pouce de haut.

18 CERES. *Cérès*, demi figure, qui a la tête un peu
penchée & coëffée en cheveux, avec un voile qui
lui tombe ſur le dos. Devant elle ſe voit une corne
d'abondance. Sur *cornaline ſardonix* de un & un
huit de pouce de haut,

19 VESTA. Le Bufte de la *Déeffe Vefta*, ayant le front ceint du diadême, & un voile qui tombant fur les épaules, lui fert de draperie. Sur *amétifte* d'un peu plus d'un pouce de haut.

20 MERCURIUS. La Tête de *Mercure*, frifée & ceinte de laurier; cette Tête a une petite draperie au bas du cou. Dans le champ de la pierre on apperçoit un éguillon & une tête de bœuf. Sur *agathe* d'un pouce de haut.

21 DAPHNE. La Tête de *Daphné*, avec les cheveux relevés en treffes, & ayant une draperie au bas du cou. Sur *Amétifte* de un & un quart de pouce de haut.

22 MERCURIUS. La Tête de *Mercure*, avec le *Pétafe*. Sur *cornaline* de fept huit de pouce de haut.

23 ÆSCULAPIUS. La Tête d'*Efculape*, ceinte d'un bandeau, & ayant une petite draperie au bas du cou. Sur *cornaline marbrée* de un & trois huit de pouce de haut.

24 NEPTUNUS. La Tête de *Neptune*, ceinte de lau- Sur *cornaline marbrée* d'environ un pouce de haut.

25 MERCURIUS. La Tête de *Mercure* frifée, avec le caducée derriere le cou. Sur *cornaline marbrée* de un & trois huit de pouce de haut.

TIROIR nᵒ. XI.

Contenant XXIX Cornalines & autres Pierres
gravées en creux.

nᵒ. 1. L. AUREL VERUS AUG. Le Buſte de *Lucius
Vérus*, vu en partie par le dos, avec cheveux,
barbe épaiſſe & draperie. Sur *cornaline* d'un pou-
ce de haut.

2 L. AEL. AUREL. COMMODUS AUG. Le Buſte
de *Commode*, vu de même, avec cheveux, barbe
& couronne de laurier; ce buſte a auſſi une dra-
perie. Sur *cornaline* de même hauteur que la pré-
cédente.

3 EPICURUS. Le Buſte d'*Epicure*, dont la tête à
demi chauve eſt barbue; ce buſte a une draperie
derriere l'épaule. Sur *cornaline jaune* de cinq
huit de pouce de haut.

4 P. HELV. PELTINAX AUG. Le Buſte de *Perti-
nax*, avec tête barbue & friſée, & ceinte de lau-
rier; ce Buſte eſt drapé. Sur *cornaline marbrée*
d'un pouce de haut.

5 M. DID. SEV. JULIANUS AUG. Le Buſte de
Julien, repréſenté de même que l'antécédent. Sur
cornaline marbrée de même hauteur que la précé-
dente.

6 C. PESC. NIGER. JUSTUS AUG. Le Buſte de *Peſcennius Niger*, repréſenté de même que l'antécédent. Sur *cornaline marbrée* de même hauteur que la précédente.

7 MONIMA. Le Buſte de *Monime*, *femme de Mithridate*, ayant les cheveux pendans ſur le cou, & le front ceint du diadème. Ce buſte eſt en partie couvert d'une draperie. Sur *cornaline marbrée*, de un & trois-quarts de pouce de haut.

8 POMPONIUS MOLO. La Tête de *Pomponius Molo*, ayant les cheveux pendans, & une couronne de laurier. Sur *cornaline* de un & un quart de pouce de haut.

9 FLORA. Le Buſte de *Flore*, coëffée en cheveux, & ceinte du diadême. Ce buſte eſt drapé en partie. Sur *cornaline* de un & trois-quarts de pouce de haut.

10 CLOD. SEPT. ALBINUS AUG. Le Buſte d'*Albin*, vu un peu par le dos, la tête eſt barbue & friſée, & le front ceint de laurier. Ce buſte a auſſi une draperie. Sur *cornaline* d'un pouce de haut.

11 L. SEPT. SEVERUS PERTINAX AUG. Le Buſte de *Septime Severe*, repréſenté de même que l'antécédant. Sur *cornaline* de même hauteur que la précédente.

12 AUR. SEV. ANTON. CARACALLA AUG. Le Buſte d'*Antonin Caracalla*, dont la tête ſans barbe, eſt

frifée & ceinte de laurier. Le corps eft armé d'une cuiraffe à écailles. Sur *cornaline* de même hauteur que la précédente.

13 Quatre Têtes de vieillards qui forment enfemble un quarré. Sur *cornaline-fardonix* de cinq-huit de pouce de haut.

14 CLEOPATRA. La Tête de *Cléopatre*, coëffée en cheveux, & ceinte d'une couronne ornée de perles. Cette Tête a une draperie au bas du cou. Sur *cornaline* d'environ un & trois-huit de pouces de haut.

15 MARCUS AULELIUS ANTON. AUG. Le Bufte de *Marc-Aurele*, avec draperie. Ce Bufte eft un peu vu par le dos. Sur *cornaline - fardonix* d'un peu plus de deux pouces de haut.

16 DIVA MARINIANA AUG. Le Bufte de *Mariniane*, *femme de l'Empereur Valérien* , avec cheveux treffés, double diadême & draperie. Sur *cornaline* de un & un quart de pouce de haut.

17 Cinq Têtes, dont quatre forment un quarré, & celle du milieu eft vue de face. Sur *cornaline-fardonix* de trois-quarts de pouce de haut.

18 L. SEPT. GETA P. AUG. Le Bufte de *Géta*, vû prefque par le dos, fans barbe, avec cheveux frifés & draperie. Sur *cornaline* d'un pouce de haut.

19 OPEL. SEVER. MACRINUS AUG. Le Bufte de *Macrin*, vu de même ; la tête eft barbue, & ceinte

de laurier. Le corps eſt armé d'une cuiraſſe écaiſ-
lée, ou cotte d'armes. Sur *cornaline* de même hau-
teur que la précédente.

20 M. OPEL. ANTON. DIADUMENIANUS CÆSAR.
Le Buſte de *Diaduménien Ceſar*, ſans barbe, avec
cheveux friſés & draperie. Sur *cornaline* de même
hauteur que la précédente.

21 HERACLIUS. Le Buſte d'*Héraclite*, avec bande-
lettte & draperie. Sur *cornaline* de un & trois-
quarts de pouce de haut.

22. CERES. Le Buſte de *Cérès*, coëffée en cheveux,
& couronnée d'épis. Sur *cornaline* de un & un
hnit de pouce de haut.

23. DEMOCRITUS. Le Buſte de *Démocrite*, avec tête
friſée & bandelette. Ce buſte a une draperie, Sur
cornaline d'environ un & trois-quarts de pouce de
haut.

24 M. AUREL. ANTON. ELAGABALUS AUG. Le
Buſte d'*Antonin Elagabale*, vu un peu par le dos,
avec tête friſée & ceinte de laurier. Ce Buſte eſt
drapé. Sur *cornaline* d'un pouce de haut.

25 M. AUREL. SEVER. ALEXANDER AUG. Le
Buſte d'*Alexandre Severe*, vu de même. La tête
eſt ſans barbe, avec cheveux courts, & couronne
de laurier. Le corps eſt armé d'une cuiraſſe à
écailles ou cotte d'armes. Sur *cornaline* de même
hauteur que la précédente.

26 C. Jul. Verus Maximus Aug. Le Buſte de *Maximin*, vu par le dos, avec tête barbue & couronnée de laurier. Ce Buſte eſt drapé. Sur *cornaline* de même hauteur que la précédente.

27 SOCRATES. La Tête de *Socrate*. ſur une belle *cornaline* d'environ cinq-huit de pouce de haut.

28 C. Jul Verus Maximus Cæsar. Le Buſte de *Maxime Céſar*, ſans barbe, avec cheveux trèscourts & draperie. Sur *cornaline jaune & tranſparente*, d'un pouce de haut.

29 M. Ant. Gordianus Africanus Aug. Le Buſte de *Gordien d'Afrique*, vu un peu par le dos, avec tête barbue, & ceinte de laurier. Ce Buſte a une draperie. Sur *cornaline* de même hauteur que la précédente.

TIROIR nº. XII.

Contenant XXIII Cornalines & autres Pierres gravées en creux.

Nº. 1 Pruttia Crispina Aug. Le Buſte de *Criſpine, femme de Commode*, coëffée en cheveux, qui forment un bourlet, & ayant une partie du corps couverte de draperie. Sur *cornaline* de un & un huit de pouce de haut.

2 Luciela Aug. Le Buſte de *Lucille, femme de L.*

Vérus, coeffée & habillée à peu près de même. Sur *cornaline* d'environ un & un huit de pouce de haut.

3 MARCIA OCTACILIA SEVERA AUG. Le Bufte d'*Octacilie*, avec cheveux treſſés, diadème & draperie. Sur une belle *cornaline* de même hauteur que la précédente.

4 AGRIPPINA MATER CAII CÆSARIS. Le Bufte d'*Agrippine*, *mere de Caligula*, coëffée & habillée à peu près de même que l'antécédent. Sur *cornaline* de même hauteur que la précédente.

5 JUSTA FULVIA PLAUTILLA AUG. Le Bufte de *Plautille*, coëffée & habillée de même que l'anté‑cédent. Sur *cornaline* de même hauteur que la précédente.

6 HERCULES. La Tête d'*Hercule jeune*, coëffée de la dépouille du lion. Sur *cornaline* de cinq huit de pouce de haut.

7 FUR. SABINIA TRANQUILLINA AUG. Le Bufte de *Tranquilline*, *femme de Gordien le jeune*, avec les cheveux treſſés, le diadème & une draperie. Sur *cornaline* de un & un huit de pouce de haut.

8 JULIA DOMNA P. F. AUG. Le Bufte de *Julie*, *femme de Septime Sévère*, repréſenté de même que l'antécédent. Sur *cornaline ſardonix* de un & un huit de pouce de haut.

9 Une Tête de femme, coëffée en treffes & ayant une draperie au bas du cou. Sur *cornaline* de cinq huit de pouce de haut.

10 Une Tête de femme, ayant les cheveux relevés en treffes & formant fur le haut du chef un gros bourlet. Cette Tête a au bas du cou une draperie. Sur *cornaline* de trois quarts de pouce de haut.

11 JULIA DOMNA P. F. AUG. Le Bufte de *Julie*, *femme de Septime Sévère*, avec les cheveux treffés & une draperie. Sur *cornaline* de un & un huit de pouce de haut. .

12 FLORA. *Flore*, demi figure, coëffée en cheveux flottans fur le dos, & ornée d'un bandeau garni de fleurs. Cette figure eft couverte d'une draperie. Sur un *jafpe fleuri*, d'une grande beauté, de un & trois quarts de pouce de haut.

13 ULPIA SEVERINA P. F. AUG. Le Bufte de *Sévérine*, coëffée en cheveux treffés & ceinte du diadême. Ce bufte a une draperie. Sur *cornaline* d'un pouce de haut..

14 VENUS. La Tête de *Vénus*, ceinte du diadême. Sur *cornaline* de cinq huit de pouce haut.

15 VESTALIS. La Tête d'une *Veftale*, voilée en grande partie & ayant une draperie au bas du cou. Sur *cornaline* de même hauteur que la pré cédente.

D 2

16 LIVIA AUG. La Tête de *Livie*, voilée en partie & ceinte du diadême. Sur *cornaline* d'un pouce de haut.

17 VENUS. La Tête de *Vénus*, ceinte du diadême & ayant une draperie au bas du cou. Sur *onix-fardonix* d'environ trois quarts de pouce de haut.

18 JULIA DOMNA P. F. AUG. Le Buſte de *Julie*, *femme de Septime Sévère*, coëffée en cheveux treſſés & ceinte du diadême. Ce buſte a une draperie. Sur *cornaline-fardonix* d'environ un & un quart de pouce de haut.

19 DIVA FAUSTINA AUG. Le buſte de *Fauſtine*, avec cheveux treſſés & draperie. Sur *cornaline* de même hauteur que la précédente.

20 HER. CUP. ETRUSCILLA AUG. Le buſte d'*Etrufcille*, *femme de Trajan Dece*, coëffée en cheveux treſſés & ceinte du diadême. Ce buſte eſt drappé. Sur *cornaline* de un & un huit de pouce de haut.

21 FAUSTINA SALVATRIX CIZICENÆ. Le Buſte de *Fauſtine*, *Reſtauratrice de Cizicène*, coëffée en cheveux & ceinte du diadême ; ce Buſte a une draperie. Sur *cornaline* de même hauteur que la précédente.

22 JULIA TITI FILIA. Le Buſte de *Julie*, *fille de Titus*, avec les cheveux relevés en cercle & frifés en boucles fur le devant de la tête , elle a un

collier de pierreries, & des boucles aux oreilles, d'où pendent des perles. Sur *cornaline* de même hauteur que la précédente.

3 PRUTTIA CRISPINA AUG. Le Buſte de *Criſpine, femme de Commode*, coëffée en cheveux très-arrangés, & formant un bourlet ſur le derriere de la tête ; ce Buſte a une draperie. Sur *cornaline* de même hauteur que la précédente.

TIROIR n°. XIII.

Contenant XXIII Cornalines & autres Pierres gravées en creux.

n°. 1 Un Buſte de femme inconnue, avec cheveux arrangés en treſſes & double bandeau ; ce Buſte a une draperie. Sur *cornaline marbrée* de un & trois huit de pouce de haut.

2 QUINTILIUS VARUS. La Tête de *Quintillius Varus, chef des Légions Romaines*, avec barbe épaiſſe, cheveux friſés & couronne de laurier. Sur *cornaline* d'environ un pouce de haut.

3 CLEOPATRA. Le Buſte de *Cléopatre*, avec cheveux qui tombent ſur le dos & draperie ; elle ſe fait piquer par un aſpic. Sur *cornaline* de un & trois huit de pouce de haut.

4 JUPITER TERMINALIS. La Tête de *Jupiter Terme*, avec cheveux un peu pendants & bandeau ; cette Tête a au bas du cou une draperie ; dans le champ de la Pierre on apperçoit une étoile & une petite guirlande. Sur *cornaline* d'environ un pouce de haut.

5 Une Tête de femme, avec cheveux treffés, ornés de perles, & ayant une draperie au bas du cou. Sur *cornaline* de un & trois-huit de pouce haut.

6 Une Tête de jeune homme, avec chevelure pendante. Dans le champ gauche de la pierre, on apperçoit un vafe fervant aux facrifices. Sur *cordaline* d'environ un pouce de haut.

7 Un Bufte de femme, avec cheveux treffés, & bandeau. Ce bufte porte une draperie fur les épaules. Sur *jafpe* de un & trois-huit de pouce de haut.

8 Une Tête de femme, ayant les cheveux treffés, & un bandeau. Sur *fardonix* de cinq-huit de pouce de haut,

9 Un Bufte de femme, prefqu'entierement voilée, qui a une draperie fur les épaules. Sur *cornaline-fardonix* de un & trois huit de pouce de haut.

10 LYSIMACHUS. La Tête de *Lyfimachus*, barbue & ayant une treffe qui forme une efpece de corne retournée vers le cou. Sur *cornaline* d'un pouce de haut.

11 Une Tête de femme, coëffée en cheveux, & ornée d'une guirlande de fleurs. Sur *cornaline* de un
& trois-huit de pouce de haut.

12 DEA ROMA. Buſte repréſentant la ville de *Rome*,
coëffée en cheveux & ceinte d'un bandeau. Ce
buſte a une draperie qui le couvre en partie, &
de deſſous laquelle paroiſſent ſortir trois ſerpens.
Sur *cornaline* de un & cinq-huit de pouce de haut.

13 MEDUSA. La Tête de *Méduſe*, coëffée en cheveux très-arrangés & friſés, qui lui deſcendent
juſqu'au-deſſus du cou, avec une aîle & un ſerpent
dans la coëffure. Sur *cornaline* de un & trois-huit
de pouce de haut.

14 CARISIUS. La Tête de *Cariſius*, fort barbue &
friſée. Sur *cornaline* d'environ un pouce de haut.

15 Un Buſte de femme, ave cheveux treſſés, &
ayant une draperie ſur les épaules. Sur *cornaline
marbrée*, de un & trois-huit de pouce de haut.

16 Une Tête de femme, coëffée en cheveux, &
ceinte d'un bandeau. Sur *Amétiſte* de cinq-huit de
pouce de haut.

17 Un Buſte de femme, coëffée en cheveux qui lui
tombent ſur les épaules, & ceinte d'une couronne
de laurier, ornée de fleurs. Ce buſte qui eſt vu
par le dos, eſt couvert d'une draperie. Sur *jaſpe* de
un & trois-huit de pouce de haut.

D 4

18 Une Tête de femme caſquée, & ayant les cheveux pendans. Sur *cornaline* de ſept-huit de pouce de haut.

19 Un Buſte de femme, vûe par le dos, coëffée en cheveux fort treſſés; & ayant une draperie. Sur *cornaline preſque blanche*, de un & trois-huit de pouce de haut.

20 TITUS. La Tête ſymbolique de *Titus*, avec barbe longue & bandeau. Cette tête a une aîle dans la chevelure. Sur *cornaline* de ſept-huit de pouce de haut.,

21 Le Portrait de Juliette de Gonzague, en buſte, avec cheveux friſés & treſſés, orné de perles de même que l'habillement. Sur *cornaline marbrée*, de un & trois-huit de pouce de haut.

22 Une Tête de jeune homme inconnu, avec cheveux courts. Sur *cornaline* d'un pouce de haut.

23 Un Buſte femme inconnue, avec cheveux qui lui tombent ſur les epaules, & un ruban autour de la tête. Ce Buſte a une petite draperie. Sur *cornaline marbrée*, de un & trois-huit de pouce de haut,

N. B. *Toutes ces têtes & buſtes ſont d'une grande beauté de travail.*

TIROIR n°. XIV.

Contenant XXIX Cornalines & autres Pierres
gravées en creux.

N°. 1 FL. CLAUD. JULIANUS AUG. Le Buſte de
Julien l'Apoſtat, dont la tête barbue & friſée eſt
couronnée d'épis de blé & de feuilles de vigne.
Le corps eſt armé d'une cuiraſſe à écailles, ornée
d'un maſque & de divers ſerpens. Sur *corna-
line marbrée* de un & ſept-huit de pouce de haut.

2 LEANDER. Le Buſte de *Léandre*, avec de longs
cheveux pendans ſur le dos. Sur *cornaline blanche*,
d'environ trois-quarts de pouce de haut.

3 AURELIUS CÆSAR. La Tête d'*Aurele Céſar*, avec
cheveux courts & friſés. Sur *cornaline* d'un pouce
de haut.

4 Une Tête de femme inconnue, coëffée en cheveux,
ornés d'une rangée de perles. Sur *cornaline blanche*
& *marbrée*, de trois-quarts de pouce de haut.

5 HECTOR, ANDROMAQUE ET ASTYANAX. Trois
Têtes. Celles d'*Hector* & d'*Andromaque* accolées,
& celle d'*Aſtianax* placée au-deſſous du men-
ton de la premiere qui a barbe. & le caſque ſur-
monté d'un panache, & orné d'un cheval marin.
La ſeconde eſt ceinte du diadême. Sur une belle

agathe blanche & tachetée, d'environ deux pouces de haut,

6 Un Buste de femme inconnue, coëffée en cheveux avec bandeau, & ayant une draperie autour du corps. Sur *cornaline* de sept huit de pouce de haut.

7 JULIA AUGUSTI FILIA. La Tête de *Julie, fille d'Auguste*, avec cheveux frisés & diadême. Cette tête a une petite draperie au bas du cou. Sur *cornaline* de un & un huit de pouce de haut.

8 JULIUS CÆSAR. La Tête de *Jule-César*, couronnée de laurier. Sur *cornaline* de trois quarts de pouce de haut.

9 L. SEPT. SEVERUS PERTINAX AUG. La Tête de *Septime Sévère*, avec cheveux frisés & barbe. Sur *sardonix* de trois quarts de pouce de haut.

10 Une Tête qui ressemble à celle de Pyrrhus, Roi d'Epire, avec barbe épaisse, cheveux pendants & tête d'aigle, qui forme une espèce de casque. Sur *agathe blanche & tachetée* de même hauteur que la pierre précédente.

11 Une Tête de femme inconnue, avec les cheveux relevés en partie en tresses & ceinte d'un double diadême. Cette tête a une draperie au bas du cou. Sur *amétiste* de même hauteur que la pierre précédente.

12 PALLAS. Le Bufte de *Pallas*, avec le cafque fort orné, & ayant une draperie fur les épaules. Sur *amétifte* de même hauteur que la précédente.

13 CAIUS MARIUS COS. Le Bufte du *Conful Marius*, avec cheveux courts & frifés, & ayant fur les épaules une draperie. Sur *cornaline* de un & demi pouce de haut.

14 MINERVA SALUTIFERA. Le Bufte de *Minerve fecourable*, ayant le cafque fort orné & la cuiraffe, fur laquelle on voit une tête de Médufe non hériffée de ferpens, au lieu de cheveux. Sur *cornaline fardonix* de deux pouces de haut.

15 L. CORN. SYLLA. Le Bufte de *Sylla*, *le Dictateur*, avec cheveux frifés, & portant une draperie fur les épaules. Sur *cornaline* d'environ un & demi pouce de haut.

16 ALEXANDER. Le Tête d'*Alexandre*, avec cafque, & les cheveux pendants. Sur *amétifte* de trois quarts de pouce de haut.

17 Un Bufte de femme inconnue, avec cheveux pendants, & ayant une draperie qui lui couvre une partie du fein. Sur *fardonix* de trois quarts de pouce de haut.

18 HERCULES. La Tête d'*Hercule*, avec une draperie au bas du cou. Sur *fardonix* de même hauteur que la précédente.

19 M. DID. SEVER. JULIANUS AUG. Le Bufte

de *Julien*, avec tête barbue & frifée ; couronne
de laurier & draperie qui lui couvre les épaules.
Sur *Jaspe* de fept huit de pouce de haut.

20 MARCUS AURELIUS ANTON. AUG. Le Bufte
de *Marc-Aurele*, ayant une draperie fur les épau-
les. Sur *fardonix* de trois quarts de pouces de
haut.

21 Une Tête qui reffemble à celle de Mécene, pref-
que chauve & avec une petite draperie au bas
du cou. Sur *chalcédoine* de un & un huit de
pouce de haut.

22 Une Tête d'un jeune guerrier inconnu, avec
cheveux courts. Sur *fardonix* de trois quarts de
pouce de haut.

23 P. HELV. PERTINAX AUG. Le Bufte de *Per-
tinax*, avec barbe longue, couronne de laurier &
draperie. Sur *cornaline marbrée* de un & fept
huit de pouce de haut.

24 Un Bufte de guerrier inconnu, avec barbe épaiffe,
cafque & draperie. Sur *fardonix* de trois quarts
de pouce de haut.

25 L. SEPT. GETA P. AUG. La Tête de *Géta*,
avec cheveux frifés, & ayant une draperie. Sur
cornaline de fept huit de pouce de haut.

26 PALLAS. La Tête de *Pallas*, avec cheveux pen-
dants & cafque ; cette Tête a une draperie au bas

du cou. Sur *fardonix* de trois quarts de pouce de haut.

27 SOCRATES. La Tête de *Socrate*, en partie chauve, avec barbe, & ayant une draperie au bas du cou. Sur une belle *cornaline blanche* de un & trois quarts de pouce de haut.

28 Un très-beau Portrait d'un Electeur, en buſte de bas-relief. Sur une belle *turquoiſe* d'un peu plus d'un pouce de haut, certie en or & ornée d'une garniture émaillée de couleur claire.

29 Un Buſte en bas-relief, dont le viſage eſt reſervé blanc, & le reſte d'une autre couleur. Sur *cornaline-onix* d'un pouce de haut, & garnie d'argent doré.

TIROIR nº. XV.

Contenant XIX Cornalines & autres Pierres gravées en creux.

nº. 1 VALERIANUS ET MARINIANA. Deux Buſtes en regard: *Valérien*, avec barbe & peu de cheveux, couronne de laurier & draperie; *Mariniane*, avec cheveux relevés en treſſes; le diadême & draperie ſemblable. Sur *cornaline* d'environ un & un huit de pouce de haut, ſur un & trois quarts de pouce de large.

2 GORDIANUS PATER, FILIUS ET SAB. TRAN-
QUILLINA. Trois Têtes, dont deux font accolées. La
tête de *Gordien le Pere*, avec barbe & peu de
cheveux, couronne de laurier, & ayant une dra-
perie au bas du cou ; celle de *Tranquilline* eft
ceinte du diadême, & a une draperie femblable ;
la tête du *jeune Gordien* eft en regard, avec cou-
ronne & draperie placée de même. Sur *cornaline*
de même hauteur & largeur que la précédente.

3 GALLIENUS ET SALONINA. Deux Têtes en regard.
celle de *Gallien*, avec peu de barbe, cheveux
courts, couronne de laurier, & ayant une drape-
rie au bas du cou. Celle de *Salonine*, avec che-
veux relevés en treffes, le diadême & une drape-
rie femblable. Sur *cornaline* de même hauteur
& largeur que la précédente.

4 L. SEPT. SEVERUS PERTINAX. AUG. La Tête de
de *Septime Sévere* fort barbue entourée de laurier.
Cette tête a une draperie au bas du cou. Sur *cor-
naline* de un & un huit de pouce de haut.

5 L. SEPT. GETA P. AUG. Le Bufte de Géta, vu
en partie par le dos, avec cheveux frifés & dra-
perie. Sur *fardonix* de un & un huit de pouce de
haut.

6 SOCRATE. La Tête de *Socrate*, en partie chauve,
avec forte barbe, & ayant au bas du cou une pe-
tite draperie. Sur une belle *cornaline* d'environ fept-
huit de pouce de haut.

7 L. AEL. AUREL. COMMODUS AUG. La Tête de *Commode*, frisée, & ayant une draperie au bas du cou. Sur *cornaline* de un & un quart de pouce de haut.

8 M. ANT. GORDIANUS AFRICANUS AUG. JUN. Le Buste de *Gordien d'Afrique, le fils*, avec couronne radiée & la cuirasse. Sur *cornaline* de un & un huit de pouce de haut.

9 VALERIANUS ET GALLIENUS. Deux Têtes en regard. La Tête de *Valérien*, avec forte barbe, peu de cheveux, couronne de laurier, & ayant une draperie au bas du cou. Celle de *Gallien*, avec cheveux courts & draperie semblable. Sur *cornaline* de un & un quart de pouce de haut, sur un & trois-quarts de pouce de large.

10 TRAJANUS, MESS. DECIUS ET HOSTILIANUS. Trois Têtes en regard. Celle de *Mess. Décius*, avec barbe, cheveux courts, couronne de laurier, & ayant une draperie au bas du cou. Celle de *Trajan*, qui est au milieu, est représentée de même. Et celle d'*Hostilien* est avec cheveux courts & draperie semblable. Sur *cornaline* de un & trois-huit de pouce de haut, sur un & sept-huit de pouce de large.

11 GALLUS ET VOLURIANUS. Les Têtes de *Gallus* & de *Volurien*, en regard. Toutes deux sont barbues, avec peu de cheveux, couronne de laurier, & ayant une draperie au bas du cou. Sur *corna-*

line de un & un huit de pouce de haut, fur un
& trois-quarts de pouce de large.

12 GAL VAL. MAXIMIANUS CÆSAR. La Tête de
Maximien Céfar, avec peu de barbe & couronne
radiale. Cette Tête a une draperie au bas du cou.
Sur *cornaline* d'environ un & un huit de pouce
de haut.

13 L. AEL. AUR. COMMODUS AUG. La Tête de
Commode, barbue & frifée, & ceinte de laurier.
Cette Tête a une draperie au bas du cou. Sur *cor-
naline* de un & un quart de pouce de hâut.

14 MECENAS. La Tête de *Mécene*, prefque chauve
& ayant une draperie au bas du cou. Sur une
belle *cornaline* de fept-huit de pouce de haut.

15 D. CLOD. SEPT. ALBINUS AUG. La Tête d'*Albin*,
barbue & frifée. Sur *cornaline* ronde d'un pouce
de haut.

16 T. AEL. HADR. ANTONINUS P. AUG. La Tête
d'*Antonin le pieux*, barbue & frifée. Cette tête
eft ceinte de laurier, & a une draperie au bas du
cou. Sur *cornaline* de un & un huit de pouce de
haut.

17 L. SEPT. SEVERUS ET CARACALLA. Deux Têtes
en regard. Celle de *Septime Sévere*, avec barbe,
cheveux frifés, couronne de laurier, & ayant une
draperie au bas du cou. Celle de *Caracalla* eft re-
préfentée de même, mais fans barbe. Sur *corna-
line*

line de un & un quart de pouce de haut, fur un
& trois quarts de pouce de large.

18 ANTONIUS, CLEOPATRA ET ALEXANDER.
Trois Têtes en regard. Celles d'*Antoine* & d'*A-
lexandre*, accolées & avec cheveux courts ; celle
de *Cléopatre* eft coëffée en cheveux & a le bas
du cou orné de perles. Sur *cornaline* de un & trois
huit de pouce de haut, fur un & trois quarts de
pouce de large.

19 CARACALLA ET GÉTA. Les Têtes de *Caracalla*
& *Géta* en regard : toute deux font frifées & ceintes
de laurier, avec une draperie au bas du cou. Sur
cornaline d'environ même hauteur & largeur que
la précédente.

TIROIR n°. XVI.

Contenant XVI Cornalines & autres Pierres
gravées en creux.

---

n°. 1 APOLLO. Le Bufte d'*Apollon*, avec cheveux
arrangés & pendants, couronne de laurier & dra-
perie, qui lui couvre une partie de la poitrine ;
l'arc par devant & le carquois derriere la nuque.
Sur *cornaline* de un & un huit de pouce de
haut.

E

2 APOLLO. La Tête d'*Apollon*, ceinte de laurier. Sur *cornaline* de même hauteur que la précédente.

3 APOLLO. La Tête d'*Apollon*, avec couronne radiée, & ayant au bas du cou une petite draperie. Sur *cornaline - fardonix* de même hauteur que la précédente.

4 DIANA. La Tête de *Diane*, avec cheveux treffés, & ayant le carquois derriere la nuque. Sur *cornaline* de même hauteur que la précédente.

5 DIANA. La Tête de *Diane*, avec cheveux treffés, & ayant au bas du cou une petite draperie ; l'arc & le carquois derriere la nuque. Sur *cornaline* de même hauteur que la précédente.

6 DIANA. Le Bufte de *Diane*, ayant les cheveux noués par derriere, & une petite draperie qui lui couvre le fein. Par devant l'arc, & le carquois par derriere. Sur *cornaline fardonix* de même hauteur que la précédente.

7 SOL RODIANORUM. Le *Soleil des Rodianiens*. Tête radiée, avec de longs cheveux frifés. Sur une belle *cornaline* de un & un quart de pouce de haut.

8 APOLLO. Le Bufte d'*Apollon*, avec cheveux frifés & pendans fur l'épaule, couronne de laurier & draperie, qui lui couvre la poitrine. Sur *cor-*

naline sardonix de un & cinq huit de pouce de haut.

9 DIANA. Le Bufte de *Diane*, coëffée en cheveux & ayant une draperie qui lui couvre le fein. Par devant l'arc, & le carquois par derriere. Sur *cornaline* de même hauteur que la précédente.

10 APOLLO ET DIANA. Deux Têtes accolées. *Apollon*, avec couronne radiée, & ayant au bas du cou une draperie. Sur *cornaline* de un & un quart de pouce de haut.

11 DIANA. Le Bufte de *Diane*, coëffée en cheveux & ayant le fein couvert d'une draperie. Avec le carquois par derriere. Sur *cornaline* de un & un huit de pouce de haut.

12 APOLLO. La Tête d'*Apollon*, avec cheveux longs, & ayant au bas du cou une draperie. Au devant on voit fa Lyre. Sur *cornaline sardonix* de même hauteur que la précédente.

13 DIANA. Le Bufte de *Diane* ailée, avec les cheveux relevés & attachés fur le haut de la tête, & ayant une draperie fur le fein. Sur *cornaline* de un & un huit de pouce de haut.

14 APOLLO. Le Bufte d'*Apollon*, vu en partie par le dos, avec bandeau & couronne radiée. Sur *cornaline* de même hauteur que la précédente.

15 APOLLO. La Tête d'*Apollon*, avec de longs che-

veux frifés & pendans. Cette tête eſt ceinte de laurier. Sur *cornaline ſardonix* de même hauteur que la précédente.

16 APOLLO. La Tête d'*Apollon*, repréſentée de même que l'antécédente, mais vue de l'autre ſens. Sur *cornaline ſardonix* de même hauteur que la précédente.

TIROIR n°. XVII.

Contenant XLVI Cornalines & autres Pierres gravées en creux.

N°. 1 M. ANT. GORDIANUS AFFRICANUS AUG. JUNIOR. La Tête de *Gordien d'Afrique*, le fils, couronnée de laurier & ayant une draperie au bas du cou. Sur *cornaline ſardonix* d'un pouce de haut.

2 Une Tête d'Empereur inconnu, ceinte de laurier & ayant une petite draperie au bas du cou. Sur *cornaline* d'un peu plus d'un demi pouce de haut.

3 Une Tête inconnue, repréſentée de même que l'antécédente. Sur *cornaline* de même hauteur que la précédente.

4 M. ANT. GORDIANUS TERTIUS P. AUG. La Tête de *Gordien trois*, avec peu de cheveux, barbe,

& couronne de laurier. Cette Tête a une draperie
au bas du cou. Sur *cornaline* de un & un huit de
pouce de haut.

5 M. CLAUD. PUPIENUS MAX. AUG. La Tête de
Pupien, barbue & frifée & ceinte d'une couronne
à rayons. Cette tête a une draperie au bas du cou.
Sur *cornaline* d'un pouce de haut.

6 VESTALIS. La Tête d'une *Veſtale*. Sur *cornaline*
d'un demi pouce de haut.

7 Une Tête de femme inconnue, coëffée en cheveux.
Sur *cornaline* de même hauteur que la précédente.

8 Une Tête au milieu d'un cœur enflammé, avec la
devife: *feignant & brulant*. Sur *cornaline* à peu
près de même hauteur que la précédente.

9 Un Cupidon fur une mer, avec la devife: *Amour
trouve moyen*. Sur *cornaline* de même hauteur que
la précédente.

10 ANTINOUS. Le Bufte d'*Antinoüs*, *favori d'A-
drien*, vu en partie par-le dos. Sur *cornaline* d'un
peu plus de demi pouce de haut.

11 Une Tête d'homme inconnu, avec cheveux courts,
& ayant au bas du cou une draperie. Sur *cornaline*
de même hauteur que la précédente.

12 Une Tête d'homme inconnu, couronnée de lau-
rier. Sur *jaſpe* à peu près de même hauteur que
la pierre précédente.

E 3

13 Une Tête environnée de laurier. Sur *cornaline* à peu près de même hauteur que la pierre précédente.

14 M. JUL. PHILIPPUS AUG. PATER. La Tête de *Philippe, le pere*, avec petite barbe, cheveux frisés, couronne radiale ; & ayant une draperie au bas du cou. Sur *cornaline* d'un peu plus d'un pouce de haut.

15 D. CÆLIUS BALBINUS AUG. La Tête de *Balbin*, avec courte barbe, couronne de laurier, & ayant une draperie au bas du cou. Sur *cornaline* de même hauteur que la précédente.

16 M. JUL. PHILIPPUS AUG. FILIUS. La Tête de *Philippe, le fils*, avec cheveux courts, couronne de laurier, & ayant une draperie au bas du cou. Sur *cornaline*, de même hauteur que la précédente.

17 JUPITER. La Tête de *Jupiter*. Sur *cornaline* d'un demi pouce de haut.

18 Une Tête inconnue, avec barbe courte & couronne de laurier. Sur *sardonix* d'environ un demi pouce de haut.

19 Une Tête de femme inconnue, coëffée en cheveux & ceinte du diadème. Sur *cornaline* de même hauteur que la pierre précédente.

20 Une Tête de vieillard inconnu, en partie chauve.

Sur cornaline de même hauteur que la précédente.

21 C. M. Q. TRAJANUS DECIUS AUG. Le Buſte de *Trajan Déce* , avec cheveux courts, couronne de laurier & cotte de mailles. *Sur cornaline* d'un pouce de haut.

22 Q. HERENN. ETRUSC. MESS. DECIUS AUG. Le Buſte de *Meſſius Décius*, avec couronne radiée, & armé de même que l'antécédent. *Sur cornaline* de même hauteur que la précédente.

23 ÆSCULAPIUS. La Tête *d'Eſculape* , barbue & friſée en boucles pendantes, avec une petite draperie au bas du cou. Par devant un bâton autour duquel eſt entortillé un ſerpent. *Sur cornaline-ſardonix* de un & trois-quarts de pouce de haut.

24 C. VALENS HOSTILIANUS MESS. QUINT, AUG. La Tête *d'Hoſtilien* , avec cheveux courts & couronne radiale. Cette tête a au bas du cou une draperie. *Sur cornaline* d'un pouce de haut.

25 C. VIB. TREBONIANUS GALLUS AUG. La Tête de *Trébonien Galle* , avec cheveux friſés & petite barbe. Cette tête eſt ceinte de laurier & a une draperie au bas du cou. *Sur cornaline* de même hauteur que la précédente.

26 Une Tête de femme inconnue, coëffée en che-

E 4

veux & ceinte du diadême. Sur *cornaline* d'un peu plus d'un demi pouce de haut.

27. SOCRATES. La Tête de *Socrate*. Sur *cornaline* de même hauteur que la précédente.

28 Une tête d'homme inconnu, avec barbe & couronne de laurier. Sur *cornaline* un peu plus petite que la précédente.

29 C. VIB. VOLUSIANUS AUG. La Tête de *Volu-fien*, avec cheveux frifés & petite barbe, cette Tête eft ceinte de laurier & a une draperie au bas du cou. Sur *cornaline* d'un pouce de haut.

30 C. JUL. AEMIL. AEMILIANUS AUG. La Tête d'*Emilien*, avec cheveux frifés & petite barbe : cette Tête porte une couronne radiée & a une draperie au bas du cou. Sur *cornaline* de même hauteur que la précédente.

31 P. LICIN. VALERIANUS AUG. La Tête de *Valérien*, avec cheveux frifés & couronne de laurier. Cette tête a une draperie au bas du cou. Sur *cornaline* de même hauteur que la précédente.

32 Une Tête de vieillard, ceinte de laurier. Sur *cornaline pâle* d'environ un demi pouce de haut.

33 Une Tête de femme inconnue, coëffée en cheveux & ceinte du diadême. Cette tête a une draperie au bas du cou. Sur *cornaline jaune* d'un demi pouce de haut.

34 Une Tête d'homme inconnu, avec cheveux très-courts. Sur *cornaline* de même hauteur que la précédente.

35 Une Tête d'homme inconnu, avec cheveux courts & couronne de laurier. Sur *cornaline* de même hauteur qne la précédente.

36 Une Tête de femme, avec cheveux relevés en treffes, & ayant une draperie au bas du cou. Sur *cornaline* un peu plus grande que la précédente.

37 P. LICIN. EGNAT. GALLIENUS AUG. La Tête de *Gallien*, avec cheveux frifés & barbe. Cette tête eft ornée d'une couronne radiale & a une draperie au bas du cou. Sur *cornaline* d'un pouce de haut.

38 JUPITER. Le Bufte de *Jupiter*, avec tête barbue & frifée & ceinte d'un bandeau. Ce bufte a une draperie fur les épaules. Sur *cornaline* de même hauteur que la précédente.

39 Une Tête inconnue & barbue, avec cheveux frifés & couronne de laurier. Sur *cornaline* d'un demi pouce de haut.

40 Une petite Tête barbue & frifée. Sur *Amétift*² de trois-huit de pouces de haut.

41 P. LICIN. VALERIANUS AUG. FILIUS. La Tête de *Valérien*, *le fils*, avec cheveux frifés & cou-

ronne radiée. Cette tête a une draperie au bas du cou. Sur *cornaline jaune* d'un pouce de haut.

42 FLORA. La Tête de *Flore*, couronnée de fleurs. Sur une belle *cornaline* d'un demi pouce de haut.

43 Un Bufte de femme inconnue, avec cheveux pendants & draperie. Sur un beau *grenat* octogone d'un demi pouce de haut.

44 SOCRATES. La Tête de *Socrate*, avec draperie au bas du cou. Sur *cornaline* d'un pouce de haut.

45 SODON VALERIANUS. Le Bufté de *Solon Valérien*, avec cheveux frifés, couronne radiale & cotte de mailles. Sur *cornaline* de même hauteur que la précédente.

46 Une Tête d'homme, avec cheveux courts. Sur *Agathe noire* d'un peu moins d'un demi pouce de haut.

TIROIR nº. XVIII.

Contenant XXIII Cornalines & autres Pierres gravées en creux.

---

1 MINERVA. Le Bufté de *Minerve*, avec cafqué, orné d'un mafque, cheveux pendants & cuiraffe. Sur *cornaline* de un & un huit de pouce de haut.

2 MINERVA. Le Buste de *Minerve*, avec casque & cuirasse, ornée d'un masque sur l'épaule. Sur *cornaline* de même hauteur que la précédente.

3 PLUTO & PROSERPINA. Deux Têtes en regard. Celle de *Pluton* est ceinte d'un bandeau. Par derrière on apperçoit la fourche de ce Dieu. Celle de *Proserpine* est couverte en partie d'un bonnet & ornée d'épis & de fleurs. Sur *cornaline* de un & un quart de pouce de haut, sur un & cinq huit de pouce de large.

4 MINERVA. Le Buste de *Minerve*, avec cheveux pendans, le casque & le bouclier. Sur le casque on voit Remus & Romulus sous la Louve. Sur *carnoline-sardonix* d'un pouce de haut.

5 MINERVA. Le Buste de *Minerve*, avec cheveux pendans, le casque & la cuirasse fort ornée. Sur *cornaline* de un & un huit de pouce de haut.

6 MINERVA. Le Buste de *Minerve*, avec cheveux & casque semblables, & une petite draperie, qui lui tombe de l'épaule jusqu'au dessous du sein, qui est découvert. Sur *cornaline* d'environ même hauteur que la précédente.

7 MINERVA. Le Buste de *Minerve*, représenté à-peu-près de même que l'antécédent, & ayant une espèce de cuirasse. Sur *cornaline* d'un peu moins d'un pouce de haut.

8 HECTOR, ANDROMACHE ET ASTYANAX Les

Têtes d'*Hector*, d'*Andromaque* & d'*Aftyanax* (elles font difpofées de même que celles de l'*Agathe* N°. 5., qui fe trouve dans le tiroir N°. XIV). Sur *cornaline* de trois-quarts de pouce de haut.

9 MINERVA. Le Bufte de *Minerve* cafquée & ayant une efpèce de cuiraffe. Sur *cornaline* de un & un huit de pouce de haut.

10 MINERVA. Le Bufte de *Minerve*, repréfenté à-peu-près de même que l'antécédent. Sur *cornaline* de même hauteur que la précédente.

11 JUPITER ET JUNO. Deux Buftes en regard. *Jupiter* repréfenté jeune & fans barbe, avec le foudre derrière le cou, eft vu par le dos terminé par une petite draperie. *Junon* eft ceinte du diadême & a une partie de la tête couverte d'un voile, qui lui defcend fur l'épaule, & le fein couvert d'une draperie. Sur *Sardoine* de un & un quart de pouce de haut, fur un & trois quarts de pouce de large.

12 NEPTUNUS ET AMPHITRITE. Deux Buftes en regard. *Neptune* a la tête ceinte d'un bandeau & le trident par derrière. *Amphitrite* eft coëffée en cheveux, qui lui tombent en partie derrière le cou. Sur *Agathe blanche* de un & trois-huit de pouce de haut, fur environ deux pouces de large.

13 MARS ET VENUS. Deux Têtes en regard. Celle

de *Mars* eſt barbue & friſée, & a un caſque
fort orné. Celle de *Vénus* eſt coëffée en cheveux.
Sur *Agathe blanche* de un & un quart de pouce
de haut, ſur un & trois-quarts de pouce de
large.

14 MINERVA. Le Buſte de *Minerve*, avec les che-
veux pendans, le caſque & une eſpèce de cui-
raſſe. Sur *cornaline* d'un pouce de haut.

15 MINERVA. La Tête de *Minerve*, avec les che-
veux pendans & le caſque. Sur *cornaline* de un
& un quart de pouce de haut.

16 VENUS, HERCULES ET PALLAS. Trois Têtes
accolées. Celle de *Vénus* eſt coëffée en cheveux
& ceinte du diadême. La tête d'*Hercule* eſt fort
barbue, & celle de *Pallas* eſt caſquée. Sur *cor-
naline* de trois-quarts de pouce de haut.

17 MINERVA Le Buſte de *Minerve*, avec cheveux
pendans, caſque & draperie. Sur *cornaline* d'un
pouce de haut.

18 MINERVA. Le Buſte de *Minerve*, repréſenté à-
peu-près de même que l'antécédent. Sur *cornaline*
d'un peu plus d'un pouce de haut.

19 MINERVA. Le Buſte de *Minerve*, repréſenté
de même que l'antécédent. Sur *cornaline* de même
hauteur que la précédente.

20 MINERVA. Le Buſte de *Minerve*, avec de longs

cheveux & une efpèce de cuiraffe , ornée d'un
mafque fur l'épaule. Sur *cornaline* d'un pouce de
haut.

21. SATURNUS ET CYBELE. Deux Têtes en regard.
Celle de *Saturne* eft environnée de laurier , &
celle de *Cybèle* eft couronnée de tours , ceinte
de laurier , & a au bas du cou une draperie. Sur
Sardoine de un & un quart de pouce de haut ,
fur un & trois-quarts de pouce de large.

22 MINERVA. Le Bufte de *Minerve* , avec cafque
& cuiraffe. Sur *cornaline* de un & un huit de
pouce de haut.

23 MINERVA. Le Bufte de *Minerve* , avec le cafque
& le bouclier. Sur *cornaline* d'un pouce de haut.

N B. *Prefque toutes les Minerves, qui fe trouvent
dans ce tiroir, font différentes tant dans la reffem-
blance que dans leurs ornemens.*

T I R O I R n°. X I X.

Contenant XXV Cornalines & autres Pierres
gravées en creux.

---

1 Un jeune homme à demi corps, avec cheveux
courts & frifés, tenant de la main une trompe
dont le bout en fe retournant derriere le bras, lui

paſſe par deſſus la tête. Sur *cornaline* de un & trois huit de pouce de haut.

2 Une Tête de jeune homme friſée. Sur *cornaline marbrée* de un & un huit de pouce de haut.

3 Une Tête de femme, avec cheveux pendans en treſſes, & ayant une draperie au bas du cou. Sur *cornaline marbrée* de même hauteur que la précédente.

4 HYACINTHUS. La Tête d'*Hyacinthe*, avec cheveux friſés, qui lui tombent juſqu'au bas du cou. Cette Tête eſt ceinte d'un ruban. Sur *cornaline marbrée* de même hauteur que la précédente.

5 L. AUREL. VERUS AUG. Le Buſte de *Lucius Vérus*, vu en partie par le dos, avec barbe, cheveux friſés & draperie. Sur *cornaline marbrée* de un & trois huit de pouce de haut.

6 QUIRINUS PATER. La Tête de *Romulus*, *Fondateur de Rome*, barbue & friſée. Sur *cornaline* d'un pouce de haut.

7 MASSINISSA. La Tête barbue de *Maſſiniſſa*, *Roi Afriquain*, avec cheveux pendans, caſque fort orné, & ayant une eſpece de fraiſe au bas du coû. Sur *cornaline ſardonix* de un & un quart de pouce de haut.

8 Un Buſte de femme, vu par le dos, avec la tête un peu penchée en avant & coëffée en cheveux,

avec bandeau. Ce bufte a une draperie. Sur *cor-naline marbrée* de un & un huit de pouce de haut, fur un & trois huit de pouce de large.

9 DIOMEDES. Le Bufte de *Diomede*, avec cafque & fans draperie. Sur *cornaline* de un & un quart de pouce de haut.

10 M. ANT. GORDIANUS AFRICANUS AUG. JUNIOR. La Tête de *Gordien d'Afriqüe, le fils*, avec cheveux courts, peu de barbe & couronne de laurier. Cette tête a une draperie au bas du cou. Sur *cornaline* d'un pouce de haut.

11 SEMIRAMIS. Le Bufte de *Sémiramis, Reine d'Af-firie*, coëffée en cheveux pendans autour du cou, qui eft couvert d'une draperie. Sur *cornaline* de un & un huit de pouce de haut.

12 C. CÆLIUS CALDUS COS. La Tête du *Conful Célius Caldus*, avec cheveux courts & peu de barbe. Sur *cornaline* d'un pouce de haut.

13 DEA ROMA. Le Bufte de la Ville de *Rome*, avec cafque & draperie qui lui couvre une partie du fein, & une corne d'abondance, qui regorge de fruits, appuyée contre l'épaule gauche. Sur *cornaline* de un & cinq huit de pouce de haut.

14 PLAUTIUS HYPSÆUS DECIANUS. Le Bufte d'*Hypfée Décien*, avec cheveux courts, & ayant une très-petite draperie fur les épaules. Sur *corna-line* d'un pouce de haut.

15

15 JULIA TITI FILIA. La Tête de *Julie, fille de Titus*, coëffée en cheveux extrêmement arrangés & formant un bourlet sur le derriere de la tête. Cette tête a une draperie au bas du cou. Sur *cornaline* de un & un huit de pouce de haut.

16 REX SYRIÆ. La Tête d'un *Roi de Syrie*, avec cheveux courts & bandeau. Sur *cornaline* d'un pouce de haut.

17 Une Tête de jeune homme inconnu, frisée. Sur *cornaline* de un & un huit de pouce de haut.

18 Un Buste de femme inconnue, avec tête baissée & couverte en partie d'un voile, qui lui tombe sur le dos. Ce buste est drappé. Sur *cornaline* de un & un huit de pouce de haut, sur un & trois huit de pouce de large.

19 THESEUS. La Tête de *Thésée, Roi d'Athenes*, avec cheveux frisés qui lui pendent jusqu'au bas du cou. Cette tête a au bas du cou une petite draperie. Sur *cornaline* de un & un huit de pouce de haut.

20 REX SYRIÆ. La Tête d'un *Roi de Syrie*; avec cheveux courts & bandeau. Sur *cornaline* d'un pouce de haut.

21 L. SEPT. SEVERUS PERTINAX AUG. La Tête de *Septime Sévère*, barbue & frisée. Cette Tête est ceinte de laurier, & a une draperie au bas du

F

cou. Sur *cornaline* de un & trois huit de pouce de haut.

22 BRITANNICUS CÆSAR. La Tête de *Britannicus Céfar*, avec cheveux courts & frifés. Cette tête a une draperie au bas du cou. Sur *cornaline fardonix* d'un pouce de haut.

23 BERENICE MAGNA. Le Bufte de *Bérénice, Reine de Paleftine*, avec cheveux pendans en treffes, bandeau & voile, qui lui defcend jufques fur les épaules. Ce bufte a une petite draperie. Sur *cornaline marbrée* de un & un huit de pouce de haut.

24 LENTULUS COS. La Tête du *Conful Lentulus*, avec cheveux courts. Sur *cornaline* d'un pouce de haut.

25 MITHRIDATES REX PONTI. La Tête de *Mithridate, Roi de Pont*, avec cheveux frifés & bandeau, dont un des bouts lui pend fur le cou. Sur *cornaline* de un & un quart de pouce de haut.

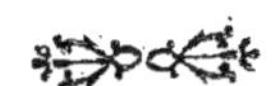

TIROIR n°. XX.

Contenant XXV Cornalines & autres Pierres
gravées en creux.

1 CAIUS JULIUS CÆSAR. *Jule-Céfar*, avec cheveux
courts & frifés, couronne de laurier, & draperie.
Sur *cornaline* d'un peu plus d'un pouce de haut.

2 AUGUSTUS. *Augufte*, repréfenté de même que
l'antécédent. Sur *cornaline* de même hauteur que
la précédente.

3 TIBERIUS. *Tibère*, repréfenté de même que l'an-
técédent. Sur *cornaline* de même hauteur que la
précédente.

4 CALIGULA. *Caligula*, repréfenté de même que
l'antécédent. Sur *cornaline* de même hauteur que
la précédente.

5 CLAUDIUS. *Claude*, repréfenté de même que l'an-
técédent. Sur *cornaline* de même hauteur que la
précédente.

6 NERO. *Néron*, repréfenté de même que l'antécé-
dent. Sur *cornaline* de même hauteur que la pré-
cédente.

7 GALBA. *Galba*, avec cheveux plus courts & cou-

ronne de chêne. Sur *cornaline* de même hauteur
que la précédente.

8 VITELLIUS. *Vitellius*, avec cheveux femblables à
ceux de l'antécédent & couronne de laurier. Sur
cornaline de même hauteur que la précédente.

9 OTHO. *Othon*, repréfenté de même que l'antécé-
dent. Sur *cornaline* de même hauteur que la pré-
cédente.

10 VESPASIANUS. *Vefpafien*, repréfenté de même
que l'antécédent Sur *cornaline* de même hauteur
que la précédente.

11 TITUS. *Titus*, repréfenté de même que l'anté-
cedent. Sur *cornaline* de même hauteur que la pré-
cedente.

12 DOMITIANUS. *Domitien*, répréfenté de même
que l'antécédent. Sur *cornaline* de même hauteur
que la précédente.

NB. *Les* XII *Empereurs ci-deffus nommés, font tous
en Buftes, & les* VI *fuivans font en partie Têtes
& en partie Buftes.*

13 NERVA. *Nerva*, avec cheveux courts & frifés,
& couronne de laurier. Sur *cornaline* d'un peu plus
d'un pouce de haut.

14 TRAIANUS. *Trajan*, avec cheveux, couronné de
laurier & draperie. Sur *cornaline* de même hau-
teur que la précédente.

15 ADRIANUS. *Adrien*, fans couronne, avec cheveux, peu de barbe, & draperie. Sur *cornaline* de même hauteur que la précédente.

16 L. ÆLIUS CÆSAR. *Lucius Ælius Céfar*, avec cheveux courts & frifés, barbé épaiffe, & fans draperie. Sur *cornaline* de même hauteur que la précédente.

17 T. ÆL. ADR. ANTONINUS P. AUG. *Antonin le Pieux*, avec cheveux courts & frifés, barbe, & couronne de laurier. Sur *cornaline* de même hauteur que la précédente.

18 AURELIUS CÆSAR. La Tête *d'Auréle Céfar*, avec cheveux courts & frifés. Sur *cornaline* de même hauteur que la précédente.

19 AURELIA CÆSARIS MATER. Le Bufte *d'Aurélie, Mere de Jule-Céfar*, âgée, avec draperie qui lui couvre la tête, & lui defcend fur les épaules. Sur *cornaline-fardonix* de deux pouces de haut.

20 PTOLEMÆUS. Le Bufte de *Ptolémée, dernier Roi d'Egypte*, avec cheveux courts & frifés, bandeau & draperie. Sur *cornaline-fardonix* de même hauteur que la précédente.

21 LUC. ANN. SENECA. Le Bufte de *Sénéque*, avec cheveux frifés, barbe épaiffe, & ayant une draperie fur les épaules. Sur *cornaline fardonix* de deux & un quart de pouce de haut.

F 3

22 Le Buſte de St. Pierre, vu preſque de face, avec cheveux courts, barbe & draperie. Sur *cornaline blanche* de un & trois-huit de pouce de haut.

23 Le Buſte de St. Paul, vu preſque de face, avec cheveux plus longs, barbe & draperie de même. Sur *Agathe-Onix* de un & trois-huit de pouce de haut.

24 MECENAS. Le Buſte de *Mécene*, avec cheveux courts & friſés, & ayant le deſſus de la tête en partie chauve. Ce Buſte a ſur les épaules une draperie. Sur *Sardonix* de un & ſept-huit de pouce de haut.

25 L'Emouleur, avec cheveux courts, & ayant au bas du cou une draperie. Sur *Sardonix* de même hautenr que le précédent.

T I R O I R n°. X X I.

Contenant XVII Cornalines & autres Pierres gravées en creux.

1 SABINA AUG. Le Buſte de *Sabine, femme d'Adrien*, avec cheveux treſſés, ornés de perles, & une draperie. Sur *Amétiſte pâle* de un & un huit de pouce de haut.

2 SABINA AUG. Le Buſte de *Sabine, femme d'A-*

drien, avec cheveux relevés en treffes, diadême & draperie. Sur *Amétifte pâle* de un & un quart de pouce de haut.

3 HECTOR, ANDROMACHE ET ASTYANAX. Les Têtes d'*Hector*, d'*Andromaque* & d'*Aftyanax* (elles font difpofées de même que celles de l'*Agathe* N°. 5., qui fe trouve dans le tiroir N°. XIV). Sur une belle *cornaline* de un & un huit de pouce de hout.

4 M. AUR. SEVER. ALEXANDER AUG. Le Bufte d'*Alexandre Sévere*, vu par le dos, avec cheveux pendans, petite barbe, le cafque orné d'un maf-que, &c. & la cuiraffe. L'épaule droite eft cou-verte d'une dépouille de Lion. Ouvrage d'une grande beauté. Sur une très-belle pierre rare *Onix-Sardonix* d'environ un & trois-huit de pouce de haut.

5 VÉNUS, HERCULE ET PALLAS. Trois Têtes ac-colées. Celle d'*Hercule* eft au milieu. Sur *corna-line* de un & un huit de pouce de haut.

6 Une Tête à deux faces. Celle de devant repré-fente un jeune homme, & celle de derriere So-crate. Sur *cornaline* de même hauteur que la pré-cédente.

7 POSTUMI PATER ET FILIUS. Deux Têtes acco-lées des *Poftumes, pere & fils*, avec barbes épaiffes & couronnes de laurier. Sur *cornaline* de même hauteur que la précédente.

8 VENUS. La Tête de *Vénus*, avec cheveux treffés, diadême, collier de perles, & ayant une draperie au bas du cou. Sur *cornaline* de un & un quart de pouce de haut.

8 VALERIANUS ET GALLIENUS. Deux Buftes en regard. Celui de *Valérien*, avec peu de cheveux & de barbe, couronne radiale & draperie. Le bufte de *Gallien*, avec cheveux femblables, couronne de laurier & draperie. Sur *cornaline blanche* de un & un quart de pouce de haut, fur un & trois-quarts de pouce de large.

10 VENUS. La Tête de *Vénus*, femblable à celle du N°. 8 de ce tiroir, excepté qu'on la voit de l'autre fens. Sur *cornaline* d'environ un & un quart de pouce de haut.

11 Deux Buftes accolés. Le premier avec peu de barbe, cheveux courts & frifés, & ayant le bouclier paffé dans le bras. L'autre avec cafque. Sur *cornaline* d'un pouce de haut.

12 AUGUSTUS ET LIVIA. Deux Têtes accolées. Celle d'*Augufte* eft ceinte de laurier. Sur *cornaline* de même hauteur que la précédente.

13 CERES. Le Bufte de *Cérès*, coëffée en cheveux & couronnée d'épis & de fruits. Sur *cornaline* de un & un quart de pouce de haut.

14 CERES. Le Bufte de *Cérès*, coëffée à-peu-près

de même que l'antécédent, mais vu par le dos,
qui eſt couvert d'une draperie. Ce buſte a la tête
de l'autre ſens. Sur *cornaline* de même hauteur
que la précédente.

15 VENUS. La Tête de *Vénus*, coëffée en cheveux
& ceinte du diadême. Sur *cornaline* de un & un
huit de pouce de haut.

16 M. AUR. SEV. ALEXANDER AUG. Le Buſte
d'*Alexandre Sévère*, avec de longs cheveux qui
lui tombent ſur le dos, le caſque & une eſpèce
de cuiraſſe fort ornée. Sur *cornaline-ſardonix* de
un & trois-huit de pouce de haut.

17 FLORA. La Tête de *Flore*, entourée d'une guir-
lande de fleurs. Sur *cornaline* de un & un huit de
pouce de haut.

TIROIR n°. XXII.

Contenant XVII Cornalines & autres Pierres
gravées en creux.

---

1 Rémus & Romulus ſous la Louve, ſoutenue par
un porc couché ſur deux têtes; l'une de ſanglier
& l'autre de belier. La maſſue d'Hercule paſſe
perpendiculairement par derriere & laiſſe apperce-
cevoir ſes deux bouts. Sur *cornaline* de un & demi
pouce de haut.

2 Un Oiſeau chimérique debout, avec cou long. La partie antérieure du corps repréſente une tête de ſanglier. & la poſtérieure celle d'un belier. Le deſſus du corps offre une tête de vieillard renver-ſée. Sur *cornaline marbrée* de un & trois huit de pouce en travers.

3 Un Oiſeau chimérique debout, avec cou long & tête de chevre, La partie antérieure du corps repré-ſente une tête de vieillard, & la poſtérieure celle d'un belier qui lui ſert de queue, & qui mâche une grappe de raiſins. Sur *cornaline ſardonix* d'un demi pouce de haut.

4 Un Oiſeau chimérique debout, avec cou long & tête de cheval bridée. La partie antérieure du corps repréſente une face de jeune homme avec cheveux longs, & la poſtérieure une tête de femme, cou-verte d'une eſpece de bonnet. Sur *cornaline ſardo-nix* de un & un quart de pouce de haut.

5 Un Oiſeau chimérique, avec tête & cou de cicogne. Le deſſus & le deſſous du corps repréſentent deux faces de vieillards, & la partie poſtérieure une tête de belier. Sur *cornaline ſardonix* de un & un quart de pouce en travers.

6 Une Tête de belier montée ſur deux pattes d'oi-ſeau, dont l'une eſt levée. Le deſſus de cette tête de belier qui mâche deux épis de blé, repré-ſente un viſage de vieillard avec longue barbe.

Sur *cornaline* de un & un quart de pouce de haut.

7 Un Oiseau chimérique, avec cou long. Le corps qui représente une tête de belier, est monté sur deux pattes. Cet animal semble pourfuivre un Papillon. Sur *cornaline sardonix* de un & un quart de pouce de large.

8 Un Oiseau chimérique debout, avec tête & cou de cheval. La partie antérieure du corps représente un visage de vieillard & la postérieure une tête de belier. Sur *cornaline sardonix* d'environ un pouce de haut.

9 Une belle Tête à deux faces, dont l'une représente Xantipe, coëffée en cheveux avec diadême, & l'autre Socrate, avec tête chauve & barbe épaisse. Sur *jaspe* de deux pouces de haut.

10 Deux Tête d'animaux l'une sur l'autre. La tête de dessus est de chevre, & celle de dessous de belier. Sur *sardonix* de trois quarts de pouce de haut. C'est un emblême de Jupiter Ammon.

11 Une Tête de sanglier chimérique, avec la gueule ouverte. Les parties postérieures & inférieures représentent deux visages de vieillards. Sur *cornaline* de un & un huit de pouce de large.

12 Une Tête chimérique à trois faces, dont l'une est celle d'un jeune homme avec casque, & ayant une draperie au bas du cou; l'autre celle d'un

vieillard avec barbe & cheveux: & le dessus de
la tête forme une autre face. Sur *cornaline* d'un
pouce de haut.

13 Une Tête chimérique de vieillard, avec forte barbe.
La partie postérieure est faite en forme de tête
d'Eléphant avec trompe, & l'inférieure en face de
vieillard. Derriere l'extrémité de la trompe on ap-
perçoit un trident. Sur *cornaline* de un & un quart
de pouce de large.

14 Un Oiseau chimérique debout, avec tête & queue
de coq. La partie antérieure du corps représente
un visage de vieillard, & la postérieure une tête
de belier. Sur *cornaline* de même hauteur que la
précédente.

15 Autre espece d'Oiseau chimérique debout, avec
tête de cheval bridée, & le derriere du cou fait
en forme de face de vieillard. La partie antérieure
du corps représente une face semblable avec ban-
deau, & la postérieure une tête de belier. Sur
cornaline de un & trois huit de pouce de haut.

16 Un assemblage de quatre Têtes d'animaux: une
de chevre & de cheval jointes par derriere, & au
bas des cous deux autres têtes, dont l'une est de
sanglier & l'autre de bélier. Sur *cornaline sardonix*
de un & trois huit de pouce de large.

17 Un Oiseau de proye chimérique debout, avec
tête d'homme, ornée d'un casque. La partie anté-

rieure du corps repréſente un bouclier de Méduſe.
Cet animal qui eſt ſoutenu par un épi de blé,
a devant lui un navire Egyptien, & derriere le
cou deux javelots. Sur *cornaline* de un & trois
huit de pouce de. haut.

TIROIR nº. XXIII.

Contenant XXXI Cornalines & autres Pierres
gravées en creux.

1 Un Buſte de femme inconnue, vue par le dos.
La tête eſt couverte d'une eſpece de coëffure for-
mant un bonnet, & attachée ſous le menton avec
des rubans. Ce Buſte eſt vêtu d'une robe. Sur *ſar-*
donix de un & trois quarts de pouce de haut.

2 ANNIBAL. Le Buſte d'*Annibal,* vu preſque de face,
avec barbe épaiſſe, caſque & partie d'un bouclier,
Sur *cornaline blanche* de ſept huit de pouce de
haut.

3 La Tête d'Inigo Jones, Architecte de l'Egliſe de
Saint Paul de Londres. Cette Tête eſt preſque de
face. Sur une belle *cornaline* de même hauteur que
la précédente.

4 Un Buſte de femme inconnue, vu par le dos, avec
cheveux treſſés & draperie. Sur *cornaline ſardonix*
de un & trois quarts de pouce de haut.

5 HOMERUS. La Tête d'*Homère*, vue presque de face. Sur *cornaline* de trois quarts de pouce de haut.

6 Un Sacrifice à Pan, composé de sept figures debout & accompagné d'ornemens. Sur une belle *jacinthe* d'un peu plus de sept huit de pouce de haut.

7 FAUNUS. La Tête d'un *Faune*, vue de face, avec forte barbe. Sur *cornaline* d'environ trois quarts de pouce de haut.

8 Une Figure de femme, vêtue & couverte d'un voile. Elle est assise devant un autel & semble vouloir sacrifier. Sur *cornaline jaune* de sept huit de pouce de haut.

9 Hercule & Déjanire. Deux belles figures debout. Hercule avec draperie sur les épaules, est appuyé sur sa massue, & Déjanire, qui tient de la main gauche un casque, semble vouloir le couronner de laurier. On apperçoit à côté d'elle divers trophées. Sur *cornaline jaune* d'un pouee de haut.

10 Vénus & Cupidon debout. Derriere cette Déesse on apperçoit un flambeau. Sur *cornaline* de même hauteur que la précédente.

11 Une femme nue & debout, vue par le dos, ayant le bras appuyé sur une petite colonne. Sur *cornaline jaune* de sept huit de pouce de haut.

12 Bacchanale, avec facrifice compofé de neuf figures.
Sur une belle *cornaline* d'un peu plus de cinq huit
de pouce de large.

13 Bacchanale compofée de douze figures, & connue
fous le nom du Cachet de Michel Ange. Cette
pierre eft gravée dans les antiques de Made. *Ché-
ron*. Sur *cornaline* à peu près de même hauteur que
la précédente.

14 Le Triomphe de Silène compofé de fept figures.
Sur une belle *cornaline* d'environ trois quarts de
pouce en travers.

15 Hercule affis fur fes trophées, avec la tête ap-
puyée fur la main droite. Sur une belle *cornaline*
d'environ un pouce de haut.

16 Hercule affis & fe repofant appuyé fur une bêche,
après avoir vaincu le fanglier d'Erymante. Il tient
le pied gauche fur une pierre carrée, fur le devant
de laquelle eft repréfentée la hure du fanglier, &
a la maffue par devant & l'arc par derriere. Dans
le champ de la Pierre, outre le nom du Graveur
ΟΝΟΣΤΟΣ , fe voit une infcription , dont les
caractères font les mêmes que ceux qui fe trouvent
dans celle de Sigeum. Sur *cornaline* de trois quarts
de pouce de haut.

17 FAUNUS. Le Bufte d'un *Faune*, avec cheveux
courts & frifés, barbe épaiffe & couronne de
liere. Ce bufte porte une petite draperie fur les

épaules. Sur *cornaline sardonix* de deux pouces de haut.

18 Hercule affis & tenant fa maffue, Pallas & Vénus debout. Sur *cornaline* de fept huit de pouce de haut.

19 Achille affis & jouant de la lyre, accompagné de divers attributs : avec le nom du Graveur ΠΑΜΦΙΛΟΥ. Sur *cornaline* de trois quarts de pouce de haut.

20 Quintius Cincinnatus, repréfenté comme fe chauffant : fa tête eft de face. Sur *cornaline* d'un peu plus de trois quarts de pouce de haut.

21 Apollon affis fur un piedeftal, avec fa lyre appuyée contre une colonne. Sur *cornaline* de fept huit de pouce de haut.

22 Diomede raviffeur du Paladium. Sur *cornaline* de fept huit de pouce de large.

23 CERES. *Cérès*, demi figure, ayant les cheveux relevés. Elle tient de la main gauche une corne d'abondance, & a le corps, à la réferve du bras, couvert d'une draperie. Sur *cornaline blanche* de cinq huit de pouce de haut.

24 Silène fortant du bain, accompagné de neuf ou dix autres figures. Sur *cornaline* en travers d'un pouce de haut.

25 Un Bufte d'enfant, vu de face, avec cheveux
courts

courts & ayant au-deſſus du bras une petite dra-
perie. Sur *agathe onix* d'environ cinq huit de pouce
de haut.

26 Une figure de ſoldat, avec un genou en terre &
une draperie qui lui deſcend le long du dos : d'une
main il ſe couvre la tête d'un bouclier vers lequel
il regarde, & de l'autre il tient un dard. Sur *cor-
naline* d'environ ſept huit de pouce de haut.

27 Une figure de femme inconnue, à demi corps,
vêtue & ayant les cheveux relevés en treſſes. Sur
cornaline ſardonix de un & trois quarts de pouce
de haut.

28 Vénus couchée ſur une draperie, & Cupidon
qui la découvre. Sur *cornaline* de trois-quarts de
pouce en travers.

29 Fête de Flore compoſée d'onze ou douze figures.
Sur *cornaline* un peu plus grande que la précé-
dente.

30 La Victoire ſur un char tiré par deux chevaux,
qui courent. Sur *onix* d'un demi pouce en travers.

31 Un Buſte de femme inconnue, avec de longs
cheveux flottans ſur le dos & les épaules, & une
petite draperie au deſſous du ſein. La tête de ce
buſte eſt un peu avancée & de profil. Sur *cor-
naline-ſardonix* de un & trois-quarts de pouce de
haut.

N. B. Toutes ces pierres font d'un travail admirable, quoique les fujets foient compofés de figures très-petites.

TIROIR n°. XXIV.

Contenant XIX Cornalines & autres Pierres gravées en creux.

---

1 JUPITER SERAPIS. La Tête de *Jupiter Sérapis*, avec cheveux, barbe épaiffe, & ayant fur le haut du chef le boiffeau. Cette tête a une draperie autour du cou. Sur *cornaline-fardonix* de un & un huit de pouce de haut.

2 SORORES CALIGULÆ. *Les fœurs de Caligula.* Trois Têtes accolées & coëffées en cheveux, dont la première eft avec voile pendant qui la couvre en partie. Ces têtes ont des draperies autour du cou. Sur *cornaline-fardonix* de un & trois-quarts de pouce en travers.

3 ISIS. Le Bufte *d'Ifis*, avec cheveux relevés en partie, & la fleur de Lothus fur la tête. Ce bufte a une draperie. Sur *cornaline* de un & un huit de pouce de haut.

4 La Tête d'un Empereur avec barbe, cheveux courts & couronne de laurier. Sur *cornaline blan-*

che & transparente de un & un quart de pouce de haut.

5 SACERDOS ISIDIS. La Tête d'un *Prêtre d'Ifis*, presque toute couverte d'un voile parfemé d'étoiles. Cette Tête a une draperie autour du cou. Sur *Agathe* d'un pouce de haut.

6 Le Bufte d'un Guerrier, avec barbe épaiffe, cafque & darperie. Sur *cornaline* de trois-quarts de pouce de haut.

7 ALEXANDER La Tête d'*Alexandre*, coëffée d'une dépouille de Lion. Sur *agathe* de forme ronde & ayant un pouce de diamètre.

8 Une Tête d'Empereur fans barbe, avec cheveux courts & couronne de laurier. Sur *cornaline blanche & transparente* de un & un quart de pouce de haut.

9 Deux Têtes d'Empereurs en regard, avec cheveux courts. L'une de ces têtes eft ceinte de laurier. Sur *Sardonix* de un & trois quarts de pouce en travers.

10 COMMODUS ET CRISPINA. Deux Têtes en regard. Celle de *Commode* avec barbe & cheveux courts, & celle de *Crifpine*, avec les cheveux relevés en partie. Toutes deux ont une draperie au bas du cou. Sur *Sardonix* de un & fept huit de pouce en travers.

G 2

11 VENUS ET ADONIS. Deux Têtes en regard. Celle de *Vénus*, avec les cheveux relevés & ceinte du diadême: Celle *d'Adonis* a de longs cheveux qui lui tombent jusqu'au bas du cou. Ces deux têtes ont une draperie autour du cou. Sur *Sardonix* de un & trois-quarts de pouce en travers.

12 Un Buste, avec tête frisée & draperie. Sur *amétiste pâle* de un & un quart de pouce de haut.

13 ΙΘΡΑ ΣΥΝΚΛΗΤΟΣ. La Tête du *Génie du sénat*, avec cheveux frisés, & ayant une draperie au bas du cou. Sur *cornaline* de un & un huit de pouce de haut.

14 Une Tête de jeune homme, avec cheveux courts & bonnet. Sur *agathe* de trois-quarts de pouce de haut..

15 ANTINOUS. La Tête d'*Antinoüs*, *favori d'Hadrien*, avec cheveux frisés, & ayant une draperie au bas du cou. Sur *cornaline* d'environ un & un quart de pouce de haut.

16 Une Tête de femme, avec cheveux relevés en tresses, le diadême, & ayant au bas du cou une draperie. Sur *amétiste blanche & transparente* de un & un quart de pouce de haut.

17 Le Buste d'un Philosophe, ayant le dessus de la tête en partie chauve, les cheveux frisés, un

toupet, barbe & draperie. Sur *cornaline* de un
& un huit de pouce de haut.

18 BALBINUS, PUPIENUS ET GORDIANUS TER-
TIUS. Trois Têtes en regard. Celle de *Balbin*,
avec barbe, cheveux courts & couronne de laurier.
Les deux autres têtes font accolées. Celle de *Pupien*
eft barbue & couronnée de laurier, & celle de
Gordien trois eft fans barbe. Ces trois têtes ont
au bas du cou des draperies. Sur *cornaline* de un
& trois-quarts de pouce en travers.

19 Un bufte, avec forte barbe, bonnet en forme
de turban, draperie. Sur *cornaline* de un & un
quart de pouce de haut.

TIROIR n°. XXV.

Contenant XXI Cornalines & autres Pierres
gravées en creux.

---

1 Un Bufte de femme, repréfentée comme une
Flore, avec les cheveux treffés & relevés en partie,
couronné de fleurs & de laurier. Ce bufte a une
petite draperie qui lui paffe au deffous du fein. Sur
cornaline blanche de un & trois huit de pouce de
haut.

2 Un Bufte de femme, vu par le dos, ayant la tête
un peu levée. Ce bufte a les cheveux relevés en

treſſes & une draperie. Sur *cornaline blanche de*
même hauteur que la précédente.

3 Un Buſte de femme, avec les cheveux relevés en
treſſes, une eſpece de coëffure qui lui tombe ſur
les épaules, & une draperie. Sur *cornaline blanche*
de même hauteur que la précédente.

4 Un Buſte dé femme, avec tête voilée en partie
& ceinte du diadême. Ce buſte a une draperie.
Sur *cornaline blanche* de même hauteur que la pré-
cédente.

5 Une Tête de femme, avec cheveux treſſés & rele-
vés en partie, une petite coëffure ſur le derriere
de la tête, & une draperie au bas du cou. Sur
cornaline blanche de un & un huit de pouce de
haut.

6 Un Buſte de femme, vu par le dos, ayant les
cheveux relevés & une coëffure attachée avec des
bandes, qui lui couvre une partie de la tête. Ce
buſte a une draperie. Sur *cornaline blanche* d'en-
viron même hauteur que la précédente.

7 Une Tête de femme, ayant les cheveux relevés en
treſſes & une draperie. Sur *cornaline blanche* de
même hauteur que la précédente.

8 Un Buſte de femme regardant vers le ciel, avec
cheveux treſſés & pendans ſur le cou, bandeau &
draperie. Sur *cornaline blanche* de un & trois huit
de pouce de haut.

9 Un Buste de femme, dont la tête est presque tout à fait couverte d'un voile attaché avec deux rubans, qui lui passent sous le menton. Ce buste a une petite draperie. Sur *cornaline blanche* de un & demi pouce de haut.

10 Une Tête de femme, ayant les cheveux retroussés & attachés avec des rubans. Cette tête a au bas du cou une draperie. Sur *cornaline blanche* d'environ un & un huit de pouce de haut.

11 STATIRA. Le Buste de *Statira*, coëffée en cheveux avec tresses un peu pendantes & entrelassées de rubans, ornés de perles. Sur un côté de la tête un voile. Ce buste est drappé. Sur *cornaline blanche* de un & trois quarts de pouce de haut.

12 Une Tête de femme coëffée en cheveux retroussés avec tresses, & ayant une espece de petit bonnet, qui lui couvre le derriere de la tête, & au bas du cou une draperie. Sur *cornaline blanche* de un & un huit de pouce de haut.

13 Un Buste de femme, avec cheveux en partie retroussés & tresses pendantes, diadême ou bandeau. Ce buste a une draperie, ornée de perles. Sur *cornaline blanche* de un & cinq huit de pouce de haut.

14 Une Tête de femme, coëffée en cheveux relevés en tresses & ornés de rubans. Cette tête a une

draperie au bas du cou. Sur *cornaline blanche* de un & un huit de pouce de haut,

15 Une Tête d'homme , qui avance le cou : cette Tête qui a un peu de barbe, eſt entortillée d'un voîle , & a une draperie au bas du cou. Elle reſſemble beaucoup à une tête d'eſclave. Sur *cornaline blanche* de même hauteur que la précédente.

16 Une Tête de femme , avec les cheveux relevés en partie en treſſes , & ayant une draperie. Sur *cornaline blanche* de même hauteur que la précédente.

17 Une Tête d'homme extrêmement barbue , avec une eſpece de bonnet : cette Tête a au bas du cou une draperie. Sur *cornaline blanche* de même hauteur que la précédente.

18 HERCULES. Le Buſte d'*Hercule* , vu par le dos, avec tête barbue & friſée & couronne de laurier : ce Buſte a le dos couvert de la dépouille de lion attachée ſur l'épaule. Sur *cornaline blanche* de même hauteur que la précédente.

19 Un buſte de femme, vu par le dos , avec les cheveux relevés en treſſés , bandeau enrichi de perles , petite coëffure ſur le derriere de la tête & draperie. Sur *cornaline blanche* de un & un quart de pouce de haut.

20 Un Buſte de femme avec les cheveux relevés en

treſſes & draperie. Sur *cornaline blanche* de un &
trois-huit de pouce de haut.

21 Un Buſte de femme avec de longs cheveux pen-
dants ſur le dos , & guirlande de fleurs & d'épis
de blé : ce Buſte a une draperie. Sur *cornaline
blanche* de même hauteur que la précédente.

TIROIR n°. XXVI.

Contenant XXIX Cornalines & autres Pierres
gravées en creux & relief.

---

n°. 1. OMPHALE. Le Buſte d'*Omphale* ; ayant la tête
couverte d'un muſle de Taureau avec les cornes,
dont la peau lui deſcend ſur l'épaule Sur *corna-
line-ſardonix* de un & trois-quarts de pouce de
haut.

2 M. CASS. LAT. POSTUMUS AUG. PATER. Le buſte
de *Poſtume, le père*, vu en partie pur le dos ,
avec barbe longue, cheveux friſés, couronne de
laurier & cuiraſſe à écailles. Sur *cornaline* d'un
pouce de haut.

3 F. FULV. JUNIUS MACRIANUS AUG. FILIUS.
Le Buſte de *Macrin, le fils*, avec cheveux courts
& friſés, couronne radiale, & draperie. Sur *cor-
naline* de un & un quart de pouce de haut.

4 M. PIAVV. VICTORINUS AUG. PATER. Le Buste de *Victorin*, *le Pere*, avec cheveux courts, barbe épaisse, couronne de laurier & draperie. Sur *cornaline* d'un pouce de haut.

5 Un Buste de femme inconnue, avec cheveux relevés en partie en tresses & draperie. Sur *cornaline-sardonix* de un & cinq-huit de pouce de haut.

6 M. FULV. MACRIANUS AUG. PATER. Le Buste de *Macrin*, *le pere*, avec cheveux très-courts, couronne radiée & cuirasse ornée d'écailles. Sur *Sardonix* de un & un huit de pouce de haut

7 FULVIUS QUIETUS AUG. Le Buste de *Quietus*, avec couronne & cuirasse semblables. Sur *cornaline* d'un pouce de haut.

8 M. AUREL. MARIUS AUG. Le Buste de l'Empereur *Marius*, avec cheveux frisés, forte barbe, couronne radiale & draperie. Sur *agathe* d'un pouce de haut.

9 MAN. ACIL. AUREOLUS AUG. Le Buste d'*Auréole*, avec cheveux très-courts, barbe & couronne semblable. Sur *cornaline* d'un pouce de haut.

10 TETRICI PATER ET FILIUS. Deux Bustes accolés. Celui de *Tetricus*, *le pere*, qui est le premier à forte barbe, couronne de laurier, & draperie. Sur *cornaline* de même hauteur que la précédente.

11 CLAUDIUS GOTHICUS AUG. Le Buſte de *Claude le gothique*, vu par le dos, avec cheveux courts couronne de laurier & draperie. Sur *cornaline* de même hauteur que la précédente.

12 M. AUREL. CLAUD. QUINTILLUS AUG. Le Buſte *de Quintillus, fils de Claude le Gothique*, vu par le dos, avec cheveux courts & friſés, barbe, couronne radiée & draperie. Sur *cornaline* de même hauteur que la précédente.

13 L. DOMIT. AURELIANUS AUG. Le Buſte *d'Aurélien*, avec barbe, cheveux courts & friſés, couronne ornée de perles & cuiraſſe à écailles. Sur *cornaline* de même hauteur que la précédente.

14 M. CLAUD. TACITUS AUG. Le Buſte de *l'Empéreur Tacite*, avec cheveux très-courts, peu de barbe, couronne de laurier & draperie. Sur *cornaline* de même hauteur que la précédente.

15 M. AUR. PROBUS AUG. Le Buſte de *Probus* repréſenté de même que l'antécédent. Sur *cornaline* de même hauteur que la précédente.

16 La naiſſance du Sauveur repréſentée dans une riche maſure. Au milieu on apperçoit l'Enfant Jeſus couché dans la crêche, derriere laquelle il y a un bœuf & un âne. A gauche de la crêche on voit la Sainte Vierge dans une attitude humble avec un genou en terre, & tenant en ſes mains

des langes, dont elle femble vouloir couvrir l'enfant. A droite eft St. Jofeph un peu penché & appuyé du bras gauche fur un bâton : du bras droit qui eft levé, il paroît bénir l'enfant. Près de St. Jofeph font deux bergers, dont l'un eft profterné. A dos de la Ste. Vierge & derrière l'une des portes du bâtiment, fe voit un autre berger portant un agneau fur fes épaules, & dans une action qui défigne très-bien fon empreffement pour aller adorer le Sauveur. Au haut fe préfente une gloire compofée de fix Anges, qui paroiffent célébrer de concert la merveille de cette glorieufe naiffance. L'on apperçoit de plus dans le lointain & à droite du fujet, un Ange qui defcend du ciel pour annoncer cette heureufe nouvelle aux bergers.

Les principales figures de ce beau fujet ont environ cinq-huit de pouce de haut, & le tout eft d'un travail exquis & fait avec beaucoup d'art, en relief ifolé & prefque de ronde boffe. Les figures font quafi toutes refervées blanches ou de couleur d'ivoire. Il eft étonnant que l'artifte ait pu travailler une pierre auffi dure, avec autant d'art & de délicateffe. Les têtes font d'une fineffe & d'un caractère admirables. La pierre, qui eft un *onix-fardonix* de différentes couleurs & de forme prefque ronde a un & fept-huit de pouce de haut, & eft montée en argent doré.

Ce précieux morceau eft forti du cabinet de l'Archi-

*ducheſſe Marie-Eliſabeth d'Autriche, ſœur du feu
Empéreur Charles ſix & Gouvernante des Pays-
Bas.*

17 M. AUR. CARUS AUG. Le Buſte de *Carus*,
avec peu de cheveux, barbe, couronne de lau-
rier & draperie. Sur *cornaline* d'un pouce de
haut.

18 M. ANN. FLORIANUS AUG. Le Buſte de *Florien*,
avec cheveux friſés, barbe, & couronne de lau-
rier. Sur *cornaline* de même hauteur que la pré-
cédente.

19 M. AUR. CARINUS AUG. Le Buſte de *Carinus*,
avec cheveux friſés, peu de barbe, & couronné
de laurier. Sur *cornaline* de même hauteur que
la précédente.

20 M. AUR. NUMERIANUS AUG. Le Buſte de *Nu-
mérien*, vu par le dos, avec cheveux, barbe,
& couronne de laurier. Sur *cornaline* de même
hauteur que la précédente.

21 CONSTANTINUS CHLORUS AUG. Le Buſte de
Conſtantin Chlore, avec tête barbue & friſée &
ceinte de laurier. Sur *cornaline* de même hauteur
que la précédente.

22 GAL. VAL. MAXIMIANUS AUG. Le Buſte de
Maximien, avec peu de cheveux, barbe, cou-
ronne radiée & draperie. Sur *cornaline* de même
hauteur que la précédente.

23 C. VAL. DIOCLETIANUS AUG. Le Buſte de *Dio=
clétien*, vu un peu par le dos, avec cheveux fri-
ſés, peu de barbe, couronne radiée & draperie.
Sur *cornaline* de même hauteur que la précé-
dente.

24 MAXIMIANUS HERCULEUS AUG. Le Buſte de
Maximien, ſurnommé *l'Hercule*, avec cheveux ,
peu de barbe, couronne de laurier & draperie.
Sur *cornaline* de même hauteur que la précé-
dente.

25 Un Buſte de femme inconnue, cöeffée en che-
veux retrouſſés & ayant une draperie. Snr *cor-
naline-ſardonix* de un & trois-quarts de pouce de
haut.

26 CARAUSIUS AUG. Le Buſte de *Carauſius*, avec
cheveux courts, peu de barbe, couronne radiée
& draperie. Sur *cornaline* d'environ un & un quart
de pouce de haut.

27 FL. CLAUD. JULIANUS AUG. Le Buſte de *Ju-
lien l'apoſtat*, avec cheveux courts, peu de barbe,
bandeau à double rangée de perles & draperie.
Sur *ſardonix* de un & un huit de pouce de
haut.

28 ALLECTUS AUG. Le Buſte d'*Allectus*, avec
cheveux courts, forte barbe, couronne radiée &
cuiraſſe à écailles. Sur *ſardonix* de même hauteur
que le précédent.

29 Un Buſte de femme inconnue, coëffée en che-
veux courts avec quelques treſſes, & ceinte d'un
diadême. Ce Buſte a une draperie. Sur *cornaline-
ſardonix* de un & trois-quarts de pouce de haut.

TIROIR n°. XXVII.

Contenant XLV Cornalines & autres Pierres
gravées en creux.

---

1 UN Buſte de vieillard, avec cheveux pendans
en ondes, forte barbe & cuiraſſe écaillée. Ce
Buſte a une chaîne pendue au cou. Sur *cornaline*
de un & un huit de pouce de haut.

2 MARCUS AURELIUS ANTONN. AUG. Le Buſte
de *Marc-Auréle*, avec cheveux courts & cou-
ronne de laurier. Sur *ſardonix* de trois-quarts de
ponce de haut.

3 Une Tête de Soldat, avec forte barbe & caſque.
Cette tête a une draperie au bas du cou. Sur *ſar-
donix* de cinq-huit de pouce de haut.

4 Un Buſte d'homme, avec tête nue & cheveux
courts. Sur *cornaline* de un & un huit de pouce
de haut.

5 HERCULES JUVENIS, La Tête d'*Hercule jeune*,

avec la maffue derrière le cou. Sur *cornaline* de cinq-huit de pouce de haut.

6 NERVA TRAJANUS HADRIANUS AUG. La Tête d'*Hadrien*, ceinte de laurier. Sur *fardonix* de cinq-huit de pouce de haut.

7 Un Bufte de femme, avec cheveux relevés en partie en treffes ; diadême, cuiraffe à écailles, & le bouclier paffé dans le bras. Sur *cornaline* de un & un huit de pouce de haut.

8 PALLAS. La Tête de *Pallas*, avec cafque fort orné, & ayant une draperie au bas du cou. Sur *Agathe* de cinq-huit de pouce de haut.

9 T. AEL. HADR. ANTONINUS P. AUG. La Tête d'*Antonin le pieux*, ceinte de laurier. Sur *fardonix* de trois-quarts de pouce de haut.

10 L. AELIUS CÆSAR. La Tête de *L. Aelius Céfar*, avec cheveux courts & forte barbe. Sur *cornaline blanche* de cinq-huit de pouce de haut.

11. L. SEPT. SEVERUS PERTINAX AUG. Le Bufte de *Septime Sévère*, avec cheveux courts, barbe, couronne de laurier & draperie. Sur *cornaline* d'un peu plus d'un pouce de haut.

12 Une Tête, avec cheveux courts, barbe longue & frifée. Cette tête eft entourée d'un ruban. Sur *cornaline* de cinq-huit de pouce de haut.

13 Un très-petit Bufte d'homme, vu par le dos,
avec

avec cheveux frisés & barbe. Sur *cornaline* d'un peu plus d'un demi pouce de haut.

14 FL. VESPASIANUS AUG. La Tête de *Vespasien*, ceinte de laurier. Sur *Jaspe* de même hauteur que le précédent,

15 L. SEPT. GETA P. AUG. Le Buste de *Geta*, vu par le dos, avec cheveux courts & draperie. Sur *jaspe* de même hauteur que le précédent.

16 M. DID. SEV. JULIANUS AUG. La Tête de *Julien*, avec cheveux courts, longue barbe & couronne de laurier. Sur *Jaspe* d'un demi pouce de haut.

17 P. HELV. PERTINAX AUG. La Tête de *Pertinax*, représentée de même que l'antécédente. Sur *Jaspe* de cinq-huit de pouce de haut.

18 AUGUSTUS. La Tête d'*Auguste*, ceinte de laurier. Sur *jaspe* de même hauteur que le précédent.

19 L. SEPT. SEVERUS PERTINAX AUG. La Tête de *Septime Sévère*, avec barbe & couronne de laurier. Sur *jaspe* de même hauteur que le précédent.

20 Une Tête, avec cheveux courts & couronne de laurier. Sur *jaspe* de même hauteur que le précédent.

21 Trois Têtes en regard. La première est une tête

H

d'homme barbue & frifée. La feconde eſt une tête de femme, ayant les cheveux treſſés, qui forment un bourlet ſur le haut du chef, le diadême, orné de perles, & au bas du cou une draperie. La troiſième eſt auſſi une tête de femme avec les cheveux en partie retrouſſés & en partie pendans. Sur *cornaline* de un & un huit de pouce de haut.

22 Un Buſte d'homme, avec barbe friſée, habillement & bonnet à la Ruſſienne. Sur *cornaline* d'un pouce de haut.

23 MARS ET PALLAS Deux Buſtes en regard. *Mars*, avec caſque & draperie. *Pallas*, avec de longs cheveux pendans ſur les épaules, caſque orné d'un maſque, cuiraſſe à écailles & le bouclier. Sur *cornaline blanche* de un & trois-huit de pouce en travers.

24 Un Buſte d'homme, avec bonnet en forme de turbán, & draperie. Sur *cornaline* de un & un huit de pouce de haut.

25 TRAIANUS ET PLOTINA. Deux Têtes en regard. Celle de *Trajan*, avec cheveux courts, & celle de *Plotine*, avec cheveux extrêmement arrangés, diadême & draperie. Sur *cornaline* de un & un huit de pouce en travers.

26 Une Tête, avec cheveux courts, forte barbe &

couronne de laurier. Sur *Amétifte* de cinq-huit
de pouce de haut.

27 Une Tête à-peu-près femblable à la précédente,
avec deux boucles de cheveux qui flottent fur le
cou, au bas duquel il y a une draperie. Sur *cor-
naline* d'environ trois quarts de pouce de haut.

28 Une Tête de femme, avec les cheveux pendans
en partie & ceinte d'un ruban. Sur *cornaline* de
même hauteur que la précédente.

29 Une Tête de femme, coëffée de même que
l'antécédente, avec une aile dans la coëffure.
Sur *cornaline* de cinq-huit de pouce de haut.

30 Une Tête de femme, avec cheveux en partie
pendans, & une draperie au bas du cou. Sur
cornaline de même hauteur que la précédente.

31 Une Tête de femme, coëffée en cheveux re-
trouffés, avec une efpèce de cercle fur la tête,
& une draperie au bas du cou. Sur *cornaline* de
même hauteur que la précédente.

32 Une Tête de femme, avec cheveux pendans
en partie & ayant une draperie au bas du cou.
Sur *cornaline* de même hauteur que la précé-
dente.

H 2

33 Un Buſte de femme , avec cheveux en partie re-
trouſſés & en partie pendans , diadême & dra-
perie. Sur *cornaline* d'environ même hauteur que
la précédente.

34 Une Tête de femme, avec cheveux retrouſſés
& ornés de perles. Cette tête a une draperie au
bas du cou. Sur *cornaline* d'environ cinq-huit de
pouce de haut.

35 M. AUREL. SEVER. ALEXANDER AUG. Le
Buſte d'*Alexandre Sévère*, vu par le dos, avec
cheveux fort courts, couronne radiée, bouclier
& draperie. Sur *cornaline* de un & un huit de
pouce de haut.

36 Une Tête de femme, avec cheveux relevés en
treſſes, & ayant au bas du cou une draperie.
Sur *cornaline* d'environ cinq-huit de pouce de
haut.

37 Un Buſte de femme, avec de longs cheveux pen-
dans & draperie. Sur *cornaline* d'un peu plus de
cinq-huit de pouce de haut.

38 Une de femme, coëffée en cheveux & ayant une
draperie au bas du cou. Sur *cornaline* d'un demi
pouce de haut.

39 Un Buſte de Guerrier, avec barbe, caſque orné
d'un panache, & draperie. Sur *cornaline* d'un pouce
de haut.

40 SAPHO La Tête de *Sapho*, couverte d'un petit
bonnet fort uni , & entourée d'un ruban : cette
Tête a une draperie au bas du cou. Sur une *To-*
paze de cinq-huit de pouce de haut.

41 VENUS. La Tête de *Vénus*, coëffée en cheveux
& ceinte du diadême. Sur *agathe blanche* de cinq-
huit de pouce de haut.

42 FL. VAL. CONSTANTINUS MAGNUS PONTI-
FEX. La Tête de *Constantin*, *grand Pontife*, pres-
que entierement voilée. Sur *cornaline* de un & un
huit de pouce de haut.

43 Une Tête de jeune homme, avec cheveux un
peu pendants, & ayant une draperie au bas du
cou. Sur *sardonix* de cinq-huit de pouce de haut.

44 JULIA TITI FILIA. La Tête de *Julie*, *fille de*
Titus, coëffée en cheveux, extrêmement arrangés &
ornés de perles : cette tête a une draperie au
bas du cou. Sur *cornaline* de cinq-huit de pouce
de haut.

45 Un Buste de guerrier, avec casque ou espece de
bonnet, & draperie. Sur *cornaline* de un & un
huit de pouce de haut.

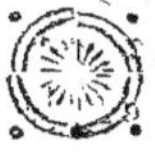

H 3

TIROIR n°. XXVIII.

Contenant XVII Cornalines & autres Pierres gravées en creux.

N° 1 Un Bufte de femme inconnue, coëffée en cheveux relevés en treffes, avec un voile derriere la tête, qui tombe jufqu'au bas du cou. Ce bufte a une draperie. Sur *agate-fardonix* d'un peu plus d'un pouce de haut.

2 L. PROCILIUS. La Tête de *Procilius*, avec cheveux retrouffés, longue barbe & draperie. Sur *cornaline* de même hauteur que la pierre précédente.

3 Une Tête de femme inconnue, avec cheveux relevés en treffes, & ayant une petite draperie au bas du cou. Sur *agathe-fardonix* d'un peu plus d'un pouce de haut.

4 Un Bufte de femme inconnue, ayant les cheveux noués avec un ruban orné de perles; & derriere la tête un voile qui lui tombe fur les épaules. Sur *agathe blanche* d'environ un pouce de haut.

5 REX ASANDER. La Tête du *Roi Afandre*, ayant les cheveux liés avec un ruban, dont les deux bouts pendent par derriere. Sur *agathe blanche* de fept-huit de pouce de haut.

6 BYZAS. La Tête de *Byzas* , avec longue barbe & casque. Sur *sardonix* de sept-huit de pouce de haut.

7 CAIUS ANTONIUS. Le Buste de *Caius Antoine* , avec cheveux retroussés, & tresse pendante derriere l'épaule, bonnet & draperie. Sur *onix-sardonix* , de même hauteur que le précédent.

8 CLEOMENES. La Tête de *Cléomene* , couverte d'un musle de lion , dont la peau lui pend jusqu'au bas du cou, qui a une petite draperie. Sur *sardonix* de même hauteur que le précédent

9 Une Tête de jeune homme, avec casque & de longs cheveux pendans. Sur *onix-sardonix*, de un & cinq-huit de pouce de haut.

10 Une Tête radiée , avec de longs cheveux. Sur *sardonix* de sept-huit de pouce de haut.

11 Une Tête de femme, avec cheveux retroussés , & tresse ou boucle pendante derriere l'oreille. Cette tête est coëffée d'une dépouille d'aigle , qui lui descend jusqu'au bas du cou. Sur *agathe-sardonix* , d'un pouce de haut.

12 TITUS. La Tête symbolique de *Titus* , avec cheveux courts, barbe longue & bandelette. Cette tête a une aile dans la chévelure. Sur *sardonix* de sept-huit de pouce de haut.

13 PHILOPOEMENES. La Tête de *Philopémene* , *Capitaine Grec* , barbue & couverte d'un musle

de lion. Sur *Sardonix* de même hauteur que la précédente.

14 ALCIBIADES. Le Buſte d'*Alcibiade*, avec cheveux courts, petite barbe & draperie. Sur *ſardonix* de même hauteur que le précédent.

15 Un Buſte de femme, ayant la tête couverte d'un voile, & draperie. Sur *agate-ſardonix* d'un pouce de haut.

16 L. SEPT. SEVERUS PERTINAX AUG. Le Buſte de *Septime Sévère*, vu par le dos, avec couronne de laurier & draperie. Sur *cornaline* d'un pouce de haut.

17 Un Buſte de femme, avec les cheveux relevés en treſſes, dont deux lui tombent le long du cou, couronne de laurier & draperie. Sur *cornaline* de même hauteur que la précédente.

TIROIR nᵒ. XXIX.

Contenant XXXVII Cornalines & autres Pierres gravées en creux.

Nᵒ 1 M. T. CICERO. Le Buſte de *Cicéron*, avec cheveux courts & draperie. Sur *cornaline blanche & marbrée* de un & demi pouce de haut.

2 LUCIUS CÆSAR AGRIPPÆ FILIUS. Le Buste de *Lucius César*, *fils d'Agrippa & petit-fils d'Auguste*, avec cheveux courts & draperie. Sur *Cornaline* de un & un huit de pouce de haut.

3 AGRIPPA CÆSAR. La Tête d'*Agrippa César*, *frere de Lucius*, avec cheveux courts & couronne rostrale. Sur *agathe-sardonix* de même hauteur que la pierre précédente.

4 CAIUS CÆSAR AGRIPPÆ FILIUS. Le Buste de *Caius César*, *fils d'Agrippa & petit-fils d'Auguste*, avec cheveux courts & draperie. Sur *cornaline* de même hauteur que la pierre précédente.

5 HOMERUS. Le Buste d'*Homère*, avec bandelette & draperie. Sur *agathe blanche & marbrée* de un & trois-quarts de pouce de haut.

6 M. AUREL. SEVER. ALEXANDER AUG. La Tête d'*Alexandre Sévere*, avec barbe, cheveux très-courts & bandeau, orné de deux rangées de perles, dont un des bouts pend derriere le cou. Sur *cornaline* de un & un huit de pouce de haut.

7 HOMERUS. Le Buste d'*Homère*, avec bandelette & draperie. Sur *cornaline blanche* de trois-quarts de pouce de haut.

8 MECENAS. Le Buste de *Mécène*, avec le dessus de la tête chauve & draperie. Sur *sardonix* d'environ trois-quarts de pouce de haut.

9 HEROIAS VABALATHUS AUG. Le Buſte de *Vabalathus* . avec cheveux courts, barbe, couronne de laurier & draperie. Sur *cornaline* de un & un huit de pouce de haut.

10 FL. VALER. SEVERUS AUG. Le Buſte de *Valere Sévère*, repréſenté à peu près de même que l'antécédent. Sur *cornaline* d'un pouce de haut.

11 C. JUL. VER. MAXIMINUS AUG. Le Buſte de *Maximin*, avec cheveux courts, barbe longue & éparpillée, couronne de laurier & une eſpece de cuiraſſe. Sur *Sardonix* de trois-quarts de pouce de haut.

12 C. JUL. VER. MAXIMINUS AUG. Le Buſte de *Maximin*, avec cheveux courts, barbe, couronne de laurier & draperie. Sur *cornaline* d'un pouce de haut.

13 JULIA AUGUSTI FILIA. La Tête de *Julie*, *fille d'Auguſte*, avec des cheveux très-courts & friſés, & une bandelette. Cette tête a une petite draperie au bas du cou. Sur *cornaline* de trois-quarts de pouce de haut.

14 M. AUR. VAL. MAXENTIUS AUG. Le Buſte de *Maxence*, avec barbe, caſque ſurmonté d'un panache, & draperie. Sur *cornaline* d'un pouce de haut.

15 Une Tête inconnue, ceinte de laurier, avec che-

veux retrouffés & pendans en partie. Sur *fardo-
nix* de trois quarts de pouce de haut.

16 DIVUS ROMULUS MAXENTII FILIUS. La Tête
nue de *Romulus*, *fils de Maxence*, avec cheveux
très-courts. Sur *agathe-fardonix*, de un & un huit
de pouce de haut.

17 TRIUMVIRI. Trois Têtes de *Triumvirs* accolées.
Les deux premieres, avec cheveux courts & cou-
ronnes de laurier. La troifieme, avec cheveux courts
& bandeau. Sur *cornaline* d'environ un & demi-
pouce en travers.

18 DIVUS NIGRIANUS. La Dête de *Nigrien*, avec
cheveux courts & couronne radiale. Sur *cornaline*
de un & un quart de pouce de haut.

19 MILTIADES. Le Bufte de *Miltiade*, prefque de
face, avec la téte de profil. Ce bufte eft drapé. Sur
cornaline-fardonix, de un & trois-quarts de pouce
de haut.

20 FL. VAL. CONSTANTINUS MAGNUS AUG. Le
Bufte de *Conftantin le grand*, avec cheveux courts
& couronne de laurier. Sur *cornaline* d'un pouce
de haut.

21 AUGUSTUS ET LIVIA. Deux Têtes accolées. Celle
d'*Augufte*, avec cheveux courts & couronne de
laurier; & celle de *Livie*, avec cheveux retrouffés,
& ayant une draperie au bas du cou. Sur *corna-
line* d'environ un & demi-pouce de haut.

22 P. LICIN. CORN. SALON. VALERIANUS AUG.
GALLIENI FILIUS. Le Buſte de *Valérien*, *fils de
Gallien*, vu en partie par lé dos, avec tête nüe,
cheveux très-courts, & draperie. Sur *cornaline* d'en-
viron un & un quart de pouce de haut.

23 Une Tête de Femme inconnue, avec caſque ſur-
monté d'un panache, & ayant une draperie au
bas du cou. Sur *jaſpe* de trois-quarts de pouce
haut.

24 FL. VAL. LICINIUS LICINIAN. CÆSAR. Le Buſte
de *Licinius*, avec cheveux courts, petite barbe,
couronne de laurier & draperie. Sur *cornaline* de
un & un huit dé pouce de haut.

25 NERVA TRAIANUS ADRIANUS AUG. Le Buſte
d'*Adrien*, vu en partie par le dos, avec cheveux
courts, forte barbe, couronne de laurier & dra-
perie. Sur *cornaline* d'un pouce de haut.

26 AUGUSTUS. La Tête d'*Auguſte*, avec cheveux
courts & couronne de laurier. Sur *ſardonix* de
trois-quarts de pouce de haut.

27 ANNIUS VERUS CÆSAR ANTON. AUG. FILIUS.
Le Buſte d'*Annius Verus*, *fils de Marc-Aurele*,
avec tête friſée & draperie. Sur *cornaline* d'un pouce
de haut.

28 LABIENUS PARTHICUS. La Tête de *Labienus*,
ſurnommé le *Parthe*, avec cheveux courts & fri-

fés. Sur *agathe blanche*, de trois-quarts de pouce de haut.

29 Un Bufte de femme inconnue, coëffée en cheveux, avec treffes, & ayant une draperie. Sur *fardonix* d'environ trois-quarts de pouce de haut.

30 Une Tête de Femme inconnue, avec les cheveux treffés. Cette Tête a une draperie au bas du cou. Sur une belle *cornaline* d'un peu plus de trois-quarts de pouce de haut.

31 Un Bufte d'homme, avec cheveux très-courts & draperie. Sur *agathe* d'environ trois-quarts de pouce de haut.

32 ULP. NERVA TRAJANUS AUG. Le Bufte de *Trajan*, vu par le dos, avec cheveux courts & couronne de laurier. Sur *onix-fardonix*, d'un pouce de haut.

33 VENUS. *Vénus*, demi-figure, vue de face. Elle eft coëffée en cheveux pendans en partie fur une épaule, a la tête ceinte du diadème, & une draperie. Sur une belle *cornaline blanche* de un & demi-pouce de haut.

34 T. AEL. ADR. ANTONINUS P. AUG. Le Bufte d'*Antonin Pie*, vu par le dos, avec cheveux courts & frifés, barbe longue, couronne de laurier & draperie. Sur *cornaline* d'un pouce de haut.

35 THEODOSIUS TERTIUS AUG. Le Bufte de *Théo-*

doſe trois, avec caſque ſurmonté d'un panache, &
une cuiraſſe à écailles. Sur *cornaline* de un & un
huit de pouce de haut.

36 M. Aurel. Anton. Elagabalus Aug. Le
Buſte d'*Elagabale*, avec tête barbue & friſée &
couronne de laurier. Ce buſte a une draperie. Sur
cornaline d'un pouce de haut.

37 Remus. Le Buſte de *Rémus*, avec caſque, orné
d'un maſque & ſurmonté d'un panache. Au milieu
du caſque on voit Rémus & Romulus ſous la louve.
Ce buſte eſt couvert d'un bouclier ſur lequel eſt
repréſenté un cheval au galop. Sur *agathe ſardonix*
de un & demi pouce de haut.

T I R O I R n°. X X X.

Contenant XXV Cornalines & autres Pierres
gravées en creux.

N° 1 Alcæus Mit. La Tête nue du Poëte *Alcée de
Mitilêne*, fort barbue & friſée. Sur *cornaline* de
un & un quart de pouce de haut.

2 Une Tête de femme, ayant les cheveux retrouſſés
& attachés avec une bandelette. Cette tête a une
draperie au bas du cou. Sur *cornaline* un peu plus
petite que la précédente.

3 AFRICANUS. Le Bufte d'un *Afriquain*, vu prefque
de face, avec draperie qui lui couvre une partie
de la poitrine. Ce bufte qui eft d'un brun noirâtre
fur un fond blanc, eft très beau & bien travaillé.
La pierre qui eft très-belle & rare, eft un *onix*
de un & trois huit de pouce de haut.

4 Une Tête de femme, avec cheveux retrouffés &
diadême. Sur *cornaline* de un & un huit de
pouce de haut.

5 ANTINOUS. La Tête nue d'*Antinoüs, favori d'A-
drien*, avec cheveux courts & frifés. Sur *cornaline*
de même hauteur que la précedente.

6 HIERON. La Tête de *Hieron, Roi de Syracufe*,
frifée & ceinte de laurier. Sur *cornaline* d'environ
un pouce de haut.

7 La Tête d'un Empereur, avec cheveux courts &
couronne de laurier : cette tête a une draperie au
bas du cou. Sur *cornaline* d'un pouce de haut,
garnie d'or.

8 Une Figure de Vénus affife proche d'un arbre,
& ayant les jambes couvertes d'une draperie ; à
droite, près de Vénus, fe voit un petit Amour,
& à gauche un autre qui eft affis fur une muraille
près de l'arbre. Les figures font d'un blanc de
lait fur un fond tranfparent. Sur *camayeu* de trois-
quarts de pouce en travers, monté en or.

9 L. AEL. AUREL. COMMODUS AUG. La Tête
de *Commode*, ceinte de laurier. Sur *cornaline* d'un
pouce de haut, montée en or.

10 CLAUDIUS MARCELUS COS. La Tête nue du
Conful *C. Marcellus*, avec cheveux courts & frifés.
Sur *cornaline* de un & un huit de pouce de haut.

11 M. OTHO CÆSAR AUG. La Tête nue d'*Othon*,
blanche & opaque fur un fond tranfparent. Sur
cornaline blanche d'un pouce de haut, montée en
argent doré.

12 La Tête d'un Empereur, avec cheveux courts
& couronne de laurier. Cette tête eft blanche &
d'un grand relief, fur un fond brunâtre. Sur *cor-
naline onix* de trois quarts de pouce de haut, mon-
tée en argent doré.

13 FLUVIUS ANTIQUUS. *Fleuve antique.* Sur le de-
vant & à droite de la pierre l'on voit le Dieu du
Fleuve couché & appuyé fur fon urne, d'où il
fort une Riviere. Derriere lui paroît une autre
figure ou Dieu de Fleuve, qui tient une corne
d'abondance & qui a à fes pieds un Cigne. A côté
de ce Dieu de Fleuve eft un Enfant, qui foutient
des deux mains au-deffus de fa tête, une urne
d'où il fort de l'eau. A gauche, fur le devant, on
apperçoit une femme affife, tenant le bras droit
fur fon genou & portant fa main à fon vifage :
elle a à fes pieds une urne. Dans l'enfoncement

eft

est une montagne d'où il sort une riviere. Ce morceau qui est très-pur & très-bien conservé est d'une grande beauté & d'un travail admirable, très-relevé & fort isolé. Toutes les figures sont d'un vrai blanc de lait, sur un fond tirant sur le brun & transparent. Sur *camayeu* d'un pouce de haut, sur un & demi pouce de large.

14 Une Tête d'Empereur, avec cheveux courts & frisés, bonnet & draperie. Cette tête est d'un beau blanc de lait, sur un fond brun & transparent. Sur *cornaline-onix* de sept-huit de pouce de haut, montée en argent doré.

15 VESTALIS. La Tête d'une *Vestale*, en partie couverte d'un voile qui lui pend jusqu'au bas du cou. La tête & le voile sont d'une couleur bleuâtre sur un fond rouge. Sur *cornaline de deux couleurs* de un & un huit de pouce de haut.

16 AGRIPPA CÆSAR. La Tête d'*Agrippa César*, *petit-fils d'Auguste*, avec cheveux courts & couronne de laurier. Sur *cornaline* d'un pouce de haut.

17 REX ASANDER. la Tête du *Roi Asandre*, avec cheveux pendants derriere le cou, & bandeau. Sur *cornaline* de même hauteur que la précédente.

18 Le Triomphe d'Amphitrite, accompagnée d'un Triton & de deux Amours : les figures sont blanches sur un fond transparent. Sur *camayeu* d'environ un pouce en travers.

I

19 Une Tête d'Empereur, ceinte de laurier. Sur *cornaline* de un & un huit de pouce de haut.

20 Un Bufte d'hommes, avec forte barbe, le cafque & la cuiraffe. Sur *cornaline* de même hauteur que la précédente.

21 ANCUS MARTIUS. La Tête d'*Ancus Martius*, *quatrieme Roi de Rome*, environnée de laurier. Sur *cornaline* de même hauteur que la précédente.

22 COMMODUS ET CRISPINA. Deux petits Buftes accolés. La tête de *Commode* eft coëffée d'un mufle de lion, dont la peau lui defcend jufques fur les épaules, qui, ainfi que la draperie de ce bufte, eft d'une couleur brune; mais le vifage, de même que le bufte entier de *Crifpine*, eft blanc fur un fond tranfparent. Sur *fardonix de deux couleurs*, de fept-huit de pouce de haut, monté en argent doré.

23 VESTALIS. La Tête d'une *Veftale*, vue de face & prefque de ronde boffe. Cette tête eft couverte d'un voile ; & le travail en eft d'une grande beauté. Sur *opale opaque*, *fort blanche*, appliquée fur une *agathe blanche* de un & demi-pouce de haut.

24 NERVA TRAIANUS ADRIANUS AUG. Le Bufte d'*Adrien*, ceint de laurier, & armé d'une cuiraffe. La tête en eft plus brune que le fond, & autour du bufte eft refervé un bord qui lui fert de bordure. Sur *fardonix* d'un peu plus d'un pouce de haut, garni d'or.

25 Une Tête nue & frifée. Sur *cornaline* de un &
un huit de pouce de haut.

T I R O I R n°. X X X I.

Contenant XXII Cornalines & autres Pierres
gravées en creux.

Nᵒ 1 HERCULES CORONA OLEAGINÆ. La Tête
d'*Hercule*, avec couronne d'olivier. Sur *cornaline*
de un & trois-huit de pouce de haut.

2 HERCULES POLLEUS. La Tête nue d'*Hercule*, fur-
nommé *Polleus*, fans barbe, avec cheveux courts,
& ayant une draperie au bas du cou. Sur *corna-
line* de même hauteur que la précédente.

3 HERCULES INVICTUS. La Tête d'*Hercule l'invin-
cible*, ceinte de laurier. Sur *cornaline* de même
hauteur que la précédente.

4 HERCULES LUSTRATOR ORBIS. Le Bufte d'*Her-
cule purgeant la terre de monftres*, vu par le dos,
& portant un petit bout de draperie fur l'épaule.
Par derriere on voit la maffue Sur *cornaline* de
même hauteur que la précédente.

5 HERCULES JUVENIS. La Tête nue d'*Hercule jeune*,
fans barbe, avec cheveux courts & ayant une dra-
perie au bas du cou. Sur *cornaline* de même hau-
teur que la précédente.

6 OMPHALE VEL IOLE. La Tête d'*Omphale ou de Iole*, avec cheveux courts & frifés, & parée en partie d'un mufle de lion, dont la peau lui pend jufqu'au bas du cou. Sur *cornaline* de même hauteur que la précédente.

7 HERCULES BIBAX. La Tête d'*Hercule buveur*, ceinte de pampre. Sur *cornaline* de même hauteur que la précédente.

8 OMPHALE VEL IOLE. La Tête d'*Omphale ou de Iole*, avec cheveux courts & frifés, & parée d'un mufle de lion, dont la peau lui tombe jufqu'au bas du cou. Sur *cornaline* de même hauteur que la pré-cédente.

9 HERCULES. La Tête nue d'*Hercule*. Sur *cornaline* de même hauteur que la précédente.

10 HERACLIDARUM SECTATOR. La Tête d'un *Clien des Héraclides*, barbue & frifée, & couverte en partie d'un mufle de lion, dont la peau lui defcend jufqu'au bas du cou. Sur *cornaline* de même hauteur que la précédente.

11 HERCULES MONSTRORUM DOMITOR. La Tête nue d'*Hercule dompteur des monftres*, avec la peau du lion au bas du cou, derriere lequel eft la maffue. Sur *cornaline* de un & demi-pouce de haut.

12 HERCULES QUERCEA CORONA. La Tête d'*Her-cule* entourée de chêne, & ayant une draperie au

bas du cou. Sur *cornaline* de même hauteur que
la précédente.

13 La Tête d'un des Héraclides, avec cheveux courts,
& mufle de lion. Cette Tête a au bas du cou une
draperie. Sur *cornaline* de un & trois-huit de pouce
de haut.

14 HERCULES POLLEUS. La Tête nue d'*Hercule*,
furnommé *Polleus*, fans barbe & ayant la peau
de lion ou bas du cou. Sur *cornaline* de même
hauteur que la précédente.

15 OMPHALE VEL IOLE. La Tête d'*Omphale*, ou
de *Iole*, parée d'un mufle de lion, dont la peau
lui defcend jufqu'au bas du cou. Sur *cornaline* de
même hauteur que la précédente.

16 HERACLIDARUM SECTATOR. La Tête d'un *Clien
des Héraclides*, parée de même que l'antécédente.
Sur *cornaline* de même hauteur que la précédente.

17 OMPHALE VEL IOLE. La Tête d'*Omphale* ou de
Iole, parée de même que l'antécédente. Sur *cor-
naline* de même hauteur que la précédente.

18 La Tête d'un des Héraclides, barbue & frifée.
Cette tête eft parée de même que l'antécédente.
Sur *cornaline* de même hauteur que la précédente.

19 HERCULES JUVENIS. La tête d'*Hercule*
jeune, fans barbe, avec cheveux, & coëffée de
même que l'antécédente. Sur *cornaline* de même
hauteur que la précédente.

20. HERCULES POPULEO CORONATUS. La tête d'*Hercule*, ceinte de peuplier & ayant une draperie au bas du cou. Sur *cornaline* de un & demi pouce de haut.

21. HERCULES. La tête d'*Hercule*. Sur *cornaline* de un & trois huit de pouce de haut.

22. HERCULES JUVENIS. La tête d'*Hercule* jeune, fans barbe, avec cheveux courts & frifés, & ayant la peau de Lion autour du cou. Sur *cornaline* de même hauteur que la précédente.

T I R O I R N⁰. XXXII.

Contenant XVII Cornalines & autres Pierres gravées en creux.

N°. 1. DEMOSTHENES. Le bufte de *Démofthene*, avec le deffus de la tête chauve, forte barbe & draperie. Sur *cornaline* de un & demi pouce de haut.

2. JUPITER. Le bufte de *Jupiter*, avec draperie, qui lui couvre les épaules & laiffe la poitrine à découvert. Sur *amétifte* de un & un quart de pouce de haut, un peu carrée & longuette.

3. Un Bufte inconnu, avec tête fort barbue & fri-

fée & draperie. Sur *agathe noire* de un & demi pouce de haut.

4. LAOCOON. Le Bufte de *Laocoon*, avec un ferpent autour du cou. Sur *agathe noire* de un & un quart de pouce de haut.

5 Un Bufte, avec la tête couverte d'un bonnet & une draperie. Sur *agate brune* de un & un quart de pouce de haut.

6 Un très-beau Mafque de face, avec cornes & deux longues boucles pendantes, formant la barbe. Sur *cornaline* d'un peu plus de un & demi pouce de haut.

7 PYRRHUS VEL ANNIBAL. Le Bufte de *Pyrrhus* ou d'*Annibal*, avec forte barbe, cafque furmonté d'un dragon, cuiraffe cifelée & bouclier, fur le milieu duquel eft repréfenté un foleil. Sur *Cornaline* de un & demi pouce de haut.

8 SOPHOCLES. Le Bufte de *Sophocle*, *Poëte Tragique*, avec tête fort barbue, cheveux courts & bandeau : ce bufte a une draperie. Sur *cornaline-fardonix* de un & trois-quarts de pouce de haut.

9 ANNIBAL VEL PYRRHUS. Le Bufte d'*Annibal* ou de *Pyrrhus*, avec forte barbe, & le cafque furmonté d'un panache : ce Bufte eft tout couvert d'un bouclier, au milieu duquel on voit le foudre

de Jupiter. Sur *agathe noire* de un & demi pouce
de haut.

10 Un Maſque, vu de face, avec barbe ſéparée en
deux parts & entrelaſſée. Ce Maſque a un bonnet
en forme d'ornement. Sur *cornaline preſque noire*
de un & demi pouce de haut.

11 Un Buſte de Guerrier, avec forte barbe, caſque
ſurmonté d'un panache, & une draperie. Sur
cornaline de un & trois-huit de pouce de haut.

12 Un Buſte, avec tête fort barbue & friſée, &
portant ſur l'épaule une petite draperie. Sur *cor-*
naline de un & un quart de pouce de haut.

13 Un Buſte de Guerrier, avec forte barbe, caſque
orné d'un panache, & draperie. Sur *cornaline* de
un & trois-huit de pouce de haut.

14 SACERDOS. Le Buſte d'un *Prêtre*, en Toge,
avec longue barbe & voile qui lui deſcend ſur
les épaules. Sur *cornaline pâle* de un & un quart
de pouce de haut.

15 MINERVA. Le Buſte de *Minerve*, dont la tête eſt
avec cheveux courts & friſés, & couverte d'un
caſque, orné d'un cheval ailé ſoutenant un pana-
che de plume : le Buſte eſt couvert en partie
d'une cuiraſſe écaillée, & des ſerpens paroiſſent
ramper çà & là ſur l'habillement. Sur *cornaline*
de un & demi pouce de haut.

16 ALEXANDER M. MACEDO. Le Bufte d'*Alexandre de Macédoine*, avec cheveux retrouffés & mufle de lion, dont la peau lui couvre les épaules. Sur *cornaline-fardonix* de un & trois-huit de pouce de haut.

17 Un Bufte de guerrier, avec forte barbe, cafque furmonté d'un panache & cuiraffe cifelée. Sur *agathe noire* de un & demi pouce de haut.

TIROIR N°. XXXIII.

Contenant XXV Cornalines & autres Pierres gravées en creux.

n°. 1. FL. MAXIMIANA THEODORA AUG. Le Bufte de *Théodora*, avec cheveux retrouffés, couronne de laurier & draperie. Sûr *cornaline* de un & un huit de pouce de haut.

2 ANTONIA AUG. CLAUDII FILIA. La Tête d'*Antonie*, *fille de Claude & femme de Germanicus*, avec cheveux pendants en boucles par derriere, & ayant une draperie au bas du cou. Sur *cornaline* d'un pouce de haut.

3 AGRIPPINA MATER CAII CÆSARIS. La Tête d'*Agrippine*, *mere de Caligula*, avec cheveux retrouffés & fort arrangés : cette tête a une drape-

rie au bas du cou. Sur *cornaline* de un & un huit de pouce de haut.

4 VESPASIA POLLA. La Tête de *Vespasie Polla*, avec cheveux très-arrangés & ornés de perles. Cette Tête a une draperie au bas du cou. Sur *cornaline* d'un pouce de haut.

5 DIVA MARCIANA AUG. La Tête de *Marciane sœur de Trajan*, coëffée en cheveux avec tresses, qui forment un bourlet. Cette tête est ceinte d'un diadême & a une draperie au bas du cou. Sur *cornaline* de un & un huit de pouce de haut.

6 FAUSTINA AUG. La Tête de *Faustine*, avec cheveux extrêmement arrangés, & formant sur la nucque une espèce de bourlet. Sur le front on voit quelques feuilles de laurier, sortans d'entre la coëffure, & au bas du cou une draperie. Sur *cornaline* de même hauteur que la précédente.

7 G. CORNELIA SUPERA AUG. La Tête de *Cornelie Supera*, avec cheveux relevés en tresses & diadême. Cette tête a une draperie au bas du cou. Sur *cornaline* de même hauteur que la précédente.

8 ALBIA TERENTIA OTHONIS MATER. La Tête de *Térentia, mere d'Othon*, avec les cheveux extrêmement arrangés & ornés de trois rangs de perles, en forme de bandeau. Sur le front, autour

& fur le derriere de la tête les cheveux font
raffemblés & liés. Cette tête a une draperie au bas
du cou. Sur *cornaline* d'un pouce du haut.

9 MAGNIA URBICA AUG. Le Bufte de *Magnia
Urbica*, avec cheveux relevés en treffes, & un
croiffant fur le front, dont les cornes fortent d'entre
la coëffure. Ce bufte a une draperie. Sur *cornaline*
de un & un huit de pouce de haut.

10 LIVIA MÉDULLINA. La Tête de *Livie Médul-
line*, avec cheveux en partie retrouffés & en par-
tie pendans par derriere. Cette tête a une dra-
perie au bas du cou. Sur *cornaline* d'un pouce de
haut.

11 JULIA SOÆMIAS AUG. Le Bufte de *Soemie*,
ayant les cheveux retrouffés avec des rubans &
entrelaffés de perles. Ce bufte a la tête ceinte
d'un diadême & une draperie. Sur *cornaline* de
un & un huit de pouce de haut.

12 ANTONIA CLAUDII MATER. La Tête d'*Anto-
nie*, *mere de Claude*, avec cheveux courts & cou-
ronne d'épis de blé. Cette tête a une draperie
au bas du cou. Sur *fardonix* d'environ un pouce
de haut.

13 Une Tête, avec cheveux en partie retrouffés &
en partie pendans jufqu'au bas du cou. Au deffus
de l'oreille eft une corne, qui defcend en fe re-
tournant vers la joue. Cette tête eft ceinte du

diadême. Sur *agate brune & marbrée* de un &
trois-huit de pouce de haut.

14 SCRIBONIA AUG. UXOR. La Tête de *Scribonia*,
femme d'Augufte, couverte de treffes, entrelaffées
de perles, & ayant une draperie au bas du cou.
Sur *agate blanche & tranfparente* d'environ un
pouce de haut.

15 JULIA AQUILIA SEVERA AUG. Le Bufte d'*A-*
quilia Severa, avec cheveux relevés en treffes &
diadême. Ce Bufte a une draperie. Sur *cornaline*
de un & un huit de pouce de haut.

16 GALERIA VALERIA AUG. Le Bufte de *Galeria*
Valeria, ayant les cheveux retrouffes & attachés
avec un ruban, orné de perles, diadème & dra-
perie. Sur *cornaline* de même hauteur que la pré-
cédente.

17 AELIA FLACCILLA AUG. Le Bufte de *Flaccille*,
avec cheveux retrouffés, bandeau orné de deux
rangs de perles, & une draperie. Sur *cornaline*
de un & un quart de pouce de haut.

18 AGRIPPINA MATER NERONIS. Le Bufte d'*A-*
grippine, mère de Néron, avec cheveux relevés
& treffe pendante le long du cou, bandeau &
draperie. Sur *fardonix* de fept-huit de pouce de
haut.

19 SEPTIMIA ZENOBIA AUG. Le Bufte de *Zéno-*

bie, *femme d'Odenath*, avec cheveux courts, diadême & draperie. Sur *cornaline* de un & un huit de pouce de haut.

20 G. S. H. SALL. BARBIA ORBIANA AUG. Le Buſte d'*Orbiana*, *femme d'Alexandre Sévère*, avec cheveux courts, diadême & draperie. Sur *cornaline* de même hauteur que la précédente.

21 PETRONIA AUG. Le Buſte de *Pétronie*, *femme de Vitellius*, avec cheveux courts, quelques boucles pendantes, tête toute ornée de perles & une draperie. Sur *cornaline* d'un pouce de haut.

22 DRUSILLA FILIA CÆSONIÆ. Le Buſte de *Druſille*, *fille de Céſonie*, avec cheveux courts, noués en partie par derriere, & draperie. Sur *agate blanche*, *tranſparente & tachetée*, de ſept-huit de pouce de haut.

23 JULIA CORNELIA PAULA AUG. Le Buſte de *J. C. Paula*, avec les cheveux relevés en treſſes, qui forment un bourlet derriere la tête & ſont garnis de rubans. Ce buſte eſt ceint du diadême & a une draperie. Sur *cornaline* d'environ un & un quart de pouce de haut.

24 EMILIA LEPIDA. Le Buſte d'*Emilia Lepida*, avec cheveux retrouſſés & attachés derriere la tête en forme de bourlet, orné de perles, à l'exception d'une boucle qui pend ſur le cou. Ce

bufte a une draperie. Sur *agathe blanche & tranf-parente* d'environ un pouce de haut.

25 DIDIA CLARA AUG. Le Bufte de *Didia Clara*, avec cheveux relevés en treffes, qui forment un bourlet derriere la tête. Ce bufte a une draperie. Sur *cornaline* de un & un huit de pouce de haut.

T I R O I R N°. XXXIV.

Contenant XXV Cornalines & autres Pierres gravées en creux.

N° 1 Une Tête de femme, avec cheveux relevés en treffes & diadême orné de perles. Cette tête a une draperie au bas du cou. Sur *agathe fardonix* de un & un huit de pouce de haut.

2 Un Bufte de femme, avec les cheveux retrouffés, couronne de laurier & draperie. Sur *agate fardonix* de même hauteur que la précédente.

3 ACHILLES. Le Bufte d'*Achille*, avec cheveux pendans & cafque furmonté d'un panache. Sur *cornaline* de un & trois huit de pouce de haut.

4 Une Tête de femme, avec voile pendant des deux côtés jufqu'au bas du cou. Sur *agathe fardonix* de un & un huit de pouce de haut.

5 Une Tête de femme, ayant les cheveux ornés de fleurs & relevés en tresses, dont une lui pend sur le cou, avec voile derriere la tête & draperie au bas du cou. Sur *agate sardonix* d'environ un & un quart de pouce de haut.

6 La Tête nue de Pierre Aretin, barbue & frisée. Cette tête a une petite draperie ou espece de collet au bas du cou. Sur *cornaline* de un & un huit de pouce de haut.

7 LUC. ANN. SENECA. La Tête nue de *Sénèque.* Sur *cornaline* de même hauteur que la précédente.

8 PSYCHE. Le Buste de *Psyché*, avec cheveux courts & frisés; voile qui lui tombe jusqu'au bas du cou, & draperie. Ce buste a sur une épaule un papillon, symbole de l'ame. Sur *agate sardonix* de même hauteur que la pierre précédente.

9 Le Buste du Poëte Scarron. La tête est nue, avec petite barbe & cheveux courts. Ce buste a une espece de juste-au-corps. Sur *cornaline* de même hauteur que la précédente.

10 Une Tête frisée & coëffée d'un mufle de taureau, dont la peau pend jusqu'au bas du cou. Sur *cornaline jaune* d'un pouce de haut.

11 La Tête d'Anne de Bretagne, coëffée à la maniere de son tems. Sur *cornaline sardonix* de un & trois huit de pouce de haut.

12 Le Portrait de Michel Ange Buonarota en buste, avec tête nue, barbe & cheveux courts. Sur *cornaline* d'environ un pouce de haut.

13 REGINA AMAZONUM. Le Buste d'une *Reine des Amazones*, avec cheveux retroussés & noués par derriere, & bandeau. Ce buste a une hache sur l'épaule. Dans le champ de la pierre on apperçoit une proue de navire. Sur *cornaline* de un & trois huit de pouce de haut.

14 Le Portrait de Raphaël d'Urbin en buste, avec cheveux pendans, bonnet & draperie. Sur *cornaline* d'environ un pouce de haut.

15 LUCRETIA. Le Buste de *Lucrece*, avec cheveux retroussés & pendans en partie sur le dos. Ce buste a un poignard dans le sein & une draperie au bas de l'épaule. Sur *cornaline* de un & trois huit de pouce de haut.

16 La Tête de Vondel, fameux Poëte hollandois, avec cheveux frisés, & ayant au bas du cou une draperie. Sur *cornaline* d'environ un pouce de haut.

17 Le Portrait du Titien en buste, vu par le dos, avec barbe longuette, bonnet & draperie, ou efpece de manteau fourré. Sur *cornaline* de même hauteur que la précédente.

18 Une Tête de femme, avec cheveux retroussés &
formant

formant un bourlet par derriere, & une efpece de petite coëffure platte, ornée de perles. Sur *agathe fardonix* d'un peu plus d'un pouce de haut.

19 Le Portrait d'Annibal Carrache en bufte, avec cheveux courts, petite barbe & habit. Sur *cornaline* d'environ un pouce de haut.

20 La Tête de Socratine, avec cafque furmonté d'un panache : fur le haut du cafque eft un vifage & fur le derriere un autre, avec longue barbe. Sur *cornaline* de un & un huit de pouce de haut.

21 Un Bufte de femme, avec cheveux pendans & attachés par derriere, d'entre lefquels on voit fortir plufieurs ferpens, dont un rampe fur le cou. Ce bufte a une petite draperie au bas du fein. Sur *agathe fardonix* de un & un quart de pouce de haut.

22 Un Bufte de femme, avec cheveux retrouffés, bandeau orné de perles & une efpece de coëffure enchaffée entre les cheveux : ce bufte a une draperie. Sur *agathe-fardonix* de un & un huit de pouce de haut.

23 THESEUS. Le Bufte de *Théfée, Roi d'Athenes,* avec forte barbe, cafque furmonté d'un panache & orné d'un taureau couché, cuiraffe & draperie. Sur *cornaline* de un & trois-huit de pouce de haut.

K

24 Un Bufte de femme , ayant les cheveux renfer-
més dans une efpece de raifeau , attaché avec di-
verfes bandes fur la tête : ce bufte a une draperie.
Sur *agathe-fardonix* d'un pouce de haut.

25 Un Bufte de femme, avec cheveux relevés en
treffes, diadème & draperie. Sur *agathe-fardonix* ,
de un & un huit de pouce de haut.

TIROIR N°. XXXV.

Contenant XIII Cornalines & autres Pierres
gravées en creux.

N° 1 Un Bufte d'homme inconnu, avec barbe , lon-
gue chevelure , bandeau & draperie. Sur *fardonix*
de un & cinq huit de pouce de haut.

2 Le Bufte de Saint Pierre, avec tête nue & dra-
perie. Sur *fardonix* de deux & un huit de pouce
de haut.

3 Un Bufte d'homme inconnu, avec barbe très-lon-
gue, le deffus de la Tête chauve & draperie. Sur
cornaline prefque blanche , de un & trois-quarts de
pouce de haut.

4 ANTONIUS ET CLEOPATRA. Deux Têtes accolées.
Celle d'*Antoine* , avec cheveux courts , & ornée
de feuilles de vigne. La tête de *Cléopatre* a une pe-

tite draperie au bas du cou. Sur *ſardonix* de un &
un quart de pouce de haut.

5 ODENATHUS ET ZENOBIA. Deux Buſtes accolés
d'*Odenath* & de *Zénobie*; celle-ci a les cheveux
retrouſſés, & la tête en partie couverte d'un mufle
de lion, dont la peau lui deſcend juſques ſur l'épaule.
Ces deux Buſtes ont des cuiraſſes. Sur *cornaline*
de un & trois-huit de pouce de haut.

6 Un Buſte, vu par devant, avec la tête de profil, &
entourée d'un voile en forme de bonnet orné d'un
panache. Ce buſte a une draperie. Sur *ſardonix*
d'environ un & trois-quarts de pouce de haut.

6 Deux Buſtes en regard, de Sainte Anne & de S.
Joachim. La Sainte a la tête couverte d'un voile
qui lui deſcend juſques ſur l'épaule, & le Saint
a une petite barbe & des cheveux courts. Ces deux
buſtes ſont drapés. Sur *cornaline* de un & demi-
pouce de haut.

8 MILTIADES. Le Buſte de *Miltiade*, avec cheveux
courts & friſés, forte barbe & draperie. Sur *cor-
naline* de un & trois-quarts de pouce de haut.

9 FLORA. Le Buſte de *Flore*, avec cheveux retrouſ-
ſés & noués par derriere, dont une boucle ornée
de fleurs, lui pend ſur le cou. Ce buſte a un ru-
ban autour de la tête, & une draperie. Sur *ſardo-
nix* d'environ un & demi-pouce de haut.

10 FLORA. Le Buſte de *Flore*, vu de l'autre ſens,

K 2

avec cheveux retrouſſés & noués par derriere, or‑
nés de perles & garnis de fleurs. Ce buſte a une
draperie. Sur *ſardonix* de même hauteur que le
précédent.

11 FAUNUS. La Tête d'un *Faune*, environnée de
pampre, avec peau de mulet autour du cou. Sur
ſardonix de même hauteur que le précédent.

12 Le Buſte de S. Paul, avec draperie. Sur *cornaline‑
ſardonix*, de deux pouces de haut.

13 L. AEL AUREL. COMMODUS AUG. La Tête de
Commode, couverte d'un mufle de lion, dont la
peau lui deſcend juſqu'au bas du cou. Sur *Jaſpe*
de un & demi-pouce de haut.

TIROIR N°. XXXVI.

Contenant XXV Cornalines & autres Pierres
gravées en creux.

N° 1 SABINUS COS. Le Buſte du *Conſul Sabinus*,
avec cheveux courts, forte barbe & draperie. Sur
cornaline de un & un quart de pouce de haut.

2 Une Tête de femme, avec cheveux pendans, &
bonnet de forme triangulaire, ſingulierement ou‑
vragé. Sur *cornaline* d'un pouce de haut.

3 Une Tête couverte d'un caſque, ſurmonté d'une

partie de masque soutenant un panache. Au bas
du cou se voient quatre boules. Sur *cornaline*
blanchâtre, de un & trois-huit de pouce de haut.

4 PRIAMUS. La Tête de *Priam*, *Roi de Troyes*, avec
cheveux courts, barbe longue, & bonnet, auquel
est attachée une draperie qui lui tombe sur le devant
& le derriere du cou. Sur *cornaline* de sept-huit de
pouce de haut.

5 M. JUN. BRUTUS. La Tête nue de *Brutus*, avec
cheveux courts & forte barbe. Sur *cornaline* de un
& un huit de pouce de haut.

6 Un Buste d'homme, avec tête barbue & frisée, &
draperie. Sur *cristal de roche*, d'environ un pouce
de haut.

7 Une Tête nue & chauve, avec forte barbe, & ayant
une draperie au bas du cou. Sur *cornaline* d'un
pouce de haut.

8 Deux Bustes d'homme & de femme en regard.
L'homme avec forte barbe, cheveux courts & cou-
ronne de laurier. La femme avec cheveux retrouf-
fés & diadême. Sur *cornaline* d'un pouce en tra-
vers.

9 ARISTOTELES. Le Buste d'*Aristote*, avec barbe
longue, cheveux pendans, bonnet & draperie. Sur
cornaline d'un pouce de haut.

10 Un Buste, avec tête nue, cheveux courts & dra-

perie. Sur *cornaline blanche*, de même hauteur que la précédente.

11 M. T. CICERO. La Tête nue de *Ciceron*, avec cheveux fort courts. Sur *criſtal de roche*, de un & un huit de pouce de haut.

12 L. AEL. AUREL. COMMODUS AUG. La Tête de *Commode*, avec forte barbe & mufle de lion, dont la peau lui deſcend juſqu'au bas du cou. Sur *ſardonix* de ſept-huit de pouce de haut.

13 L. AUREL. VERUS AUG. Le Buſte *L Verus*, avec barbe, cheveux courts, couronne de laurier & draperie. Sur *Sardonix* de un & trois-huit de pouce de haut.

14 EPICURUS. Le Buſte d'*Epicure*, vu par le dos, avec tête nue & en partie chauve, barbe longue, & une petite draperie. Sur *cornaline* de trois-quarts de pouce de haut.

15 Une Tête nue, barbue & friſée. Cette tête a une draperie au bas du cou. Sur *Sardonix* de un & un huit de pouce de haut.

16 AFRICANUS. La tête nue d'un *Afriquain*. Sur *cornaline* d'un pouce de haut.

17 HERCULES OLIVARIUS. La Tête d'*Hercule*, avec cheveux courts, & entourée d'une branche d'olivier. Cette Tête a une draperie au bas du

cou. Sur *cornaline* de même hauteur que la précédente.

18 Deux Têtes d'homme & de femme en regard. Celle de l'homme eſt avec forte barbe , & coëffée d'un mufle de Taureau , dont la peau lui couvre le cou. Celle de la femme a les cheveux relevés en partie en treſſes & en partie pendants , un diadême & un bouclier. Sur *agathe blanche* de ſept-huit de pouce en travers.

19 Un Buſte de Guerrier, avec forte barbe, caſque ſur le devant duquel l'on voit un maſque , & au milieu un oiſeau, ce Buſte a une draperie. Sur *cornaline* de un & un huit de pouce de haut.

20 La Tête d'un Philoſophe en partie chauve , avec forte barbe & cheveux courts. Sur *cornaline* d'un pouce de haut.

21 Un Buſte de Guerrier, avec forte barbe , caſque orné d'un maſque ſur le devant & ſurmonté d'un panache : ce buſte a une draperie. Sur *cornaline* de un & un huit de pouce de haut.

22 PLATO. La Tête de *Platon* , avec cheveux courts & pendants , barbe longue & bandeau. Sur *cornaline* d'un pouce de haut.

23 Une Tête de femme, avec cheveux pendants en boucles derriere le cou & diadême , au bas duquel , ſur le front , ſont quatre boules ; dans le

champ gauche de la pierre font quatre autres boules un peu plus grandes que celles qui font au bas du diadême. Sur *fardonix* de un & un quart de pouce de haut.

24 SACERDOS. La Tête d'un *Prêtre* , avec barbe longue , & voile qui lui pend jufqu'au bas du cou. Sur *cornaline* de fept - huit de pouce de haut.

25 Un Bufte , vu par le dos , avec forte barbe , bonnet en forme de turban & draperie. Sur *agathe noire* d'un peu plus d'un pouce de haut.

TIROIR N°. XXXVII.

Contenant XXV Cornalines & autres Pierres gravées en creux.

N°. 1 Un Bufte de femme , avec cheveux relevés en treffes , voile pendant par derriere , & une draperie fur les épaules. Sur *cornaline* de un & trois-huit de pouce de haut.

2 Un Bufte d'homme avec tête nue , cheveux pendants & forte barbe. Sur *fardonix* de cinq-huit de pouce de haut.

3 Une Tête de femme , avec une coëffure fingulie-

re, ornée de perles. Sur *cornaline* de un & trois-
huit de pouce de haut.

4 Une Tête ceinte d'un bandeau, avec cheveux
courts & pendants, & forte barbe. Sur *Chalcédoine*
de trois-quarts de pouce de haut.

5 Un Buſte de femme, avec les cheveux relevés en
treſſes ornées de fleurs & formant par derriere un
bourlet : ce buſte a une draperie. Sur *cornaline* de
un & trois-huit de pouce de haut.

6 Une Tête de femme, avec les cheveux relevés en
treſſes & formant comme un bandeau : cette tête
a un petit voile pendant par derriere & une draperie
au bas du cou. Sur *ſardonix* de cinq-huit de pou-
ce de haut.

7 Un Buſte de femme, ayant les cheveux relevés en
treſſes & noués par derriere avec un ruban, dont
un des bouts lui tombe ſur l'épaule : ce buſte a
une draperie. Sur *cornaline* de un & trois-huit de
pouce de haut.

8 Un Buſte de femme, avec les cheveux retrouſſés,
diadême & draperie ; derriere la nucque l'arc &
le carquois. Sur une belle *Aiguemarine* de forme
octogone, d'un peu plus de trois-quarts de pouce
de haut.

9 Un Buſte de femme, avec les cheveux retrouſſés &
friſés, bandeau orné de perles & draperie. Sur

cornaline de un & trois-huit de pouce de haut.

10 SOCRATES. La Tête de *Socrate*. Sur *cornaline* d'un peu plus d'un demi pouce de haut.

11 Un Bufte de femme, avec cheveux retrouffés & boucle pendante fur les épaules. Sur *cornaline* de un & un quart de pouce de haut.

12 Une Tête avec cafque fur lequel eft couché un mafque, & dont le derriere fe termine en une ef-pece de trompe retournée fur le cou. Sur *cornaline* de un & un huit de pouce de haut.

13 Un Bufte de femme, avec cheveux en partie re-levés en treffes & en partie pendants, diadême, bandelette & draperie. Sur un beau *Jafpe fleuri* d'environ un & demi pouce de haut.

14 Un Bufte de femme, avec cheveux courts & treffes, dont l'une forme comme une efpece de couronne. Sur *cornaline* d'un pouce de haut.

15 Un Bufte de femme, avec cheveux retrouffés & treffes qui forment par derriere un bourlet, boucle pendante fur le cou & draperie. Sur *cornaline* de un & trois huit de pouce de haut.

16 Un Bufte de femme, avec les cheveux relevés en treffes & draperie. Sur *fardonix* de cinq huit de pouce de haut.

17 Un Bufte de femme, ayant les cheveux en par-tie relevés en treffes & en partie pendants, petit

bonnet ou coëffure attaché avec un ruban orné
de perlés. Ce Buſte a une draperie ſur les épaules.
Sur *cornaline ſardonix* de un & trois huit de pouce
de haut.

18 ROMA. La Ville de *Rome*, repréſentée par une
Tête de femme, avec les cheveux pendants & le
caſque orné d'une aile. Cette Tête a une rangée
de perles au bas du cou. Sur *Amétiſte* de ſept huit
de pouce de haut.

19 Un Buſte de femme, vu de face, ayant les che-
veux friſés, treſſe pendante le long du cou, &
un bandeau orné de perles. Ce Buſte eſt vêtu. Sur
cornaline de un & trois huit de pouce de haut.

20 Une Tête de femme, ayant les cheveux retrouſſés
& attachés avec un ruban. Sur *ſardonix* d'environ
trois quarts de pouce de haut.

21 Un Buſte de femme, avec de longs cheveux
pendants, voile qui lui couvre en partie la tête,
& une draperie. Sur *cornaline blanchâtre* de un
& trois huit de pouce de haut.

22 Une Tête nue avec cheveux très-courts, &
ayant une petite draperie au bas du cou. Sur
cornaline de trois quarts de pouce de haut.

23 Un Buſte de femme, avec cheveux retrouſſés &
friſés, bandeau orné de perles, & draperie. Sur
cornaline de un & trois huit de pouce de haut.

24 Une Tête, avec forte barbe, casque orné d'un masque & surmonté d'un panache. Cette Tête a une petite draperie au bas du cou. Sur *cornaline* de trois quarts de pouce de haut.

25 Un Buste de femme, avec les cheveux retrouſſés & bourlet derriere la tête, bandelette & draperie. Sur *cornaline blanchâtre* de un & trois huit de pouce de haut.

TIROIR Nº. XXXVIII.

Contenant XXV Cornalines & autres Pierres gravées en creux.

Nº 1 NERVA CÆSAR AUG. La Tête de *Nerva*, avec cheveux courts & couronne de laurier. Sur *cornaline* d'un pouce de haut.

2 ULP. NERVA TRAJANUS AUG. Le Buste de *Trajan*, avec cheveux courts, couronne de laurier & draperie. Sur *cornaline* de un & un huit de pouce de haut.

3 TRAIANUS ET PLOTINA. Deux Bustes en regard. *Trajan* avec cheveux courts, & *Plotine*, avec les cheveux relevés en treſſes & un bandeau. Sur *cornaline* de un & trois huit de pouce de haut.

4 NERVA TRAJANUS ADRIANUS AUG. La Tête

d'*Adrien* , nue & ayant une petite draperie au bas du cou. Sur *cornaline* d'un pouce de haut.

5 L. AELIUS CÆSAR. La Tête nue de *L. Aelius Céfar* , avec cheveux courts & frifés & forte barbe. Sur *cornaline* de même hauteur que la précédente.

6 T. AEL. ADR. ANTONINUS P. AUG. Le Bufte d'*Antonin lé Pieux* , avec cheveux courts, forte barbe, couronne de laurier & cuiraffe. Sur *cornaline* de un & un huit de pouce de haut.

7 AURELIUS CÆSAR. La Tête d'*Auréle Céfar* , avec cheveux courts & frifés. Sur *cornaline* d'un pouce de haut.

8 L. AUREL. VERUS AUG. Le Bufte de *L. Vérus*, vu par le dos, avec tête fort barbue & frifée, & cuiraffe. Sur *cornaline* de même hauteur que la précédente.

9 L. AEL. AUREL. COMMODUS AUG. Le Bufte de *Commode* , vu par le dos, avec cheveux courts & frifés , barbe bouclée, couronne de laurier & draperie. Sur *cornaline* de un & un huit de pouce de haut.

10 P. HELV. PERTINAX AUG. La Tête de *Pertinax* , avec cheveux courts & frifés , barbe longuette & couronne de laurier. Sur *fardonix* de un & un huit de pouce haut.

11 M. Did. Sev. Julianus Aug. La Tête de *Julien*, avec cheveux, barbe, & couronne de laurier. Sur *Jafpe* d'un pouce de haut.

12 C. Pesc. Niger Justus Aug. La Tête de *P. Niger*, avec cheveux courts, barbe frifée & couronne de laurier. Sur *cornaline* de un & un huit de pouce de haut.

13 Ptolemæus. Le Bufte de *Ptolemée*, avec cheveux pendants, bandeau & draperie. Sur *cornaline fardonix* de un & demi pouce de haut.

14 D. Clod. Sept. Albinus Aug. Le Bufte d'*Albin*, avec cheveux courts, forte barbe & draperie. Sur *cornaline* de un & un huit de pouce de haut.

15 L. Sept. Severus Pertinax Aug. Le Bufte de *Septime Sévère*, avec cheveux un peu pendans, forte barbe & couronne de laurier. Sur *cornaline* de même hauteur que la précédente.

16 M. Aurel. Sev. Antoninus Caracalla Aug. Le Bufte d'*Antonin Caracalla*, avec cheveux courts & frifés, barbe, couronne de laurier & cuiraffe. Sur *cornaline* de même hauteur que la précédente.

17 L. Sept. Geta P. Aug. Le Bufte de *Géta*, vu par le dos, avec cheveux courts, couronne

de laurier & draperie. Sur *cornaline* de un & un huit de pouce de haut.

18 M. OPEL. SEVER. MACRINUS AUG. Le Buſte de *Macrin*, avec cheveux courts, barbe, couronne de laurier & cuiraſſe. Sur *ſardonix* de un & un quart de pouce de haut.

19 M. OPEL. ANTON. DIADUMENIANUS CÆSAR. Le Buſte de *Diaduménien*, avec cheveux très-courts & draperie. Sur *cornaline* d'un peu plus d'un pouce de haut.

20 M. AUREL. ANTON. ELAGABALUS AUG. Le Buſte d'*Elagabale*, vu par le dos, avec cheveux courts & couronne de laurier. Sur *cornaline* de même hauteur que la précédente.

21 M. AUREL. SEVER ALEXANDER AUG. Le Buſte d'*Alexandre Sévère*, avec cheveux pendans, caſque & draperie. Sur *cornaline* de un & un huit de pouce de haut.

22 C. JUL. VERUS MAXIMINUS AUG. Le Buſte de *Maximin*, vu par le dos, avec cheveux très-courts, barbe, couronne radiée & draperie. Sur *cornaline* d'un pouce de haut.

23 NERO ET AGRIPPINA. Deux Têtes en regard. Celle de *Néron* eſt nue avec cheveux courts & friſés, & celle d'*Agrippine* a les cheveux relevés en treſſes, & une draperie au bas du cou. Sur *cornaline* de un & demi pouce en travers.

24 C. JUL. VERUS MAXIMUS CÆSAR. Le Buste de *Maxime*, vu par le dos, avec cheveux très-courts & frisés & draperie. Sur *cornaline* de un & un huit de pouce de haut.

25 M. ANT. GORDIANUS AFRICANUS. AUG. FILIUS. Le Buste de *Gordien d'Afrique, le fils*, vu de même, avec cheveux très-courts, couronne de laurier & draperie.. Sur *cornaline* de même hauteur que la précédente.

TIROIR N°. XXXIX.
Contenant XVII Cornalines & autres Pierres gravées en creux.

---

1 SABINA AUG. Le Buste de *Sabine, femme d'Adrien*, avec cheveux relevés en tresses, diadème & draperie. Sur *cornaline* de un & un huit de pouce de haut.

2 SOLE ORIENTE. Le Buste du *Soleil Levant*, avec tête radiée, aile dans la coëffure, cheveux retroussés & boucles pendantes sur le cou, couronne de laurier & draperie. Sur *cornaline* de un & un quart de pouce de haut.

3 SABINA AUG. Le Buste de *Sabine, femme d'Adrien*, avec cheveux retroussés & pendans en partie en boucles derrière le cou, couronne d'épis

de

de blé & draperie. Sur *cornaline* de un & un huit de pouce de haut.

4 DIANA. Le Buſte de *Diane*, avec les cheveux retrouſſés & treſſe qui environne la tête. Ce buſte a l'arc & le carquois derriere le cou, & une draperie au deſſous de l'épaule. Sur *cornaline* de un & un quart de pouce de haut.

4 VENUS. La Tête de *Vénus*, avec cheveux en partie relevés & en partie pendans. Cette tête eſt ceinte du diadême & a une draperie au bas du cou. Sur *cornaline* de un & un huit de pouce de haut.

6 JUSTITIA. Le Buſte de la *Juſtice*, avec cheveux retrouſſés, diadême & draperie. Sur *cornaline* de un & un quart de pouce de haut.

7 VICTORIA. Le Buſte de la *Victoire*, avec treſſes qui forment un bourlet derriere la tête. Ce buſte a une draperie. Sur *cornaline* de un & un huit de pouce de haut.

8 CLEMENTIA. Le Buſte de la *Clémence*, avec cheveux retrouſſés, diadême & draperie. Sur *cornaline* de même hauteur que la précédente.

9 GERMANICUS CÆSAR TIBERII AUG. FIL. La Tête nue de *Germanicus Céſar*, *fils de Tibère*, avec cheveux courts & friſés. Sur *cornaline ſardonix* de deux pouces de haut.

L

10 VENUS. La Tête de *Vénus*, avec les cheveux retrouſſés & noués par derriere, & ayant une draperie au bas du cou. Sur *cornaline* de un & un huit de pouce de haut.

11 PIETAS. Le Buſte de la *Piété*, avec cheveux en partie retrouſſés & en partie pendans, diadême, couronne de laurier & draperie. Sur *cornaline* de même hauteur que la précédente.

11 LIBERTAS. Le Buſte de la *Liberté*, avec les cheveux en partie retrouſſés & en partie liés & pendans par derriere. Sur *cornaline* de même hauteur que la précédente.

13 DIANA. Le Buſte de *Diane*, avec cheveux en partie retrouſſés, & attachés au-deſſus de la tête, & en partie pendans ſur le dos, diadême & draperie. L'arc & le carquois derriere le cou. Sur *cornaline jaune* de même hauteur que la précédente

14 VICTORIA. Le Buſte de la *Victoire*, avec cheveux fort arrangés & noués derriere la tête, & draperie. Sur *cornaline jaune*, de même hauteur què la précédente.

15 LIBERTAS ET PIETAS. *La Liberté & la Piété*, repréſentées par un buſte de femme, avec les cheveux retrouſſés & pendans en partie, & une couronne de laurier. Sur *cornaline jaune*, de un & un quart de pouce de haut.

16 VENUS. La Tête de *Vénus*, avec cheveux re-
troussés & diadême. Sur *cornaline jaune*, de même
hauteur que la précédente.

17 PAX. Le Buste de la *Paix*, avec cheveux en partie
pendans, diadême & draperie. Sur *cornaline jaune*
de un & un huit de pouce de haut.

TIROIR Nᵒ. XL.

Contenant XIX Cornalines & autres Pierres
gravées en creux.

Nᵒ 1 PORCIUS CATO COS. Le Buste du *Consul
Caton*, avec cheveux extrêmement arrangés, &
pendans en boucles le long du cou. Sur *cornaline*
de un & trois-huit de pouce de haut.

2 Une Tête de femme, avec cheveux retroussés &
un petit voile, dont un des bouts pend le long du
cou, au bas duquel est une petite draperie. Sur
agathe de sept-huit de pouce de haut.

2 Un Buste de femme, avec les cheveux relevés en
tresses, une espece de diadême & draperie. Sur
cornaline de sept-huit de pouce de haut.

4 ALEXANDER MAGNUS. La Tête d'*Alexandre le
grand*, avec de longs cheveux qui lui tombent juf-
qu'au bas du cou. casque panaché, sur lequel on

L 2

voit un gryphon. Sous le cou, le foudre de Jupiter. Sur *cornaline* de un & trois-huit de pouce de haut.

5 JUBA REX MAURITANIÆ. Le Bufte de *Juba, Roi de Mauritanie*, avec cheveux treffés en forme de bonnet, longue barbe pointue & draperie. De la partie inférieure du bufte s'éleve un fceptre tranf-verfal. Sur *cornaline* de même hauteur que la pré-cédente.

6 Une Tête de femme, avec les cheveux retrouffés & attachés par deffus un petit voile qui eft fur le derriere de la téte, & qui defcend jufques au au bas du cou. Sur *cornaline jaunâtre*, d'un pouce de haut.

7 Une Tête de femme coëffée en cheveux, avec double bandeau, voile autour de la tête & draperie au bas du cou. Sur *fardonix* de fept-huit de pouce de haut.

8 Une Pierre gravée des deux côtés. De l'un on voit une femme debout, avec les cheveux retrouffés & découverte jufqu'au bas du fein, tenant de la main droite des grappes de raifins, & s'appuyant de la gauche fur une corne d'abondance, de l'ex-trêmité de laquelle s'éleve une branche de laurier. De l'autre côté, qui paroît être le revers de la pierre, font deux figures debout & en regard, dont l'une eft une femme avec les cheveux retrouffés & jouant de la trompette ; l'autre un Cupidon qui femble

vouloir décocher une fleche vers le ciel. Cette pierre
eſt un *ſardonix* de forme ronde, de un & trois-
huit de pouce de diametre.

9 Un Buſte de femme, vu par le dos, avec les che-
veux retrouſſés & ornés de fleurs. Ce Buſte a une
draperie. Sur *Jaſpe* d'environ un pouce de haut.

10 Une Tête de femme, avec les cheveux retrouſ-
fés & formant un bourlet par derriere, d'où pend
un voile. Cette tête eſt ceinte d'un bandeau, & a
une draperie au bas du cou. Sur *Jaſpe-fleuri* d'un
peu plus d'un pouce de haut.

11 Un Buſte de femme, avec les cheveux retrouſſés
& attachés ſur le haut de la tête. Ce Buſte a une
draperie. Sur *cornaline* de même hauteur que la
pierre précédente.

12 Un Buſte de femme, coëffée en cheveux très-
ornés de treſſes, dont une lui pend ſur le cou. Ce
buſte a une draperie. Sur *cornaline* de même hau-
teur que la précédente.

13 Une Tête de femme, avec les cheveux en partie
retrouſſés, & en partie pendans ſur le cou. Cette
tête eſt ceinte d'un bandeau. Sur *cornaline* de même
hauteur que la précédente.

14 Un Buſte de jeune homme, avec tête nue & fri-
fée, & un grand rabat. Ce buſte eſt vêtu. Sur
agathe blanche & opaque en partie, de un & un
hnit de pouce de haut.

L 3

15 PHILIPPUS REX MACEDONIÆ. La Tête de *Philippe, Roi de Macédoine*, avec cheveux frifés, barbe, cafque ailé & furmonté d'une tête d'oifeau. Derriere le cou, eft une épée. Sur *cornaline* de un & trois-huit de pouce de haut.

16 DEMETRIUS. La Tête de *Démétrius*, avec cheveux courts & bandeau. Sur *cornaline* de même hauteur que la précédente.

17 Une Tête de femme, avec cheveux relevés & pendans en partie en treffes, bandelette, & voile tombant par derriere. Sur *agathe blanche* de fept huit de pouce de haut.

18 Un Bufte de femme, vu par le dos, avec les cheveux relevés en treffes & formant un bourlet derriere la tête. Ce bufte a une draperie. Sur *jafpe fleuri* de même hauteur que la pierre précédente.

19 HEROSTRATES. La Tête nue d'*Héroftrate* barbue & frifée. Devant lui fe voit une torche ardente. Sur *cornaline* de un & trois huit de pouce de haut.

TIROIR Nº. XLI.

Contenant XXV Pierres, dont vingt-quatre sont Cornalines * & une Amétiste, gravées en creux.

Les Têtes des XII premiers Empereurs Romains.

---

1 C. JULIUS CÆSAR. *Jule-César.*

2 AUGUSTUS. *Auguste.*

3 TIBERIUS. *Tibère.*

4 CALIGULA. *Caligula.*

5 CLAUDIUS. *Claude.*

6 NERO. *Néron.*

7 GALBA. *Galba.*

8 OTHO. *Othon.*

9 VITELLIUS. *Vitellius.*

---

* Ces douze premieres Cornalines & Amétiste font à-peu-près de même grandeur; savoir, d'un peu plus d'un pouce de haut, & gravées par le fameux Christian, Graveur très renommé & connu à Londres. Les douze Cornalines suivantes font de trois-quarts & de sept-huit de pouce de haut, & gravées par le même. Toutes ces Têtes & Bustes font d'une grande beauté.

L 4

10 VESPASIANUS. *Vefpafien.*

11 TITUS. *Titus.*

12 DOMITIANUS. *Domitien.*

Les Buftes des XII premieres Impératrices Romaines.

1 POMPEIA. *Pompeïa*, femme de Jule-Céfar.

2 LIVIA DRUSILLA. *Livie Drufille*, femme d'Augufte.

3 AGRIPPINA. *Agrippine*, femme de Tibère.

4 CÆSONIA. *Céfonie*, femme de Caligula.

5 ÆLIA PETINA. *Ælia Petina*, femme de Claude.

6 STATILIA MESSALINA. *Statilie Meffaline*, femme de Néron.

7 LEPIDA SERGII. *Lépida*, femme de Galba.

8 ALBIA TERENTIA OTHONIS MATER. *Albia Térentia*, mere d'Othon.

9 PETRONIA. *Petronie*, femme de Vitellius.

10 FLANIA DOMITILLA. *Flavie Domitilla*, femme de Vefpafien.

11 MARTIA FULVIA. *Martia Fulvia*, femme de Titus.

12 Domitia Longina. *Domitia Longina, femme de Domitien.*

Ce qui fait enfemble 24 cornalines.

25 Luc. Ann. Seneca. Le Bufte de *Sénèque*, vu prefque de face, avec tête nue & draperie. Ce bufte eft gravé par *L. Lambert.* Sur *ametifte* de un & trois quarts de pouce de haut.

TIROIR No. XLII.

Contenant XXI Cornalines & autres Pierres gravées en creux.

1 Divus Romulus Maxentii Filius. La Tête de *Romulus, fils de Maxence,* avec de longs cheveux pendans le long du cou, barbe longue & bouclée, & couronne de laurier. Sur *cornaline* de un & un huit de pouce de haut.

2 Sabinus Cos. La Tête nue du *Conful Sabinus,* avec cheveux courts & forte barbe. Sur *cornaline* de même hauteur que la précédente.

3 Numa Pompilius. La Tête de *Numa Pompilius, fecond Roi de Rome,* avec cheveux courts, barbe fort longue, terminée en pointe, & bandeau. Sur *cornaline* de même hauteur que la précédente.

4 Tullus Hostilius. Le Bufte de *Tullus Hoftilius,*

troifieme Roi de Rome, avec cheveux longs & pen-dans, forte barbe, bandeau & draperie. Sur *corna-line* de même hauteur que la précédente.

5 ANCUS MARTIUS. La Tête d'*Ancus Martius*, qua-trieme *Roi de Rome*, avec cheveux courts, & ceinte d'une bandelette. Sur *cornaline* d'un pouce de haut.

6 SERVIUS HOSTILIUS COS. La Tête du *Conful Servius Hoftilius*, avec de très-longs chevéux pen-dans en boucles, barbe courte & bandeau. Sur *cornaline* de un & un huit de pouce de haut.

7 M. JUN. BRUTUS. La Tête nue de *Brutus*, avec cheveux courts. Sur *cornaline* de même hauteur que la précédente.

8 C. SERVILIUS AHALA COS. La Tête nue du *Conful Servilius Ahala*, avec cheveux courts & barbe. Sur *cornaline* de même hanteur que la précédente.

9 L. CORN. SYLLA COS. La Tête nue du *Conful Sylla*, avec cheveux courts & frifés. Sur *corna-line* de même hauteur que la précédente.

10 Q. POMPEIUS RUFUS COS. La Tête du *Conful Pompée Rufus* nue & avec cheveux courts. Sur *cornaline* de un & un huit de pouce de haut.

11 C. PESC. NIGER JUSTUS AUG. La Tête de *P. Niger*, avec cheveux courts, barbe épaiffe &

couronne de laurier. Sur *fardonix* de un & cinq-
huit de pouce de haut.

12 HERCULES. La Tête d'*Hercule* coëffée d'un
mufle de Lion, dont la peau lui couvre le cou.
Sur *cornaline* de un & un huit de pouce de
haut.

13 M. JUN. BRUTUS. La Tête nue de *Brutus*,
avec cheveux courts & forte barbe. Sur *corna-
line* de même hauteur que la précédente.

14 PANSA COS. La Tête du *Conful Panfa*, avec
cheveux courts, forte barbe & bandeau, orné de
perles. Sur *cornaline* d'environ même hauteur que
la précédente.

15 HIRTIUS COS. La Tête du *Conful Hirtius*,
couverte d'un cafque ailé. Sur *cornaline* d'un pouce
de haut.

16 MARC. ANTONIUS LEPIDUS COS. La Tête nue
du *Conful Lépidus*, avec cheveux courts. Sur
cornaline d'un peu plus d'un pouce de haut.

17 JOVIS AMMONIS. La Tête de *Jupiter Ammon*,
Sur *cornaline* de même hauteur que la pré-
cédente.

18 DECIMUS BRUTUS COS. La Tête nue du *Con-
ful Décimus Brutus*, avec cheveux courts. Sur
cornaline de même hauteur que la précédente.

19 POSTHUMIUS. La Tête nue de *Pofthumius*, le.

Diĉateur, avec cheveux courts. Sur *cornaline* de un & un huit de pouce de haut.

20 AUGUSTUS La Tête *d'Augufte*, avec couronne radiée. Sur *cornaline* de même hauteur que la précédente.

21 GERMANICUS CÆSAR. La Tête de *Germanicus Céfar*, avec cheveux courts & frifés, & couronne de laurier. Sur *cornaline* de même hauteur que la précédente.

TIROIR N⁰. XLIII.

Contenant XXV Cornalines & autres Pierres gravées en creux.

N⁰. 1 Un Bufte de Bacchante, avec cheveux retrouffés & pendants en partie, couronne de lierre & draperie. Sur *cornaliné* de un & un huit de pouce de haut.

2 Un Bufte de Bacchante, ayant les cheveux relevés avec un bandeau & pendants en partie, couronne de pampre garnie de raifins, & peau de Chevre en forme de draperie. Sur *cornaline* de même hauteur que la précédente.

3 FAUNUS. Le Bufte d'un *Faune*, vu par le dos,

avec tête nue, cheveux courts & frifés, & peau
de Mulet. Sur *cornaline-fardonix* de même hau-
teur que la précédente.

4 Un Bufte de Bacchante, avec cheveux en partie
retrouffés & en partie pendants fur le cou, ban-
delette & draperie. Sur *cornaline* de même hau-
teur que la précédente.

5 Une Tête de Bacchante, avec les cheveux en partie
retrouffés & en partie pendants en boucles,
dont une entourre le cou. Cette Tête eft ceinte
de lierre. Sur *cornaline* de même hauteur que la
précédente.

6 Une Tête de Bacchante à peu près femblale à celle
ci - deffus. Sur *cornaline* de même hauteur que
la précédente.

7 Une Tête couverte d'un cafque panaché, fur le
devant & le derriere duquel font repréfentées deux
têtes de vieillard, avec de longues barbes. Sur
cornaline de même hauteur que la précédente.

8 Un Bufte de Bacchante, avec cheveux retrouffés
& pendans en partie. Ce bufte a une draperie au bas
du fein, & un Thyrfe derriere l'épaule. Sur *corna-
line* d'un pouce de haut.

9 Une Tête couverte d'un cafque panaché, fur le
derriere duquel fe voit une faee de vieillard, avec
forte barbe qui fert de cheveux à la tête. Sur *cor-
naline* de un & un huit de pouce de haut.

10 Un Bufte de Bacchante, avec cheveux en partie
retrouffés & en partie pendans, couronne de lierre,
ornée de perles, & draperie. Sur *cornaline claire*,
un peu plus petite que la précédente.

11 HIPPA NUTRIX BACCHI. Le Bufte de *Hippa*,
nourrice de Bacchus, avec cheveux retrouffés en
partie, qui forment un bourlet fur le devant de la
tête, & quelques boucles pendantes fur le cou. Ce
bufte a une petite draperie qui lui couvre un côté
du fein. Sur *jafpe jaunâtre*, de un & un huit de
pouce de haut.

12 BACCHUS DICTUS DIONYSIUS. La Tête de
Bacchus, furnommé *Dionyfius*, avec cheveux en
partie relevés par derriere, & en partie pendans
en longues boucles le long du cou. Cette tête a
le front ceint d'un double bandeau & une cou-
ronne de pampre garnie de grappes de raifins.
Sur *cornaline fardonix* un peu plus petite que la
pierre précédente.

13 BACCHUS INDICUS. Le Bufte de *Bacchus Indien*,
avec cheveux courts & frifés, dont deux boucles
lui pendent fur le cou, forte barbe, couronne
de laurier & draperie. Sur *cornaline* de un &
demi pouce de haut.

14 BACCHUS HEDERIGERUS. Le Bufte de *Bacchus*,
avec cheveux frifés & pendans le long du cou,
bandeau, orné de perles, & couronne de lierre,

garnie de grappes de raisins. Ce bufte a une par-
tie de la poitrine couverte d'une peau de Pan-
there. Sur *cornaline* de un & un huit de pouce
de haut.

15 SACERDOS BACCHI. Le Bufte d'un *Prêtre de
Bacchus*, avec barbe longue & épaiffe, bandeau
orné de lierre, voile & toge. Sur *cornaline* de
même hauteur que la précédente.

16 Un Bufte de Bacchante, avec cheveux, en partie
retrouffés & en partie pendans en boucles fur l'é-
paule, couronne de lierre & draperie. Sur *cornaline*
de même hauteur que la précédente.

17 Une Tête à deux faces, dont l'une repréfente un
jeune homme & l'autre un vieillard chauve,
avec barbe longue & bouclée. Au deffus de cette
tête fe voit la flûte à plufieurs tuyaux, furmontée du
baton paftoral. Sur *cornaline fardonix* de même
hauteur que la précédente.

18 Un Bufte de Bacchante, avec les cheveux en
partie relevés en treffes & formant un bourlet
derrière la tête, & en partie pendans en bou-
cles fur le cou. Ce bufte a une draperie au def-
fous du fein & le thyrfe derriere l'épaule. Sur *corna-
line fardonix* de même hauteur que la précédente.

19 Une Tête à quatre faces, dont l'une repréfente
une femme & l'autre un vieillard avec barbe. Sur
le deffus de la tête & au bas du cou font deux

autres faces. Sur *cornaline fardonix* de même hauteur que la précédente.

20 Un Bufte de Bacchante, vu par le dos, avec cheveux longs & bouclés, qui defcendent derriere le cou, bandeau orné de lierre, bonnet & peau de Panthere. Sur *cornaline fardonix* de même hauteur que la précédente.

21 Un Bufte de Bacchante, avec les cheveux en partie retrouffés & en partie pendans fur le fein, bandelette & peau de Panthere. Sur *cornaline fardonix* de même hauteur que la précédente.

22 Un Bufte de Bacchante, avec cheveux en partie retrouffés & en partie pendans le long du cou, ornés de pampre. Ce bufte a une draperie qui lui couvre une partie du fein. Sur *cornaline fardonix* de même hauteur que la précédente.

23 PAN. Le Bufte de *Pan*, avec tête chauve & barbe longue & épaiffe. Dans le champ de la pierre derriere le cou on voit la flûte à plufieurs tuyaux. Sur *cornaline fardonix* de même hauteur que la précédente.

24 Un Bufte de Bacchante, avec cheveux en partie retrouffés & en partie pendans, ornés de pampre. Ce bufte eft couvert d'une peau de Panthere & a le caducée derriere l'épaule. Sur *cornaline fardonix* de même hauteur que la précédente.

25 Un Buſte de Bacchante, avec cheveux en partie
retrouſſés & en partie pendans en boucles, ornés
de pampre & de grappes de raiſins. Ce buſte a
une peau de Panthere. Sur *cornaline* de un &
un huit de pouce de haut.

TIROIR Nº. XLIV.

Contenant XXX Cornalines & autres Pierres
gravées en creux.

Les Têtes des XII premiers Empereurs Romains.

1 JULIUS CÆSAR. *Jule Céſar.*

2 AUGUSTUS. *Auguſte.*

3 TIBERIUS. *Tibére.*

4 CALIGULA. *Caligula.*

5 CLAUDIUS. *Claude.*

6 NERO. *Néron.*

7 GALBA. *Galba*

8 OTHO. *Othon.*

9 VITELLIUS. *Vitellius.*

10 VESPASIANUS. *Veſpaſien.*

11 TITUS. *Titus.*

12 DOMITIANUS. *Domitien.*

M

Les Têtes des XII premieres Impératrices Romaines.

1 POMPEIA. *Pompeïa*, femme de Jule-Céfar.

2 LIVIA DRUSILLA. *Livie Drufille*, femme d'Augufte.

3 AGRIPPINA. *Agrippine*, femme de Tibere.

4 CÆSONIA. *Céfonie*, femme de Caligula.

5 ÆLIA PETINA. *Ælia Petina*, femme de Claude.

6 STATILIA MESSALINA. *Statilie Meffaline*, femme de Néron.

7 LEPIDA SERGII. *Lépida*, femme de Galba.

8 ALBIA TERENTIA OTHONIS MATER. *Albia Térentia*, mere d'Othon.

9 PETRONIA. *Petronie*, femme de Vitellius.

10 FLAVIA DOMITILLA. *Flavie Domitilla*, femme de Vefpafien.

11 MARTIA FULVIA. *Martia Fulvia*, femme de Titus.

12 DOMITIA LONGINA. *Domitia Longina*, femme de Domitien.

Ces XXIV. Têtes font toutes fur cornalines. Celles des

Empereurs ont environ un & un huit de pouce de haut, & celles des Impératrices un pouce ou un peu moins.

25 Le Portrait de la Reine Elifabeth d'Angleterre, coëffée & habillée à la maniere de fon tems. Le vifage eft refervé blanc, & les cheveux & l'habillement font bruns, fur un fond un peu tranfparent. Sur *onix* de deux couleurs, de fept-huit de pouce de haut, avec garniture d'or émaillée très-proprement, & dans un goût antique.

26 AUGUSTUS ET LIVIA. Deux Têtes accolées. Celle d'*Augufte*, eft ceinte de laurier, & refervée de couleur de chair. La Tête de *Livie* eft toute blanche, avec une draperie au bas du cou. Cet excellent morceau qui a un fond noirâtre, eft fur *onix* d'environ trois-quarts de pouce de haut, monté en or émaillé & garni de quatre diamans & de quatre rubis.

27 Une Tête de More, vue prefque de face, avec une petite draperie au bas du cou. La Tête eft refervée noire fur un fond blanchâtre. Sur *onix* d'environ trois-quarts de pouce de haut.

28 FL. VESPASIANUS AUG. La Tête de *Vefpafien*, ceinte de laurier. Cette tête eft de couleur tirant un peu fur lé brun, & fur un fond blanc. Sur *fardonix* d'environ un pouce de haut.

29 DEMOCRITUS. La Tête nue de *Démocrite*, vue prefque de face, ayant une draperie au bas du

cou. Cette tête est reſervée toute noire ſur un fond
bleuâtre. Sur *onix-ſardonix*, de cinq-huit de pouce
de haut.

30 A. Vitellius Germanicus Imp. Aug. Le
Buſte de *Vitellius*, avec couronne de laurier &
draperie. Ce buſte eſt très-relevé, & preſque de
ronde boſſe. La tête eſt d'un brun noirâtre, & la
draperie qui couvre eutierement le cou, eſt toute
blanche, de même que le fond. Sur *onix* d'un
pouce de haut.

T I R O I R Nº. XLV.

Contenant XXV Cornalines & autres Pierres
gravées en creux.

Nº. 1 Le Buſte d'un guerrier, avec forte barbe,
caſque panaché & draperie. Sur *cornaline* d'envi-
ron un & un quart de pouce de haut.

2 Un Buſte de femme, avec les cheveux retrouſſés,
diadème & robe. Sur *cornaline* d'un pouce de haut.

3 Jupiter. Le Buſte de *Jupiter*, avec cheveux en
partie retrouſſés, & en partie pendans ſur l'épaule,
forte barbe & draperie. Sur *cornaline* de même
hauteur que la précédente.

4 Vestalis. Un Buſte de *Veſtale*, avec voile pen-

dant fur les épaules, & draperie. Sur *cornaline* de même hauteur que la précédente.

5 Un Bufte avec tête nue, cheveux courts, barbe & draperie. Sur *fardonix blanc*, d'un peu plus d'un pouce de haut.

6 MERCURIUS. La Tête de *Mercure*, avec le caducée derriere le cou. Sur *cornaline* d'un pouce de haut.

7 DIVO MARCO AUREL ANTONINO. La Tête de *Marc-Aurele*, avec une couronne radiée. Sur *cornaline* de un & un huit de pouce de haut.

8 Un Bufte de femme, avec tête levée, cheveux en partie retrouffés & en partie pendans. Ce bufte a une draperie. Sur *fardonix* d'un pouce de haut.

9 AGRIPPA CÆSAR. La Tête d'*Agrippa Céfar*, petit fils d'*Augufte*, avec cheveux courts, & ceinte de laurier. Sur *cornaline* de un & un huit de pouce de haut.

10 CLEOPATRA. Le Bufte de *Cléopatre*, avec cheveux en partie retrouffés & en partie pendans, ornés de perles, & draperie ornée de même. Sur *cornaline-fardonix*, d'environ même hauteur que la précédente.

11 Un Bufte de Chrift, avec tête nue, cheveux pendans en boucles fur les épaules, barbe un peu terminée en pointe & draperie. Sur *agate blanche & tranfparente*, de un & demi-pouce de haut.

M 3

12 Un Buſte de femme, avec cheveux retrouſſés & formant un bourlet derriere la tête ; diadême & draperie. Sur *cornaline* de ſept-huit de pouce de haut.

13 Une Tête de Guerrier , avec forte barbe & caſque panaché , orné d'un maſque & d'une aile. Sur *Agathe blanche & tranſparente* de un & demi pouce de haut.

14 Un Buſte de femme , avec cheveux retrouſſés , diadême & draperie. Sur *cornaline* d'un pouce de haut.

15 Un Buſte de la Ste. Vierge , avec la tête couverte d'un voile , qui lui tombe ſur les épaules, & une draperie. Sur *ſardonix blanc & tranſparent* de un & demi pouce de haut.

16 Un Buſte de Guerrier, avec barbe épaiſſe , caſque panaché & cuiraſſe. Sur *cornaline* d'un pouce de haut.

17 ALEXANDRIA. La Ville d'*Alexandrie* , repréſentée par une Tête de femme couronnée de Tours, avec les cheveux retrouſſés & partie d'un voile qui lui tombe derriere le cou. Sur *cornaline* de un & un huit de pouce de haut.

18 PRIAMUS. La Tête de *Priam* , *Roi de Troyes* , avec forte barbe & caſque, derriere lequel prend un voile. Sur *ſardonix* d'environ un pouce de haut.

19 THEANO. La Tête de *Theano*, *Philofophe Py-*
thagoricienne, avec cheveux retrouffés, voile qui
tombant par derriere, lui couvre en partie le cou,
& couronne murale. Sur *cornaline* de un & un
huit de pouce de haut.

20 Un petit Bufte de femme, avec cheveux pen-
dants autour du cou & draperie. Sur *cornaline*
fardonix d'un pouce de haut.

21 Un Bufte de femme, avec cheveux retrouffés ,
voile attaché & formant un bourlet derriere la
tête, orné de perles , & robe. Sur *Agathe noire*
de un & un huit de pouce de haut.

22 Un Bufte de femme, avec les cheveux relevés
en treffes, diadême & draperie. Sur *cornaline* d'un
pouce de haut.

23 HERCULES. La Tête d'*Hercule agé*, avec forte
barbe & couverte d'un mufle de Taureau avec
les cornes, dont la peau lui pend jufqu'au bas
du cou. Sur *cornaline* de un & un huit de pouce
de haut.

24 Un Bufte de femme, avec les cheveux en par-
tie retrouffés & en partie pendants fur le cou ,
diadême & draperie de pellice. Sur *cornaline* d'un
pouce de haut.

25 Ue Bufte d'homme , avec tête nue & frifée. Ce
Bufte eft armé d'une cuiraffe & a le bouclier

paſſé dans le bras. Sur *cornaline ſardonix* de un
& un huit de pouce de haut.

TIROIR No. XLVI.

Contenant XXXI Cornalines & autres Pierres
gravées en creux.

1 ROMA GALEATA. La Tête de la Ville de *Rome*,
avec cheveux pendants derriere le cou & caſque
ailé. Par derriere on voit deux Sceptres poſés en
ſautoir. Sur *cornaline* d'un pouce de haut.

2 FLORA. La Tête de *Flore*, avec les cheveux re-
trouſſés & ornés de fleurs. Cette Tête a une dra-
perie au bas du cou. Sur *cornaline* de même hau-
teur que la précédente.

3 JUNO. La Tête de *Junon* couverte de la dépouille
d'une Chevre, attachée au bas du cou. Sur *cor-
naline ſardonix* de même hauteur que la précé-
dente.

4 Une Tête de femme, avec les cheveux retrouſſés,
ſés, bandeau orné de perles, voile ſur le der-
riere de la tête, formant une eſpece de bonnet,
& une draperie au bas du cou, enrichie de perles.
Sur *cornaline* de même hauteur que la précé-
dente.

5 DIANA. La Tête de *Diane*, avec les cheveux

retrouſſés, diadême orné de perles, & un croiſ-
ſant ſur le front. Sur *cornaline* de même hauteur
que la précédente.

6 ROMA. La Tête de la Ville de *Rome* , avec
caſque panaché. Sur *cornaline jaune* de même
hauteur que la précédente. -

7 Une Tête de femme , avec les cheveux en partie
retrouſſés & en partie pendants , diadême &
voile qui forme une eſpèce de coëffure ſur le der-
riere de la tête. Sur *cornaline* de même hauteur que
la précédente.

8 VICTORIA. Le Buſte de la *Victoire ailée* , avec
cheveux retrouſſés & bourlet , orné de perles ,
ſur le derriere de la tête. Sur *cornaline* de même
hauteur que la précédente.

9 CALLIOPE. La Tête de *la Muſe Calliope* , avec
cheveux retrouſſés & couronne de laurier. Sur
cornaline de même hauteur que la précédente.

10 APOLLO. La Tête d'*Apollon* , avec cheveux pen-
dants en boucles , & ceinte d'un ruban. Sur *cor-
naline* de même hauteur que la précédente.

11 CLIO. La Tête de *la Muſe Clio* , avec cheveux
retrouſſés & couronne de laurier. Sur *cornaline*
de même hauteur que la précédente.

12 SIBYLLA HELLESPONTIA. La Tête de la *Sy-
bille de l'Helleſpont* , ornée de bandes entrelaſſées

de perles. Sur *cornaline* d'environ même hauteur que la précédente.

13 VENUS. La Tête de *Vénus*, avec une treffe par derriere. Sur *cornaline* de même hauteur que la précédente.

14 URANIA. La Tête de la *Mufe Uranie*, avec les cheveux relevés par derriere & couronne de laurier. Derriere le cou une étoile. Sur *cornaline* de même hauteur que la précédente.

15 ATALANTE. Le Bufte d'*Atalante*, vu par le dos, avec treffes pendantes, diadème & draperie. Sur *jafpe* d'un peu plus d'un pouce de haut.

16 ERATO. La Tête de la *Mufe Erato*, avec cheveux retrouffés & couronne de laurier. Derriere le cou deux fceptres pofés en fautoir. Sur *cornaline* d'un pouce de haut.

17 CUPIDO. Le Bufte de *Cupidon* ailé, avec cheveux retrouffés, ornés de perles, & le carquois derriere l'épaule. Sur *agathe* d'un pouce de haut.

18 TERPSICHORE. La Tête de *la Mufe Terpfichore*, avec cheveux retrouffés & couronne de laurier. Dans le champ gauche de la pierre fe voit une petite guirlande de fleurs. Sur *cornaline* d'un pouce de haut.

19 EUTERPE. La Tête de *la Mufe Euterpe*, avec cheveux retrouffés & couronne de laurier. Cette

tête a un caducée derriere le cou. Sur *cornaline*
de même hauteur que la précédente.

20 THALIA. La Tête de *la Muse Thalie*, avec che-
veux retrouſſés & couronne de laurier. Dans le
champ de la pierre derriere le cou, ſe voit une
palme. Sur *cornaline* de même hauteur que la pré-
cédente.

21 POLYMNIA. La Tête de *la Muse Polymnie*, avec
cheveux retrouſſés & couronne de laurier. Dans
le champ de la pierre on voit une Tortue. Sur
cornaline de même hauteur que la précédente.

22 MELPOMENE. La Tête de *la Muse Melpomène*,
coëffée & couronnée de même que l'antécédente.
Cette tête a un caducée derriere le cou. Sur *cornaline*
de même hauteur que la précédente.

23 CENSORINUS. La Tête de *Cenſorin*, couverte d'un
voile qui deſcend juſqu'au bas du cou, & ceinte
du diadême. Sur *cornaline* de même hauteur que
la précédente.

24 Un Buſte, avec cheveux courts, & ayant un voile
autour de la tête. Ce buſte eſt vêtu. Sur *cornaline*
de même hauteur que la précédente.

25 CN. DOMITIA AUG. La Tête de *Domitia*, avec
les cheveux retrouſſés & diadême. Sur *cornaline*
de même hauteur que la précédente.

26 C. AUR. COTTA COS. La Tête du *Conſul Cotta*,

avec cheveux retrouſſés & couronne de laurier.
Sur *cornaline* de même hauteur que la précédente.

27 Un Buſte, avec cheveux pendans en boucles,
caſque panaché & orné de laurier, & draperie.
Ce buſte a une aile & derriere l'épaule une lance.
Sur *cornaline* de même hauteur que la précédente.

28 Un Buſte avec cheveux pendans, caſque & dra-
perie. Sur *cornaline* de même hauteur que la pré-
cédente.

29 Une Tête de femme, avec cheveux retrouſſés &
friſés ſur le front, & un double bandeau. Par
derriere dans le champ de la pierre ſe voit un
trident. Sur *cornaline* de même hauteur que la pré-
cédente.

30 Une Tête de femme, avec cheveux en partie re-
trouſſés & en partie derriere le cou, triple diadême
& draperie. Sur *cornaline* de même hauteur que
la précédente.

31 Une Tête de femme, avec cheveux retrouſſés &
bandelette. Sur *cornaline* de même hauteur que la
précédente,

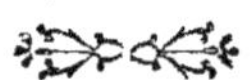

TIROIR N°. XLVII.

Contenant XXI Cornalines & autres Pierres
gravées en creux.

---

1 JULIA AQUILIA SEVERA AUG. Le Buſte d'*A-
quilia Sévéra*, avec cheveux retrouſſés & draperie.
Sur *jaſpe* d'un peu plus d'un pouce de haut.

2 M. CASS. LAT. POSTUMUS AUG. PATER. Le
Buſte de *Poſtume*, *le pere*, vu par le dos, avec
cheveux courts, forte barbe, couronne de laurier
& draperie. Sur *cornaline* de un & un quart de
pouce de haut.

3 DIDIA CLARA AUG, Le Buſte de *Didia Clara*,
avec cheveux fort arrangés & draperie. Sur *jaſpe*
de un & un huit de pouce de haut.

4 DIVA DOMITILLA VESPAS. FIL. Le Buſte de
Domitilla, *fille de Veſpaſien*, avec cheveux relevés
en treſſes & draperie. Sur *cornaline* de un & un
huit de pouce de haut.

5 MAGNIA URBICA AUG. Le Buſte de *Magnia
Urbica*, avec cheveux retrouſſés & draperie. Sur
cornaline de un & un quart de pouce de haut.

6 HERCULES. La Tête d'*Hercule*. Sur *cornaline* de
même hauteur que la précédente.

7 Un bufte de Guerrier, vu par le dos, avec tête couverte d'un mufle de lion, cuiraffe & draperie. Sur *agathe fardonix* de un & fept huit de pouce de haut.

8 PORCIUS CATO COS. Le Bufte du *Conful Porcius Caton*, avec tête nue & en partie chauve. Sur *cornaline* de un & un quart de pouce de haut.

9 GALERIA VALERIA AUG. Le Bufte de *Valérie*, avec cheveux retrouffés, bandeau & draperie. Ce bufte a un collier de perles autour du cou. Sur *cornaline* de un & un huit de pouce de haut.

10 ANTINOUS. La Tête nue d'*Antinoüs, favori d'Adrien*. Sur *cornaline* de même hauteur que la précédente.

11 FUR. SABINIA TRANQUILLINA AUG. Le Bufte de *Tranquilline, femme de Gordien le jeune*, coëffée en cheveux relevés en treffes, diadême & draperie. Sur *cornaline* de un & un quart de pouce de haut.

12 AURELIUS CÆSAR. Le Bufte d'*Aurele Céfar*, avec couronne de laurier & cuiraffe. Sur *cornaline* d'un peu plus de un & un quart de pouce de haut.

13 JULIA SOŒMIAS AUG. Le Bufte de *Soémie*, avec cheveux retrouffés & arrangés, diadême & draperie. Sur *amétifte* de un & un quart de pouce de haut.

Les huit Cornalines suivantes sont blanches & marbrées, & d'environ cinq-huit de pouce de haut.

14 Une Tête de femme, coëffée en cheveux, & avec ruban. Cette tête a une draperie au bas du cou.

15 ATALANTE. Le Buste d'*Atalante*, vu par le dos.

16 Une Tête de femme avec cheveux en partie retroussés & en partie pendans, & une espece de corne qui descend derriere l'oreille.

17 Une Tête de jeune homme . avec cheveux courts, & ayant au bas du cou une draperie.

18 Une Tête de guerrier, avec forte barbe & casque panaché. Cette tête a une petite draperie au bas du cou.

19 Une Tête, avec cheveux courts & frisés, & une espece de chapeau. Cette tête a une draperie au bas du cou.

20 HERCULES. Le Buste d'*Hercule*, vu par le dos, avec tête nue.

21 Un Buste de femme, avec cheveux en partie retroussés & en partie pendans. Ce buste a le sein découvert.

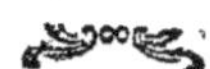

T I R O I R N°. XLVIII.

Contenant XXV Cornalines & autres Pierres
gravées en creux.

N°. 1 LIVIA AUG. Le Buſte de *Livie*, avec les
cheveux en partie retrouſſés & en partie pendans,
& diadême. Ce buſte a ſur le derrière de la tête
un voile qui le couvre preſqu'entierement. Sur
cornaline de un & un quart de pouce de haut.

2 Un Buſte, avec cheveux flottans, bandeau & dra-
perie. Sur *cornaline* d'un pouce de haut.

3 TETHYS. Le Buſte de *Thétys*, vu par le dos,
avec cheveux longs & pendans, qui tombent en
ondes par derriere. Sur *cornaline* de un & un huit
de pouce de haut.

4 Un Buſte de femme, avec cheveux relevés en
treſſes, diadême & draperie. Sur *cornaline* d'un
pouce de haut.

5 ANNIA FAUSTINA TERTIA AUG. Le Buſte de
Fauſtine, *femme d'Elagabale*, avec cheveux re-
trouſſés, diadême & draperie. Sur *cornaline* de un
& un huit de pouce de haut.

6 ALEXANDER. La Tête d'*Alexandre*, avec cheveux
longs & pendans juſqu'au bas du cou, & caſque
ſurmonté

furmonté d'un panache. Sur *cornaline* d'un pouce
de haut.

7. LEANDER. Le Bufte de *Léandre*, vu par le dos,
avec tête nue, cheveux longs & pendans en ondes
par derriere. Sur *cornaline* de trois-quarts de pouce
de haut.

8. SCIPIO AFRICANUS. Le Bufte de *Scipion l'Afri-*
quain, vu par le dos, avec la tête couverte d'un
mufle de taureau. Sur *cornaline* d'environ même
hauteur que la précédente.

9. Une Tête de femme avec les cheveux retrouffés,
couronne de laurier, draperie & collier de perles.
Sur *cornaline* de trois-quarts de pouce de haut.

10 FAUNUS. Un Bufte de *Faune*, ayant la tête or-
née de pampre & peau de mulet au bas du cou.
Sur *cornaline* d'un pouce de haut.

11 JUPITER. La Tête nue de *Jupiter*, avec draperie.
Sur *cornaline* de même hauteur que la précédente.

12 JULIA AUGUSTI FILIA. La Tête de *Julie*, *fille*
d'Augufte, avec les cheveux retrouffés & formant
un bourlet par derriere. Cette tête eft ceinte d'une
bandelette, & a au bas du cou une draperie. Sur
cornaline de fept-huit de pouce de haut.

13. PROBUS ET UNILA. Deux Buftes accolés. *Pro-*
bus, avec cheveux courts, petite barbe, couronne
de laurier, cuiraffe & bouclier. *Unila* eft ceinte du

N

diadême. Sur *cornaline* d'environ un & trois-quarts de pouce de haut.

14 ANNIA FAUSTINA AUG. Le Bufte de *Fauftine*, *Femme de Marc-Aurele*, avec cheveux retrouffés & ornés de perles. Ce bufte a une draperie. Sur *cornaline* de fept-huit de pouce de haut.

15 Une Tête nue de vieillard, barbue & frifée. Cette tête a une draperie au bas du cou. Sur *cornaline* d'un pouce de haut.

16 Un Bufte de femme, avec les cheveux en partie retrouflés & en partie pendans, & une petite draperie qui lui couvre la moitié du fein. Sur une très-belle *chryfolite* de forme octogone & d'un peu moins de trois-quarts de pouce de haut.

17 VESTALIS. Le Bufte d'une *Veftale*, avec voile pendant fur l'épaule & draperie. Sur *cornaline* de trois quarts de pouce de haut.

18 PTOLEMÆUS. Le Bufte de *Ptolémée*, avec cheveux courts, bandeau & draperie. Sur *cornaline* de cinq-huit de pouce de haut.

19 MARIAMNE. La Tête de *Mariamne*, *femme d'Hérode le Tétrarque*, coëffée en cheveux. Sur *cornaline* d'un peu plus d'un demi pouce de haut.

28 VESTALIS. La Tête d'une *Veftale*, couverte d'un voile qui lui tombe fur le cou. Sur *cornaline* de trois quarts de pouce de haut.

21 AFRICA. *L'Afrique*, coëffée d'une dépouille d'E-
léphant, & ayant les cheveux pendans en bou-
cles. Ce bufte a une draperie. Sur *cornaline* d'en-
viron un & un quart de pouce de haut.

22 SABINA AUG. La Tête de *Sabine, femme d'A-
drien*, avec les cheveux retrouffés & pendans en
partie autour du cou, couronne d'épis de blé &
draperie. Sur *chalcédoine* d'un pouce de haut.

23 Une Tête de femme, avec les cheveux retrouf-
fés & formant un gros bourlet de treffes fur la
tête : elle a une draperie au bas du cou. Sur *cor-
naline* de un & un huit de pouce de haut.

24 Un Bufte de femme, avec cheveux relevés en
treffes & draperie. Sur *chalcédoine* d'un pouce de
haut.

25 Un Bufte, avec cheveux retrouffés, ruban noué
derriere la tête & draperie. Sur *cornaline* de un
& un huit de pouce de haut.

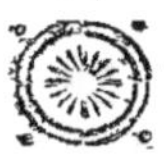

T I R O I R N°. XLIX.

Contenant XXV Cornalines & autres Pierres
gravées en creux.

1 Un Bufte de femme , avec cheveux relevés en
treffes, diadême & voile qui defcend jufques fur
l'épaule. Ce bufte a une draperie. Sur *cornaline
en partie blanche* de un & trois-huit de pouée
de haut.

2 PERGAMUS. Le Bufte de *Pergamus*, avec tête nue
cheveux épais & forte barbe, bandelette & dra-
perie. Sur *fardonix* de fept-huit de pouce de
haut.

3 Un Bufte de femme, avec tête penchée en avant,
cheveux en partie retrouffés & en partie pendans
fur l'épaule, voile qui lui couvrant une partie
de la tête, tombe à côté du vifage, & draperie.
Sur *cornaline blanche* de un & trois-huit de pouce
en travers.

4 AGIS. La Tête d'*Agis*, *Roi de Lacédémone*, cou-
verte d'un cafque furmonté d'un panache. Sur
fardonix de fept-huit de pouce de haut.

5 Un Bufte de femme vétue, avec les cheveux re-
levés en treffes & voile fur le derriere de la tête,

lequel defcend jufques fur l'épaule. Sur *cornaline
fardonix* de un & trois-huit de pouce de haut.

6 Un Bufte de femme, avec les cheveux en partie
relevés en treffes & en partie pendans en bou-
cles derriere le cou, diadême & draperie. Sur *cor-
naline fardonix* de même hauteur que la précé-
dente.

7 Un Bufte de femme, avec cheveux relevés en
treffes, bandeau, voile qui couvrant une partie
de la tête, lui tombe fur l'épaule, & draperie.
Sur *cornaline* de même hauteur que la précé-
dente.

8 Un Bufte de femme nue, vu par le dos, avec la
tête entierement couverte d'un voile, qui forme
une efpece de coëffure. Sur *fardonix* de un &
trois-huit de pouce de haut.

9 Un Bufte de femme, coëffée en cheveux avec
treffes, & ceinte d'un bandeau, orné de perles.
Ce bufte a une draperie. Sur *cornaline* de même
hauteur que la pierre précédente.

10 Un Bufte de femme, avec les cheveux relevés
en treffes & ornés de feuilles de laurier. Ce bufte
a une draperie. Sur *cornaline fardonix* de même
hauteur que la précédente.

11 Un Bufte de femme vétue, avec tête penchée en
avant, cheveux relevés en partie en treffes & en
partie pendans derriere le cou, & coëffure atta-

chée avec un ruban. Sur *cornaline fardonix* de un
& un quart de pouce en travers.

12 Une Tête de femme, avec cheveux en partie
retrouſſés & en partie pendans, & formant un
petit bourlet par derriere. Sur *cornaline* de ſept-
huit de pouce de haut.

13 Un Buſte de femme, avec les cheveux en par-
tie relevés en treſſes & en partie pendans en bou-
cles, couronne de laurier & petit bandeau orné
de perles. Ce buſte a une draperie. Sur *cornaline*
de un & demi pouce de haut.

14 Un Buſte de femme, vu par le dos, avec les
cheveux relevés en treſſes, & une couronne ſur
le derriere de la tête. Ce buſte a une draperie.
Sur *cornaline* de ſept-huit de pouce de haut.

15 Un Buſte de femme, avec tête penchée en avant,
cheveux en partie retrouſſés & én partie pendans
en boucles, voile qui lui couvre un côté de la tête
& draperie. Sur *cornaline fardonix* de un & un
quart de pouce en travers.

16 Un Buſte de femme, avec cheveux retrouſſés &
treſſes pendantes derriere la tête, voile qui tombe
ſur l'épaule, & draperie. Sur *cornaline fardonix*
de un & trois huit de pouce de haut.

17 Un Buſte de femme, avec cheveux retrouſſés &
treſſes pendantes derriere le cou, le devant de la

tête orné de fleurs, & draperie. Sur *cornaline sar-donix* de même hauteur que la précédente.

18 Une Tête de femme, avec cheveux, dont une partie est relevée en tresses & l'autre pend en boucles autour du cou. Cette tête est ceinte d'un ruban. Sur *cornaline en partie blanche* de même hauteur que la précédente.

19 Un Buste de femme, avec les cheveux en partie relevés & en partie pendants en tresses, petit voile qui tombe jusqu'au bas de l'épaule, & draperie. Sur *cornaline sardonix* de même hauteur que la précédente.

20 Un Buste de femme, avec les cheveux en partie retroussés & en partie pendants en tresses sur le devant & le derriere du cou. Ce Buste a une draperie. Sur *cornaline sardonix* de même hauteur que la précédente.

21 Un Buste de femme, avec les cheveux relevés en partie, & tresses qui forment un bourlet derriere la tête qui est ceinte du diadême. Ce Buste a une draperie. Sur *cornaline* de même hauteur que la précédente.

22 AMYNTHAS PATER PHILIPPI. La tête d'*A-mintas, Pere de Philippe de Macédoine*, barbue & couverte d'un mufle de Lion. Sur *cornaline* d'un pouce de haut.

23 Un Buste de femme vêtue, vu par le dos, avec

les cheveux relevés en treffes, diadéme, & voile qui lui tombe derriere les épaules. Sur *cornaline* de un & trois huit de pouce en travers.

24 TIMOLEON. La Tête de *Timoléon*, avec forte barbe, & entortillée d'un voile. Sur *cornaline jaune* d'environ un pouce de haut.

25 Un Bufte de jeune homme, vu par derriere, avec cheveux frifés fur le devant de la tête & pendants en boucles fur le dos, bandeau orné de perles, & draperie. Sur *cornaline fardonix* de un & trois huit de pouce de haut.

N B. *Tous ces Morceaux font d'un travail exquis.*

TIROIR N°. L.

Contenant XXIII Cornalines & autres Pierres gravées en creux.

1 MARCUS AURELIUS ANTON. AUG. La Tête de *Marc-Auréle.* Sur *fardonix* de deux pouces de haut.

2 CLEOPATRA. Le Bufte de *Cléopatre*, avec tête penchée en avant, cheveux retrouffés, dont une partie eft attachée par derriere & l'autre pend en boucles fur le dos. Ce Bufte a une draperie qui lui couvre une partie du fein. Sur *agathe noire* de un & un quart de pouce de haut.

3 PRUTTIA CHRISPINA AUG. Le Bufte de *Crifpine,* *Femme de Commode*, avec cheveux retrouffés & formant un bourlet derriere la tête. Ce Bufte a une draperie. Sur *cornaline* de un & un quart de pouce de haut.

4 Une Tête de femme inconnue, avec les cheveux retrouffés & couronne de laurier. Sur *Agathe noire* d'environ même hauteur que la pierre précédente.

5 Une Tête d'homme inconnu, avec cheveux courts & frifés. Sur *cornaline fardonix* de deux pouces de haut.

6 JULIA TITI FILIA. Le Bufte de *Julie, Fille de Titus*, avec cheveux fort frifés fur le front & arrangés en treffes, bourlet derriere la tête & draperie. Sur *cornaline* de un & un huit de pouce de haut.

7 FL. MAXIMIANA THEODORA AUG. Le Bufte de *Théodora*, avec cheveux retrouffés, couronne de laurier & draperie. Sur *cornaline* de même hauteur que la précédente.

8 Un Bufte de Guerrier inconnu, ayant un bras étendu, forte barbe, cafque furmonté d'un panache, cuiraffe cifelée & draperie. Sur *fardonix* prefque rond, de deux pouces de haut.

9 OCTAVIA NERONIS UXOR. Le Bufte d'*Octavie, Femme de Néron*, avec cheveux retrouffés & for-

mant un bourlet derriere la tête. Ce Buſte a une draperie qui lui couvre la moitié du ſein. Sur *cornaline* de un & un huit de pouce de haut.

10 JULIA CORNELIA PAULA AUG. Le Buſte de *Cornélie Paula*, avec les cheveux retrouſſés, bandelette, diadême & draperie. Sur *cornaline* de même hauteur que la précédente.

11 Une Tête inconnue, nue, barbue & friſée. Sur *ſardonix* de deux pouces de haut.

12 STATILIA MESSALINA NERONIS UX. Le Buſte de *Meſſaline*, *Femme de Néron*, avec cheveux friſés en boucles pendantes ſur le cou, voile qui lui couvre une partie de la tête & tombe ſur l'épaule. Ce Buſte a une draperie. Sur *cornaline* de un & un huit de pouce de haut.

13 G. S. H. SALL. BARBIA ORBIANA AUG. Le Buſte d'*Orbiana*, *Femme d'Alexandre Sévère*, avec cheveux retrouſſés, diadême & draperie. Sur *cornaline* de un & un quart de pouce de haut.

14 POPPEA NERONIS UXOR. Le Buſte de *Poppée*, *Femme de Néron*, avec cheveux friſés ſur le front, treſſe pendante & draperie. Sur *cornaline* de un & un huit de pouce de haut.

15 M. JUN. BRUTUS. La tête nue de *Brutus*, avec cheveux courts & un peu friſés. Sur *ſardonix* de deux pouces de haut.

16 Luc. Ann. Seneca. La Tête de *Séneque*. Sur
une belle *cornaline* d'un peu plus d'un demi pouce
de haut.

17 Monima. Le Buſte de *Monime*, *Femme de Mi-
thridate*, avec cheveux, dont une partie eſt re-
trouſſée & l'autre pendante. Ce Buſte eſt vêtu.
Sur *cornaline* d'un demi pouce de haut.

18 Pluto. La Tête de *Pluton* couverte d'un voile.
Sur *cornaline blanche* de même hauteur que la
précédente.

19 Deux Figures d'hommes & une de femme de-
bout qui s'embraſſent. A côté on voit Pan aſſis
& jouant de la Flute à pluſieurs tuyaux. Sur *ſar-
donix* d'un peu plus de cinq-huit de pouce de
haut.

20 Une Tête de More. Sur *cornaline* de cinq-huit
de pouce de haut.

21 Une Figure nue & debout, ayant le caſque en
tête & s'appuyant de la main droite ſur un bou-
clier ; de la gauche elle tient une Enſeigne ou
Etendard. Sur *cornaline* d'un demi pouce de haut.

22 Venus. La Tête de *Vénus*, ceinte du diadême.
Sur *cornaline* de cinq-huit de pouce de haut.

23 Un Sacrifice compoſé de trois figures. Sur *cor-
naline* d'un demi pouce de haut.

TIROIR N°. LI.

Contenant XLV Cornalines & autres Pierres
gravées en creux.

N°. 1 SABINA AUG. Le Buſte de *Sabine*, *femme
d'Adrien*, avec cheveux retrouſſés & formant un
bourlet. Ce Buſte a la tête ceinte du diadème &
une draperie. Sur *Jaſpe jaunâtre* d'environ ſept-
huit de pouce de haut.

2 Une Tête de femme, avec cheveux retrouſſés
qui forment une eſpece de coëffure. Cette Tête
a une draperie au bas du cou & par derriere un
Carquois. Sur *agate tranſparente* d'environ trois-
quarts de pouce de haut.

3 Un Buſte de femme, coëffée en cheveux avec
treſſe & ruban. Ce Buſte a une draperie. Sur *cor-
naline* de trois quarts de pouce de haut.

4 Une Tête de femme, ayant les cheveux friſés,
diadème & bandeau. Cette Tête a une draperie
au bas du cou. Sur *agate-onix* d'environ trois
quarts de haut. Le deſſous de la pierre eſt chevé.

5 SABINA AUG. Le buſte de *Sabine*, *femme d'A-
drien*, avec cheveux en partie retrouſſés & en
partie pendants en boucles, treſſe ſur la tête &
draperie. Sur *jaſpe rougeâtre* d'un pouce de haut.

6 MERCURIUS. La tête de *Mercure*, couverte d'un casque ailé & ayant par derriere le Caducée. Sur *cornaline blanche* d'un peu plus d'un demi pouce de haut.

7 JUPITER. La Tête de *Jupiter*. Sur *sardonix* de même hauteur que la pierre précédente.

8 Une Tête, avec forte barbe & couronne de laurier. Sur *agate transparente* de trois quarts de pouce de haut.

9 Une Tête nue, avec cheveux courts & frisés. Sur *agate transparente* de même hauteur que la précédente.

10 Une Tête fort barbue & ceinte de laurier. Sur *cornaline* d'un peu plus d'un demi pouce de haut.

11 Une Tête nue & en partie chauve, avec barbe qui se termine un peu en pointe. Cette Tête a au bas du cou une espéce d'aile. Sur *jaspe* de même hauteur que la pierre précédente.

12 MERCURIUS. Le Buste de *Mercure*, avec cheveux courts, bonnet & draperie. Sur *cornaline* de sept-huit de pouce de haut.

13 Un Buste de jeune homme, avec tête nue & frisée. Ce Buste a une draperie. Sur *agate blanche* de cinq-huit de pouce de haut.

14 Une Tête de femme, avec les cheveux relevés

en treffes, diadême & draperie. Sur *cornaline* de sept-huit de pouce de haut.

15 L. AEL. AUREL. COMMODUS AUG. La Tête de *Commode*, coëffée d'un mufle de Lion. Sur *cornaline* de cinq-huit de pouce de haut.

16 Une Tête de femme ; avec les cheveux relevés en treffes & ayant une draperie au bas du cou. Sur *cornaline* de trois quarts de pouce de haut.

17 ABUNDANTIA. Le Bufte de l'*Abondance*, avec cheveux en partie retrouffés & en partie pendants en boucles, diadême & draperie. Devant elle fe voit une Corne d'abondance remplie de fleurs & de fruits. Sur *fardonix* de un & un quart de pouce de haut.

18 Le portrait de Henri quatre, avec draperie & couronne de laurier. Sur *Jafpe* d'un demi pouce de haut.

19 Une Tête de Guerrier, avec cafque furmonté d'un panache. Sur *cornaline* d'un demi pouce de haut.

20 Une Tête avec barbe, cheveux courts & couronne de laurier. Sur *agate-onix* d'un demi pouce de haut.

21 SPHINX. Un *Sphinx* couché. Sur *Jafpe jaunâtre* d'environ cinq-huit de pouce en travers.

22 FLORA. Une Tête de *Flore*. Sur *cornaline blanche* d'un demi pouce de haut.

23 Une Tête nue de vieillard. Sur *agate-onix* d'un demi pouce de haut.

24 Une Tête nue, fort barbue & frifée. Sur *onix* d'un peu plus d'un demi pouce de haut.

25 Une Tête nue, avec cheveux courts & frifés. Sur *onix* d'un demi pouce de haut.

26 AUGUSTUS. La Tête nue d'*Augufte*, avec cheveux courts. Sur *cornaline* de cinq-huit de pouce de haut.

27 JULIA AUGUSTI FILIA. La Tête de *Julie, fille d'Augufte*, avec cheveux frifés & bandeau. Sur *agate-onix* d'un peu plus d'un demi pouce de haut. Le deffous de la pierre eft chevé.

28 SOCRATES. La Tête de *Socrate*. Sur *onix* d'environ un demi pouce de haut. Cette pierre eft chevée par deffous.

29 AFRICANUS. La Tête d'un *Afriquain*. Sur *Jafpe* d'un demi pouce de haut.

30 AUGUSTUS. La Tête d'*Augufte*, ceinte de laurier. Sur *cornaline* de trois-quarts de pouce de haut.

31 SOCRATES. La Tête de *Socrate*. Sur *amétifte* d'un demi pouce de haut.

32 AUGUSTUS JUVENIS. La Tête d'*Auguste jeune*. Sur *cornaline* de trois quarts de pouce de haut.

33 Une Tête de jeune homme, nue & frifée. Sur *amétifte* d'un demi pouce de haut.

34 CN. POMPEIUS MAGNUS. La Tête du *Grand Pompée*. Sur *cornaline blanche* de trois-quarts de pouce de haut.

35 Un Bufte d'homme, avec tête nue & cheveux courts & frifés. Sur *Jafpe* d'un demi pouce de haut.

36 MECENAS. La Tête de *Mécene*. Sur *cornaline* de cinq-huit de pouce de haut.

37 SOCRATES. La Tête de *Socrate*. Sur *Jafpe* d'un demi pouce de haut.

38 HERCULES JUVENIS. La Tête nue d'*Hercule jeune*. Sur *agate* d'environ trois-quarts de pouce de haut.

39 Une Tête fort barbue & coëffée d'un turban. Sur *agate-onix* d'un demi pouce de haut.

40 La Tête d'un Empereur, avec cheveux courts, petite barbe & couronne de laurier. Sur *cornaline* d'environ trois quarts de pouce de haut.

41 JULIA TITI FILIA. La Tête de *Julie, fille de Titus*, avec cheveux frifés fur le front & formant un bourlet par derriere. Cette tête a une draperie

perie au bas du cou. Sur *cornaline* d'un demi pouce
de haut.

42 SOCRATES. La Tête de *Socrate.* Sur *agate blanche
& transparente* de trois-quarts de pouce de haut.

43 Une Tête de Guerrier, avec forte barbe & casque
panaché. Sur *amétiste* d'un demi pouce de hant.

44 PALLAS. Le Buste de *Pallas*, avec cheveux re-
troussés, casque surmonté d'un panache & cui-
rasse écaillée. Sur *sardonix* d'environ trois-quarts
de pouce de haut.

45 EPICURUS. Le Buste d'*Epicure*, vu par le dos,
avec tête chauve & barbe longue. Sur *sardonix*
d'un demi pouce de haut.

TIROIR n°. LII.

Contenant XXV Cornalines & autres Pierres
gravées en creux.

1 OCTAVIUS AUG. La Tête d'*Octave*, avec cheveux
courts & couronne radiée. Sur *cornaline* de un &
un huit de pouce de haut.

2 Une Tête nue, avec cheveux courts & ayant au
bas du cou une draperie. Sur *cornaline* d'un pouce
de haut.

3 MARCUS ANTONIUS. La Tête nue de *Marc-An-*

O

toine, avec cheveux courts & frifés. Sur *fardonix* de fept-huit de pouce de haut.

4. MARCUS ANTONIUS HERCULES. La Tête de *Marc-Antoine*, furnommé l'*Hercule*, avec cheveux frifés & draperie. Sous le cou fe voit une maf-fue. Sur *fardonix* de même hauteur que le pré-cédent.

5 CICINIUS. La Tête de *Cicinius*, *le Triumvir*, ceinte d'une bandelette. Sur *cornaline* d'un pouce de haut.

6 FELIX. La Tête d'un Romain nommé *Félix*, avec cheveux courts & bandelette. Cette tête a une pellice au bas du cou. Sur *Jafpe* d'un pouce de haut.

7 AEMILIUS PAULUS COS. La Tête nue du *Conful Paul Emile*, fort barbue & frifée. Sur *cornaline* de fept-huit de pouce de haut.

8 Deux Buftes en regard. L'un de Pallas, ayant la tête couverte d'un cafque; & l'autre d'une femme avec les cheveux retrouffés, & bandelette ouvragée. Sur *cornaline-fardonix* de un & un huit de pouce en travers.

9 Une Tête nue, avec cheveux courts & frifés. Sur *cornaline* d'un pouce de haut.

10 CLAUDIUS MARCELLUS COS. La Tête du *Con-ful Marcellus*, avec cheveux courts & frifés. Sur

agathe tranfparente, de fept-huit de pouce de haut.

11 Deux Buftes accolés. Le premier avec forte barbe, bandelette & draperie. L'autre avec cafque. Sur *cornaline-fardonix*, d'un peu plus d'un pouce de haut.

12 T. AEL. ADR. ANTONINUS P. AUG. Le bufte d'*Antonin le pieux*, avec couronne de laurier & cuiraffe. Sur *cornaline* d'un pouce de haut.

13 AUGUSTUS, ANTONIUS ET LEPIDUS. Trôis Têtes accolées d'*Augufte*, d'*Antoine* & de *Lépidus*, avec cheveux courts & friifés. Sur *cornaline-fardonix*, de un & un huit de pouce en travers.

14 L. FORIA LABEO. La Tête de *Foria Labeo*, *le Triumvir*, avec cheveux courts & couronne radiée. Sur *cornaline* de fept-huit de pouce de haut.

15 L. SEPT. SEVERUS PERTINAX AUG. Le Bufte de *Septime Sévere*, avec couronne de laurier & draperie. Sur *cornaline* d'un pouce de haut.

16 L. ÆL. AUREL. COMMODUS AUG. Le Bufte de *Commode*, vu par le dos, avec couronne de laurier, & portant une peau de lion fur l'épaule. Sur *cornaline* d'environ un pouce de haut.

17 Une Tête cafquée. Sur *cornaline-fardonix*, d'un pouce de haut.

18 Deux Têtes de femmes en regard. Toutes deux

coëffées en cheveux, avec des rubans. Sur *corna-line* de un & un huit de pouce en travers.

19 REGULUS P. R. COS. La Tête du *Conful Ré-gulus*, nue & frifée. Sur *cornaline* de fept-huit de pouce de haut.

20 HOMERUS. Le Bufte d'*Homere*, avec la tête ceinte d'une bandelette & draperie. Sur *cornaline* d'un peu plus d'un pouce de haut.

21 POPPEA NERONIS UXOR. La Tête de *Poppée*, *femme de Néron*, avec cheveux retrouffés en partie, & treffe pendante fur le cou. Cette tête a au bas du cou une draperie. Sur *agathe tranfparente*, de fept-huit de pouce de haut.

22 ROMA. La Tête de la ville de *Rome*, coëffée d'un mufle de louve. Sur *fardonix* de fept-huit de pouce de haut.

23 Une Tête peu barbue & couverte d'un cafque panaché. Sur *cornaline* d'un pouce de haut.

24 Une Tête, avec cheveux retrouffés & couronne ornée de perles. Sur *agathe tranfparente*, de fept-huit de pouce de haut.

25 ÆLIA EUDOXIA AUG. Le Bufte d'*Eudoxie*, *femme de l'Empereur Théodofe le jeune*, ayant les cheveux retrouffés avec un ruban orné de perles, & des feuilles de laurier dans la coëffure. Ce bufte a une draperie garnie de perles. Sur *amétifte* de

forme octogone, d'un peu plus de sept-huit de pouce de haut.

TIROIR N°. LIII.

Contenant XXXIII Cornalines & autres Pierres gravées en creux.

N°. 1 VENUS. La Tête de *Vénus*. Sur *cornaline blanche*, de cinq-huit de pouce de haut.

2 PALLAS. Le Buſte de *Pallas* : avec caſque ſurmonté d'un panache, & draperie. Sur *cornaline blanche*, de même hauteur que la précédente.

3 Une Tête de vieille inconnue, avec voile en forme de bonnet, & ayant une draperie au bas du cou. Sur *ſardonix* de trois-quarts de pouce de haut.

4 FLORA. La Tête de *Flore*. Sur *jaſpe jaunâtre*, de cinq-huit de pouce de haut.

5 Un Buſte inconnu, avec cheveux courts & friſés, deux aîles dans la coéffure, & draperie. Sur *cornaline blanche*, de cinq-huit de pouce de haut.

6 SOCRATES. La Tête de *Socrate*. Sur *jaſpe* d'environ même hauteur que la pierre précédente.

7 Un Buſte de femme inconnue, avec les cheveux pendans en ondes ſur le cou, diadême & draperie. Sur *cornaline* de trois-quarts de pouce de haut.

8 Une Tête inconnue, avec les cheveux retrouffés, & ayant une draperie au bas du cou. Sur *agathe* d'environ cinq-huit de pouce de haut.

9 Une Tête de femme inconnue, avec les cheveux relevés en treffes, diadême & draperie. Sur *cornaline blanche*, de cinq-huit de pouce de haut.

10 Une Téte de femme inconnue, avec les cheveux retrouffés & noués par derriere. Cette tête a une draperie au bas du cou. Sur *fardonix* de cinq-huit de pouce de haut.

11 FLORA. La Téte de *Flore*, avec voile qui la couvre par derriere, & une draperie au bas du cou. Sur *cornaline blanche*, de même hauteur que la pierre précédente.

12 SOCRATES. La Tête de *Socrate.* Sur *cornaline* de fept-huit de pouce de haut.

13 HORATIUS. Le Bufte d'*Horace*, avec tête nue & frifée. Ce bufte a une draperie qui forme comme une efpece de robe. Sur *cornaline* d'environ même hauteur que la précédente.

14 COMMODUS ET CRISPINA. Deux Buftes en regard. *Commode* eft vu par le dos & ceint de laurier. *Crifpine* a les cheveux très-arrangés; bourlet derriere la tête, & draperie. Sur *cornaline fort brune* de un & un quart de pouce en travers.

15 JULIA AUGUSTI FILIA. La Tête de *Julie, fille*

d'Augufte, avec les cheveux fort frifés & arrangés, diadême & bandeau. Cette tête a au bas du cou une draperie. Sur *cornaline* de fept-huit de pouce de haut.

16 LUC. ANN. SENECA. La Tête de *Sénéque*. Sur *cornaline* de même hauteur que la précédente.

17 CERES. Le Bufte de *Cérès*, avec voile qui lui couvre une partie de la tête & tombe fur les épaules, couronne d'épis de blé & draperie. Sur *cornaline* d'un pouce de haut.

18 SAPHO. La Tête de *Sapho*, prefque entierement couverte d'un voile & ayant une draperie au bas du cou. Sur *agate* de cinq huit de pouce de haut.

19 Jefus-Chrift faifant la Céne avec fes Difciples. Très-beau morceau, dont les figures, quoique petites, repréfentent avec beaucoup d'art, par leurs attitudes & le caractère des têtes, cette augufte cérémonie. Sur *lapis-lazuli* de fept-huit de pouce de haut, fur deux pouces de large, garni d'argent doré.

20 Un Bufte d'homme inconnu, avec tête barbue & frifée, & draperie. Sur *agate tranfparente* d'environ trois quarts de pouce de haut.

21 CLEOPATRA. La Tête de *Cléopatre*, avec les cheveux en partie retrouffés & en partie pendans en boucles, bandeau & draperie. Sur *cornaline* de un & un huit de pouce de haut.

O 4

22 Medusa. Le Buſte de *Méduſe*, vu par le dos. Sur *cornaline* de ſept-huit de pouce de haut.

23 Vestalis. La Tête d'une *Veſtale*, couverte en partie, d'un voile qui lui pend juſqu'au bas du cou. Sur *cornaline* d'environ un pouce de haut.

24 Caracalla et Geta. Deux Buſtes en regard, de *Caracalla & Géta*, vus par le dos. L'un avec tête nue & friſée. L'autre avec couronne de laurier. Sur *cornaline* de un & trois-huit de pouce en travers.

25 Un Buſte de femme inconnue, avec cheveux retrouſſés & quelques boucles pendantes : ce Buſte eſt drapé. Sur *cornaline* d'un pouce de haut.

26 D. Clod. Sept. Albinus Aug. Le Buſte d'*Albin*, vu par le dos, avec cheveux courts & friſés, forte barbe, couronne de laurier & draperie. Sur *cornaline* de trois-quarts de pouce de haut.

27 Un Buſte de femme inconnue, coëffée en cheveux avec beaucoup de treſſes tortillées ſur la tête, & ayant une draperie. Sur *cornaline* de un & un huit de pouce de haut.

28 Julia Titi Filia. Le Buſte de *Julie*, *fille de Titus*, avec toupet friſé, bourlet derriere la tête, & draperie. Sur *agate blanche* de cinq-huit de pouce de haut.

29 Un Buſte de femme inconnue, avec les cheveux retrouſſés, diadème, couronne de laurier & draperie. Sur *cornaline blanche* de cinq-huit de pouce de haut.

30 VESTALIS. Le Buſte d'une *Veſtale*, avec voile qui lui couvrant entierement la tête, lui tombe ſur les épaules, & une draperie. Sur *cornaline* d'un pouce de haut.

31 Un Buſte de femme inconnue, avec cheveux retrouſſés & une eſpece de cercle ſur la tête : ce Buſte a une draperie. Sur *agate tranſparente* de cinq-huit de pouce de haut.

32 Un Buſte de femme inconnue, avec cheveux retrouſſés, diadème & draperie. Sur *agate tranſparente* de même hauteur que la précédente.

33 Un Buſte inconnu, avec de longs cheveux tombants en ondes derriere le cou, bandeau & draperie. Sur *cornaline* de un & un huit de pouce de haut.

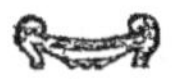

T I R O I R N°. LIV.

Contenant XXI Cornalines & autres Pierres
gravées en creux.

N°. 1 PTOLEMÆUS SOTER REX I. La tête de
Ptolemée Soter I. Roi, avec cheveux un peu frisés,
bandeau & draperie. Sur *cornaline* de un & un
huit de pouce de haut.

2 PTOLEMÆUS PHILADELPHUS R. II. La Tête de
Ptolemée Philadelphe II R., avec les cheveux
frisés & bandeau. Sur *cornaline* de même hauteur
que la précédente.

3 ARSINOE. La Tête d'*Arfinoë*, *fille de Ptolemée*,
Roi d'Egypte XI, ceinte d'un bandeau, & cou-
verte en partie d'un voile qui lui tombe jufqu'au
bas du cou. Sur *cornaline* de même hauteur que
la précédente.

4 PTOLEMÆUS EVERGETES R. III. La Tête de
Ptolemée Evergetes III R., avec les cheveux fri-
fés & bandeau : cette Tête a une petite draperie
ou pellice autour du cou. Sur *cornaline* de même
hauteur que la précédente.

5 PTOLEMÆUS SOTER ET BERENICE. Deux Têtes
accolées. Celle de *Ptolemée Soter*, avec cheveux

friſés & bandeau. Toutes deux ont une drape-
rie au bas du cou. Sur *cornaline* de même hauteur
que la précédente.

6 PTOLEMÆUS PHILADELPHUS ET ARSINOE.
Deux Têtes accolées , & ſemblables aux antécé-
dentes. Sur *cornaline* de même hauteur que la
précédente.

7 PTOLEMÆUS PHILOPATER R. IV. La Tête de
Ptolémée Philopater IV. R., ſemblable à l'anté-
cédente. Sur *cornaline* de même hauteur que la
précédente.

8 PTOLEMÆUS EPIPHANES R. V. La Tête de
Ptolomée Epiphane V. R., avec cheveux friſés &
bandeau. Cette Tête a une eſpece de collet d'ha-
bit au bas du cou. Sur *ſardonix* d'un pouce de
haut.

9 PTOLEMÆUS PHILOMETOR R. VI. La Tête de
Ptolémée Philométor VI. R., ſemblable à l'anté-
cédente. Sur *cornaline* de un & un huit de pouce
de haut.

10 PTOLEMÆUS EVERGETES R. VII. La Tête de
Ptolémée Evergete VII. R., ſemblable à l'antécé-
dente. Sur *amétiſte* d'un pouce de haut.

11 PTOLEMÆUS SOTER II. REX VIII. La Tête
de *Ptolémée Soter II. VIII. R.* ſemblable à l'an-
técédente. Sur *cornaline* d'environ un & un quart
de pouce de haut.

12 **PTOLEMÆUS ALEXANDER R. IX.** La Tête de *Ptolemée Alexandre IX. R.* femblable à l'antécédente. Sur *cornaline* de un & un huit de pouce de haut.

13 **CLEOPATRA.** La Tête de *Cléopâtre*, coëffée d'une dépouille d'Elephant. Sur *cornaline* de même hauteur que la précédente.

14 **CLEOPATRA SELENES.** Le Bufte de *Cléopatre, fille de Sélene*, avec cheveux retrouffés & formant un bourlet derriere la tête, bandeau & draperie. Sur *cornaline* de même hauteur que la précédente.

15 **BERENICE.** La Tête de *Bérénice, Reine de Paleftine*, couverte en partie d'un voile qui lui tombe fur les épaules. Sur *agate blanche & tranfparente* de fept-huit de pouce de haut.

16 **PTOLEMÆUS ALEXANDER R. X.** La Tête de *Ptolemée Alexandre X. R.*, couverte de la dépouille d'un Lion, attachée au bas du cou. Sur *cornaline* de un & un quart de pouce de haut.

17 **PTOLEMÆUS AULETES R. XI.** Le Bufte de *Ptolemée Aulete XI. R.*, avec couronne radiée & draperie. Ce Bufte a un Trident derriere le cou. Sur *cornaline* de un & un huit de pouce de haut.

18 **PTOLEMÆUS DIONYSIUS R. XII.** Le Bufte de *Ptolemée Dionyfius XII. R.*, avec cheveux frifés,

bandeau , orné de pampre , & draperie. Der-
riére l'épaule un Thyrfe. Sur *cornaline* de même
hauteur que la précédente.

19 PTOLEMÆUS JUNIOR R. XIII. Le Bufte de
Ptolemée le jeune XIII. R., avec cheveux courts,
bandeau noué & pendant par derriere & une dra-
perie. Sur *cornaline* de même hauteur que la pré-
cédente.

20 CLEOPATRA ULTIMA. Le Bufte de la derniere
Cléopatre, avec cheveux courts & frifés, bandeau
& draperie , ornée de perles. Sur *cornaline* de
même hauteur que la précédente.

21 Une Tête, avec cheveux frifés & couronne de
feuilles de chêne. Sur *fardonix* de cinq-huit de
pouce de haut.

TIROIR Nº. LV.

Contenant XXV Cornalines & autres Pierres
gravées en creux.

Nº. 1 MINERVA AUXILIARIS. Le Bufte de *Mi-
nerve Secourable* , avec cheveux retrouffés, cafque
panaché & cuiraffe écaillée. Sur *cornaline* de un
& un huit de pouce de haut.

2 MINERVA BELLATRIX. Le Bufte de *Minerve*

Guerriere, avec cafque furmonté d'un panache &
cuiraffe écaillée, de deffous laquelle on voit for-
tir des ferpens. Sur *cornaline* de un & un quart
de pouce de haut.

3 MINERVA. Le Bufte de *Minerve*, avec de longs
cheveux pendants en ondes fur l'épaule, cafque
furmonté d'une tête de belier foutenant un pa-
nache, & draperie. Sur *cornaline* de un & demi
pouce de haut.

4 MINERVA CUSTOS. Le Bufte de *Minerve Gar-
dienne*, vu par le dos, avec la tête couverte d'un
cafque panaché & une draperie fur l'épaule. Sur
cornaline d'un peu plus d'un pouce de haut.

5 MINERVA ÆGIDE ORNATA. Le Bufte de *Mi-
nerve, avec fon Egide* ; la tête a de longs che-
veux pendants & un cafque panaché, fur le de-
vant duquel fe voit un mafque. Ce Bufte eft ar-
mé d'une cuiraffe écaillée. Sur *cornaline* de un &
un huit de pouce de haut.

6 MINERVA ARMIPOTENS. Le Bufte de *Minerve,
vaillante en guerre*, avec cheveux en partie re-
trouffés & en partie pendants, cafque panaché,
cuiraffe écaillée & bouclier. Sur *cornaline* d'en-
viron même hauteur que la précédente.

7 MINERVA STRATEGOS. Le Bufte de *Minerve
Guerriere*, avec les cheveux pendants, cafque pa-
naché & cuiraffe écaillée, de deffous laquelle

fortent trois ferpens. Sur *cornaline* de même hauteur que la précédente.

8 MINERVA PLACIDA. La Tête de *Minerve paifible*, avec cheveux pendans & cafque panaché , orné d'un mafque. Sur *cornaline* de même hauteur que la précédente.

9 MINERVA. Le Bufte de *Minerve*, vu par le dos, avec cheveux retrouflés & cafque furmonté d'un panache. Sur *cornaline* de même hauteur que la précédente.

10 MINERVA ARTIA. Le Bufte de *Minerve*, furnommée *Artia*, avec cheveux pendans , cafque panaché & orné d'un mafque, & une cuiraffe écaillée. Sur *cornaline* de même hauteur que la précédente.

11 MINERVA. Le Bufte de *Minerve*, avec les cheveux pendans en ondes , cafque orné de quatre mafques & furmonté d'une petite tête de femme foutenant un panache. Ce bufte a une draperie & deux mafques avec forte barbe, l'un fur, & l'autre fous l'épaule. Sur la poitrine on apperçoit une petite tête de Médufe. Sur *cornaline* de un & un quart de pouce de haut.

12 Une Tête de femme, avec cheveux courts & cafque entouré de deux épis de blé. Sur *cornaline* d'un pouce de haut.

13 PALLAS VICTRIX. Le Bufte de *Pallas victorieufe*, avec cheveux en partie retrouflés & en partie pen-

dans, aîles & draperie. Sur *cornaline* de un & cinq huit de pouce de haut.

14 Une Tête, avec de longs cheveux pendans en ondes jusqu'au bas du cou & casque ailé. Sur *cornaline* d'un pouce de haut.

15 MINERVA. La Tête de *Minerve*, avec de longs cheveux attachés par le bas, casque surmonté d'un panache & orné d'un masque. Sur *cornaline* de un & trois huit de pouce de haut.

16 MINERVA CHLAMIDE ORNATA. Le Buste de *Minerve*, parée d'un manteau, avec les cheveux pendans, casque surmonté d'un panache, & ayant sur le devant un masque. Sur *cornaline* d'un pouce de haut.

17 MINERVA SERVATRIX. La Tête de *Minerve* conservatrice, avec cheveux pendans & casque panaché, sur lequel se voit un cheval-marin. Sur *cornaline* de un & un huit de pouce de haut.

18 MINERVA INUSITATA GALEA. Le Buste de *Minerve*, avec cheveux pendans, casque extraordinaire & cuirasse à écailles. Sur *cornaline* de même hauteur que la précédente.

19 Un Buste, avec cheveux en partie retroussés & en partie pendans, casque panaché & cuirasse écaillée. Sur *cornaline* de même hauteur que la précédente.

20 MINERVA CUM CHLAMIDE. Le Buſte de *Minerve* parée d'un manteau, avec cheveux pendans, caſque panaché, & ayant un maſque. Sur *cornaline* d'un peu plus d'un pouce de haut.

21 MINERVA STRATEGOS Le Buſte de *Minerve* güerriere, avec cheveux retrouſſés caſque ſurmonté d'un panache & cuiraſſe écaillée, de deſſous laquelle ſortent deux ſerpens. Sur *cornaline* de un & un huit de pouce de haut.

22 MINERVA SAPIENS. La Tête de *Minerve la Sage*, avec cheveux longs & pendants juſqu'au bas du cou & caſque orné d'un maſque. Sur *cornaline* de même hauteur que la précédente.

23 MINERVA TRITONIA. Le Buſte de *Minerve*, ſurnommée *Tritonia*, avec de longs cheveux pen-dants ſur les épaules, caſque panaché & orné d'un maſque ; ſur le milieu duquel ſe voit un centaure-marin : ce Buſte eſt armé d'une cuiraſſe à écailles. Sur *cornaline* de un & cinq-huit de pouce de haut.

24 MINERVA. La Tête de *Minerve*, avec les che-veux en partie retrouſſés & en partie pendant le long du cou, caſque panaché & orné d'un maſque. Sur *cornaline* d'un peu plus d'un pouce de haut.

25 MINERVA CUM ÆGIDE. Le Buſte de *Minerve* avec ſon *Egide* : la Tête a de longs cheveux pen-dants & un caſque panaché orné d'un maſque ;

P

ce Bufte eft armé d'une cuiraffe écaillée. Sur *cor-naline* de même hauteur que la précédente.

N. B. *Toutes ces Pierres font artiftement travail-lées & d'une grande perfection.*

TIROIR N°. LVI.

Contenant XVII Cornalines & autres Pierres gravées en creux.

N°. 1 M. ANT. GORDIANUS AFRICANUS AUG. FIL. Le Bufte de *Gordien d'Afrique*, *le fils*, avec cheveux courts, couronne radiée, laurier & draperie. Sur *cornaline* d'environ un & un huit de pouce de haut.

2 M. ANT. GORDIANUS TERTIUS P. AUG. Le Bufte de *Gordien trois*, avec cheveux courts, couronne de laurier & draperie. Sur *cornaline-fardo-nix* de un & un huit de pouce de haut.

3 M. CLAUD. PUPIENUS MAX. AUG. Le Bufte de *Pupien*, vu par le dos, avec tête barbue & fri-fée, couronne radiée & draperie. Sur *fardonix* tranfparent de un & trois-huit de pouce de haut.

4 M. JUL. PHILIPPUS AUG. PATER. Le Bufte de *Philippe*, *le pere*, vu par le dos, avec cheveux courts, peu de barbe, couronne radiée & draperie. Sur *fardonix* d'un pouce de haut.

5 D. CÆLIUS BALBINUS AUG. Le Buſte de *Balbin*, avec cheveux courts, peu de barbe, couronne de laurier & draperie. Sur *cornaline* d'un pouce de haut.

6 M. JUL. PHILIPPUS AUG. FIL. Le Buſte de *Philippe*, *le fils*, avec tête nue, cheveux courts, bouclier & draperie. Sur *ſardonix* d'un pouce de haut.

7 C. M. Q. TRAJANUS DECIUS AUG. La Tête de *Trajan Déce*, avec cheveux courts, peu de barbe, couronne radiée & draperie. Cette tête a des perles au bas du cou. Sur *cornaline* d'environ un & un quart de pouce de haut.

8 Q. HERENN. ETRUSC. MESS. DECIUS AUG. JUV. Le Buſte de *Meſſius Décius*, *le jeune*, vu par le dos, avec cheveux courts, couronne radiée & draperie. Sur *cornaline* d'un peu plus d'un pouce de haut.

9 P. LICIN. VALERIANUS AUG. FIL. Le Buſte de *Valerien*, *le fils*, avec cheveux courts & friſés, couronne de laurier, cuiraſſe & draperie. Sur une belle *cornaline blanche*, de un & demi-pouce de haut.

10 C. VALENS HOSTILIANUS MESS. QUINT. AUG. Le Buſte d'*Hoſtilien*, vu par le dos, avec tête nue, cheveux courts & draperie. Sur *cornaline* d'un peu plus d'un pouce de haut.

11 C. VIB. TREBONIANUS GALLUS AUG. Le Buſte

de *Trébonien Galle*, avec cheveux courts, peu de barbe, couronne de laurier & draperie. Sur *cornaline* de même hauteur que la précédente.

12 C. TIB. VOLUSIANUS AUG. Le Buſte de *Voluſien*, ſemblable à l'antécédent. Sur *cornaline-ſardonix*, de même hauteur que la précédente.

13 P. LICIN. VALERIANUS AUG. FIL. Le Buſte de *Valérien le jeune*, vu par le dos, avec cheveux courts & friſés, couronne de laurier & draperie. Sur *cornaline* d'un pouce de haut.

14 C. JUL. ÆMIL. ÆMILIANUS AUG. Le Buſte d'*Emilien*, avec cheveux courts, peu de barbe, & couronne radiée. Sur *cornaline* de même hauteur que la précédente.

15 P. LICIN. VALERIANUS AUG. PATER. Le Buſte de *Valérien le pere*, avec cheveux courts, couronne radiale & draperie. Sur *Cornaline* de même hauteur que la précédente.

16 P. LICIN. EGNAT. GALLIENUS AUG. La Tête de *Gallien*, coëffée d'un muſle de lion & ayant une draperie au bas du cou. Sur *cornaline* de même hauteur que la précédente.

17 M. CASS. LAT. POSTUMUS AUG. PATER. Le Buſte de *Poſtume*, *le pere*, avec cheveux friſés, forte barbe, couronne radiée & draperie. Sur *cornaline-ſardonix*, de même hauteur que la précédente.

TIROIR N°. LVII.

Contenant XXX Agates-Sardonix & autres Pierres
gravées en creux.

Toutes ces Pierres ont environ un pouce de haut.

N°. 1 SELEUCUS I. La Tête de *Séleucus I.* couverte
d'un mufle de lion. Sur *fardonix.*

2 SELEUCUS II. La Tête de *Séleucus II.* avec che-
veux courts & un peu frifés. Cette tête eft ceinte
d'une bandelette. Sur *fardonix.*

3 SELEUCUS III. La Tête de *Séleucus III.* fem-
blable à l'antécédente. Sur *fardonix.*

4 ANTIOCHUS I. La Tête d'*Antiochus I.* avec che-
veux courts & un peu frifés. Cette tête eft ceinte
d'un bandeau & a une aîle dans la chevelure. Sur
fardonix.

5 ANTIOCHUS II. La Tête d'*Antiochus II.* avec che-
veux & bandeau femblables. Sur *agate.*

6 ANTIOCHUS III. La Tête d'*Antiochus III.* avec
cheveux & bandeau femblables. Sur *fardonix,*

7 SELEUCUS IV. La Tête de *Séleucus IV,* avec che-
veux femblables, & bandelette. Sur *Jafpe rou-
geâtre.*

P 3

8 ANTIOCHUS IV. La Tête d'*Antiochus IV*, avec cheveux courts & un peu frifés. Cette tête eft ceinte d'un bandeau, & a une draperie au bas du cou. Sur *fardonix*.

9 ANTIOCHUS V. La Tête d'*Antiochus V*, avec cheveux & bandeau femblables. Sur *fardonix*.

10 DEMETRIUS I. La Tête de *Démétrius I*, avec cheveux & bandeau femblables. Sur *agate*.

11 ALEXANDER I. La Tête d'*Alexandre I*, avec cheveux & bandeau femblables. Cette tête a une draperie au bas du cou. Sur *fardonix*.

12 DEMETRIUS II. La Tête de *Démétrius II*, avec cheveux, bandeau & draperie femblables. Sur *agate*.

13 ANTIOCHUS VI. La Tête d'*Antiochus VI*, avec cheveux femblables, & bandelette. Sur *agate*.

14 TRYPHON. La Tête de *Tryphon*, avec cheveux femblables & bandeau. Sur *fardonix*..

15 ANTIOCHUS VII. La Tête d'*Antiochus VII*, avec cheveux & bandeau femblables. Sur *agate*.

16 DEMETRIUS REDUX. La Tête de *Démétrius de retour de l'expédition des Grecs*, avec cheveux frifés, longue barbe & bandeau. Sur *fardonix*.

17 ALEXANDER. La Tête d'*Alexandre*, avec cheveux & bandeau femblables. Sur *fardonix*.

18 ANTIOCHUS VIII. La Tête d'*Antiochus VIII*,

avec cheveux & bandeau femblables. Sur *far-donix.*

19 ANTIOCHUS VIII. ET CLEOPATRA. Deux têtes accolées. Celle de *Cléopatre*, avec cheveux frifés, diadême & voile qui la couvre en partie, & qui defcend jufqu'au bas du cou. La Tête d'*Antiochus*, eft ceinte d'un bandeau. Sur *fardonix.*

20 ANTIOCHUS IX. La Tête d'*Antiochus IX*, avec cheveux frifés, barbe courte & bandeau. Sur *far-donix.*

21 SELEUCUS VI. La Tête de *Seleucus VI*, avec cheveux courts & frifés & bandeau. Sur *Sar-donix.*

22 ANTIOCHUS X. La Tête d'*Antiochus X*, avec cheveux & bandeau femblables. Sur *fardonix.*

23 ANTIOCHUS XI. La Tête d'*Antiochus XI*, avec cheveux & bandeau femblables. Sur *Sar-donix.*

24 PHILIPPUS. La Tête de *Philippe*, avec cheveux & bandeau femblables. Sur *fardonix.*

25 DEMETRIUS III. La Tête de *Démétrius III*, avec cheveux & bandeau femblables, mais barbe courte. Sur *fardonix.*

26 ANTIOCHUS XII. La Tête d'*Antiochus XII*, avec cheveux femblables & couronne à rayons. Sur *fardonix.*

P 4

27 TIGRANES. La Tête de *Tigrane*, *Roi d'Armé-nie*, avec un bonnet singulier qui s'allonge par derriere & lui couvre presque entierement le cou. Cette tête a par dessus le bonnet une couronne radiale. Sur *cornaline*.

28 REGINÆ SELENES. La Tête de *Sélene*, *Reine Grecque*, avec les cheveux relevés en tresses & ornant un bourlet par derriere. Sur *sardonix*.

29 ANTIOCHUS XIII. La Tête d'*Antiochus XIII*, avec cheveux courts & frisés, bandeau & petite draperie. Sur *sardonix*.

30 CLEOPATRA REGINA SYRIÆ. La Tête de *Cléo-patre*, *Reine de Syrie*, avec cheveux retroussés, diadême & draperie. Sur le derriere de la tête un voile, qui tombe jusqu'au bas du cou. Sur *agate*.

TIROIR Nº. LVIII.

Contenant XXX Cornalines & autres Pierres gravées en creux.

Nº. 1 EUCLIDES. La Tête d'*Euclide*, avec longue barbe & voile qui pend jusqu'au bas du cou. Sur *Cornaline* de un & un huit de pouce de haut.

2 POSIDONIUS. La Tête nue du *Philosophe Posido-*

nius, avec cheveux courts, barbe & draperie.
Sur *cornaline* de même hauteur que la précé-
dente.

3 DIOGENES. Le Buſte de *Diogène le cinique*, avec
le deſſus de la tête chauve, cheveux friſés, lon-
gue barbe & draperie. Sur *cornaline* de même hau-
teur que la précédente.

4 AESCHINES. La Tête nue d'*Eſchine*, avec che-
veux courts & friſés. Sur *cornaline* de même hau-
teur que la précédente.

5 ARISTOTELES. Le Buſte d'*Ariſtote*, avec tête
nue, cheveux courts & friſés & draperie. Sur
cornaline de même hauteur que la précédente.

6 CHILON. Le Buſte de *Chilon*, avec tête nue,
cheveux courts & friſés, barbe & draperie. Sur
cornaline de même hauteur que la précédente.

7 ATTILIUS REGULUS COS. Le Buſte du *Conſul
Attilius Régulus*, avec barbe épaiſſe, caſque &
partie d'un bouclier qui lui couvre l'épaule. Sur
ſardonix de ſept-huit de pouce de haut.

8 PERSEUS REX MACEDONIÆ. La Tête de *Per-
ſée, Roi de Macédoine*, avec cheveux courts &
friſés, petite barbe & couronne de pampre.
Sur *ſardonix* de même hauteur que le précédent.

9 MAGO ET DIONISIUS. Deux Têtes accolées. L'une
& l'autre fort barbues & friſées. Celle de *Mago*

est en partie couverte d'un voile qui lui pend jusqu'au bas du cou. Sur *sardonix* de même hauteur que la précédente.

10 HORATIUS. Le Buste d'*Horace* , avec tête nue & une espece de manteau. Sur *sardonix* de même hauteur que le précédent.

11 ZENON. La Tête nue de *Zénon* , *chef des Stoïques* ; avec cheveux courts & frisés. Cette tête a une petite draperie au bas du cou. Sur *cornaline* de un & un huit de pouce de haut.

12 THEOPHRASTUS. La Tête nue de *Théophraste* , barbue & frisée. Sur *cornaline* de même hauteur que la précédente.

13 MENANDER. La Tête nue de *Ménandre* , *Athénien célebre par ses Comédies* , avec cheveux courts & frisés. Cette tête a une draperie au bas du cou. Sur *cornaline* d'un pouce de haut.

14 CHRYSIPPUS. Le Buste de *Chrysippe* , avec tête nue & presque chauve , barbe épaisse & longue & draperie. Sur *cornaline* de un & un huit de pouce de haut.

15 EURIPIDES. La Tête nue d'*Euripide* , fort barbue & frisée. Sur *cornaline* de même hauteur que la précédente.

16 LUC. ANN. SENECA. La Tête nue de *Séneque*. Sur *cornaline* d'un pouce de haut.

17 ANTISTHENES. La Téte nue d'*Antiſthene*, *Diſ-*
ciple de Socrate , en partie chauve & avec cheveux
courts. Cette Téte a au bas du cou une draperie.
Sur *cornaline* de même hauteur que la précédente.

18 TERENTIUS. La Téte nue de *Térence* , avec
cheveux courts & friſés , peu de barbe , & ayant
une draperie au bas du cou. Sur *ſardonix* de ſept-
huit de pouce de haut.

19 OVIDIUS NASO. La Tête du *Poëte Ovide* , avec
cheveux courts & friſés & couronne de laurier. Sur
cornaline d'environ un pouce de haut.

20 THEOCRITUS. Le Buſte de *Théocrite* , avec che-
veux courts , forte & longue barbe , & couronne
de laurier. Sur *cornaline ſardonix* de un & un huit
de pouce de haut.

21 M. VARRO. Le Buſte de *Varron* , vu par le dos.
avec tête nue & cheveux courts. Sur *agate* de ſept-
huit de pouce de haut.

22 L. CORN. SYLLA COS. La Tête nue du *Conſul*
Sylla , avec cheveux courts & friſés. Sur *ſardonix*
de ſept-huit de pouce de haut.

23 T. QUINTIUS FLAMINIUS COS. La Tête nue
du *Conſul Flaminius*. Sur *ſardonix* de même hau-
teur que le précédent.

24 L. ANN. LUCANUS. La tête nue de *Lucain* , le
Poëte , avec cheveux courts & friſés. Sur *ſardonix*
de même hauteur que le précedent.

25 JUNIUS RUSTICUS. La Tête nue de *J. Rusticus*, avec barbe. Sur *cornaline* d'un pouce de haut.

26 XENOCRATES. La Tête nue du *Philosophe Xéno-crate*, en partie chauve & avec forte barbe. Sur *cornaline* de un & un huit de pouce haut.

27 PINDARUS. La Tête du *Poëte Pindare*, avec cheveux courts, forte barbe & bandelette. Sur *sardonix* de un & un huit de pouce de haut.

28 ZALEUCUS. La Tête de *Zaleucus, le Législateur*, avec cheveux courts & frisés, forte barbe & couronne de laurier : cette Tête a une draperie au bas du cou. Sur *cornaline* de un & un huit de pouce de haut.

29 RITEUS. Le Buste de *Ritéus*, avec tête frisée & draperie. Sur *cornaline* de même hauteur que la précédente.

30 ERATOSTHENES. Le Buste d'*Eratosthène*, avec tête nue & en partie chauve, barbe épaisse & draperie. Sur *cornaline* de même hauteur que la précédente.

TIROIR Nº. LIX.

Contenant XXI Cornalines & autres Pierres
gravées en creux.

Nº. 1 Un Buſte de femme inconnue, avec les cheveux
relevés en treſſes & une draperie. Sur *ſardonix* de
un & un quart de pouce de haut.

2 ARRICIDIA TITI UXOR I. La Tête d'*Arricidie,*
premiere femme de Titus, avec les cheveux relevés
en treſſes. Cette tête a une draperie au bas du cou.
Sur *ſardonix* de un & un huit de pouce de haut.

3 Un Buſte de femme inconnue, avec les cheveux
en partie retrouſſés & en partie pendans derriere le
cou. Ce Buſte eſt drapé. Sur *ſardonix* de un & un
quart de pouce de haut.

4 OCTAVIA AUGUSTI SOROR. Le Buſte d'*Octavie,*
ſœur d'Auguſte, vu par le dos, avec cheveux re-
trouſſès, & bandelette. Sur *cornaline blanchâtre*
de un & un huit de pouce de haut.

5 VALERIA MESSALINA AUG. Le Buſte de *Valérie*
Meſſaline, femme de Claude, avec cheveux retrouſ-
ſés, & une treſſe autour de la tête. Ce buſte a une
draperie. Sur *cornaline blanchâtre*, de même hau-
teur que la précédente.

6 ÆLIA PETINA CLAUDII UXOR. Le Buſte de *Pé-
tine, femme de Claude*, avec cheveux relevés en
treſſes, diadême & draperie. Sur *cornaline blanche*,
de même hauteur que la précédente.

7 PLAUTILLA HERCULANIA. Le Buſte de *Plautille
Herculanie*, avec cheveux retrouſſés, ruban &
draperie. Sur *cornaline blanche*, de même hauteur
que la précédente.

8 LOLLIA PAUSINA CALIGULÆ UX. III. Le Buſte
de *Lollie Pauſine, troiſieme femme de Caligula*.
avec cheveux retrouſſés, petite coëffure ſur le der-
riere de la tête & bandelette. Ce buſte a une dra-
perie. Sur *cornaline blanche*, de même hauteur
que la précédente.

9 STATILIA MESSALINA NERONIS UX. Le Buſte
de *Meſſaline, femme de Néron*, avec cheveux en
partie retrouſſés, & en partie pendans, diadême,
orné de perles & draperie. Sur *cornaline blanche*,
de même hauteur que la précédente.

10 LIVILLA CALIGULÆ SOROR. Le Buſte de
Liville, ſœur de Caligula, avec cheveux relevés
en treſſes, bandeau & draperie. Sur *cornaline blan-
che*, de même hauteur que la précédente.

11 TITIANA PERTINACIS UXOR. Le Buſte de
Titiana, femme de Pertinax, avec cheveux relevés
en treſſes, bandelette & draperie. Sur *cornaline
blanche*, de même hauteur que la précédente.

12 JULIA CÆSARIS FILIA. Le Buſte de *Julie, fille d'Auguſte*, avec cheveux en partie retrouſſés & en partie pendans derriere le cou, diadême & draperie. Sur *cornaline blanche*, de même hauteur que la précédente.

13 DRUSILLA CALIGULÆ FIL. Le Buſte de *Druſille, fille de Caligula*, avec cheveux retrouſſés & fort ornés de treſſes. Ce Buſte eſt drappé. Sur *cornaline blanche*, de même hauteur que la précédente.

14 LEPIDA UXOR GALBÆ. Le Buſte de *Lépida, femme de Galba*, ayant les cheveux relevés en treſſes & attachés avec un ruban, orné de perles. Ce Buſte eſt drappé. Sur *cornaline blanche*, de même hauteur que la précédente.

15 JULIA AUGUSTI FILIA. Le Buſte de *Julie, fille d'Auguſte*, avec les cheveux relevés en treſſe & formant un bourlet derriere la tête. Ce Buſte eſt drappé. Sur *cornaline blanche*, de même hauteur que la précédente.

16 OCTAVIA NERONIS UXOR. Le Buſte d'*Octavie, femme de Néron*, avec les cheveux retrouſſés & une groſſe treſſe qui lui paſſe ſur la tête. Ce Buſte a une draperie. Sur *cornaline blanche*, de même hauteur que la précédente.

17 LIVIA ORESTILLA CALIGULÆ UX. II. Le Buſte de *L. Oreſtille, ſeconde femme de Caligula*,

avec les cheveux relevés en treſſes & draperie. Sur *cornaline blanche*, de même hauteur que la pré-cédente:

18 MUMMIA ACHAIA GALBÆ MAT. La Tête de *Mummia Achaïa, mere de Galba*, avec les cheveux retrouſſés, treſſes arrangées, & voile qui lui couvre une partie de la tête & du cou. Sur *cornaline blanche*, de même hauteur que la précédente.

19 Une Tête de femme inconnue, avec une groſſe treſſe qui deſcend le long du viſage & tombe ſur le cou. Sur *ſardonix* de un & un quart de pouce de haut.

20 FLAV. DOMITILLA VESPASIANI UX. Le buſte de *Fl. Domitilla, femme de Veſpaſien*, avec les cheveux retrouſſés, treſſe arrangée autour du front & draperie. Sur *ſardonix* de un & un huit de pouce de haut.

21 Un Buſte de femme inconnue, avec cheveux relevés en treſſes & formant un gros bourlet ſur la tête. Ce Buſte a une draperie. Sur *ſardonix* de un & un quart de pouce de haut.

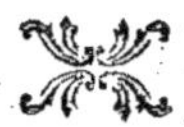

TIROIR

TIROIR N°. LX.

Contenant XXI Cornalines & autres Pierres
gravées en creux.

N°. 1 Une Tête nue, fort barbue & frisée, dont
une partie est chauve. Sur *cornaline* de un & un
quart de pouce de haut.

2 PRUSIAS. La Tête de *Prusias, Roi de Bithynie*,
avec cheveux en partie retroussés & en partie pen-
dans. Cette Tête est ceinte de laurier. Sur *corna-
line* d'un pouce de haut.

3 JANUS BICEPS. La Tête de *Janus à deux faces*,
dans le milieu desquelles sur les cheveux, se voit
un crâne de bélier. Cette tête est couverte d'un
bonnet. Sur *cornaline* de un & trois huit de pouce
de haut.

4 JUBA JUNIOR REX MAURITANIÆ. La Tête de
Juba le jeune, Roi de Mauritanie, avec cheveux
courts & bandeau. Sur *cornaline* d'un pouce de
haut.

5 Une Tête nue, avec cheveux courts. Sur *cornaline*
de un & trois huit de pouce de haut.

6 Un Buste, avec cheveux frisés, forte barbe &
couronne de laurier. Sur *agathe blanche & transs-
parente* d'un pouce de haut.

Q

7 TARSIS. La Ville de *Tarſe*, repréſentée par un Buſte de femme couronnée de tours, avec voile qui couvrant en partie la tête lui tombe ſur les épaules. Ce buſte a une draperie. Sur *cornaline ſardonix* de un & un huit de pouce de haut.

8 URBS ROMA. Le Buſte de la Ville de *Rome*, avec les cheveux retrouſſes, caſque panaché & une eſpece de robe. Sur *cornaline ſardonix* de même hauteur que la précédente.

9 MITHRIDATES EUPATOR. La Tête de *Mithridate Eupator*, avec cheveux courts & friſés, & bandeau. Sur *cornaline - ſardonix* d'un pouce de haut.

10 Une Tête avec cheveux courts & friſés, forte barbe & draperie : cette Tête eſt couverte par-derriere d'une eſpece de bonnet en forme de corne, qui deſcend en ſe retournant ſur l'oreille. Sur *cornaline-ſardonix* de un & trois huit de pouce de haut.

11 FL. VESPASIANUS AUG. Le Buſte de *Veſpaſien*, vu par le dos, avec cheveux courts & couronne de laurier. Sur *cornaline-ſardonix* de un & ſept huit de pouce de haut.

12 Une Tête avec cheveux friſés & pendants le long du cou, longue barbe fort garnie, & bandeau orné de perles : cette Tête a une draperie au bas

du cou. Sur *cornaline* de un & trois-huit de pou-
ce de haut.

13 SABINA AUG. Le Bufte de *Sabine*, *femme d'A-*
drien, avec les cheveux en partie retrouffés, & en
partie pendans en boucles, groffe treffe autour de
la tête, & draperie. Sur *cornaline* d'un pouce de
haut.

14 CILICIA Le Bufte de la *Cilicie*, vue par le dos,
& repréfentée avec bonnet & draperie. Sur *Cor-*
naline de un & un huit de pouce de haut.

15 CONSTANTINOPOLIS. Le Bufte de la *ville de*
Conftantinople, avec les cheveux retrouffés, cafque
panaché & orné de laurier. Ce bufte a une efpece
de robe. Sur *cornaline* de même hauteur que la
précédente.

16 NICOMEDES, REX BITHYNIÆ. La Tête de *Ni-*
comede, *Roi de Bithynie*, avec cheveux courts &
bandeau. Sur *cornaline* d'un pouce de haut.

17 NERO CLAUDIUS CÆSAR AUG. La Tête de *Né-*
ron, radiée, avec cheveux courts, peu de barbe &
couronne de laurier. Sur *agate fardonix*, d'environ
un & trois-huit de pouce de haut.

18 AUGUSTUS. La Tête d'*Augufte*, avec cheveux
courts & couronne de laurier. Sur *cornaline* de fept-
huit de pouce de haut.

19 D. CLOD. SEPT. ALBINUS AUG. La Tête d'*Al-*

bin, avec cheveux courts & frifés, forte barbe & couronne de laurier. Sur *cornaline-fardonix* de un & trois-huit de pouce de haut.

20 SABINA AUG. Le Bufte de *Sabine*, *femme d'A-drien*, avec cheveux retrouffés, & treffe autour de la tête. Sur *cornaline* de un & trois-huit de pouce de haut.

21 Une Tête, avec cheveux courts & frifés, & une couronne de laurier. Cette tête a une draperie au bas du cou. Sur *cornaline* de un & trois-huit de pouce de haut.

TIROIR N°. LXI.

Contenant XXX Cornalines & autres Pierres gravées en creux.

N°. 1 ARCHYTAS. La Tête nue d'*Archytas*, *philo-fophe pythagorien*, avec cheveux retrouffés, forte barbe & draperie. Sur *agathe-fardonix* de un & un huit de pouce de haut.

2 ALCÆUS MIT. La Tête nue du *Poëte Alcée de Mi-tilene*, avec cheveux frifés, forte barbe & drape-rie. Sur *cornaline* de un & un huit de pouce de haut.

3 DEMOCRITUS. La Tête nue de *Democrite*, avec

cheveux courts & frifés, & barbe épaiffe. Sur *cornaline* de même hauteur que la précédente.

4 ARISTOPHANES. La Tête nue du *poëte Ariftophane*, avec cheveux frifés & pendans derriere le cou, & barbe. Sur *agate-fardonix*, de même hauteur que la précédente.

5 HOMERUS. La Tête d'*Homere*, ceinte d'une bandelette, & ayant une draperie au bas du cou. Sur *cornaline-fardonix*, de même hauteur que la pierre précédente.

6 PYTHAGORAS. La Tête du *philofophe Pythagore*, avec cheveux courts, forte barbe & bandeau. Sur *cornaline-fardonix*, de même hauteur que la précédente.

7 VIRGILIUS MARO. Le Bufte de *Virgile*, vu par le dos, avec longue chevelure pendante en ondes, & couronne de laurier. Sur *cornaline* d'un pouce de haut.

8 CALISTHENES. La Tête du *philofophe Califthène*, nue & fans cou, avec de longs cheveux pendans en partie en boucles, & en partie retrouffes autour de la tête, & barbe. Sur *fardonix* d'un pouce de haut.

9 PITTACUS. La Tête nue de *Pittacus*, avec cheveux frifés, & barbe. Cette Tête a une draperie au bas du cou. Sur *cornaline* d'un pouce de haut.

Q 3

10 ASCLEPIADES La Tête nue d'*Asclépiade*, médecin Grec *méthodicien*, avec cheveux courts & frisés, & peu de barbe. Cette tête est en partie chauve, & a une draperie au bas du cou. Sur *cornaline* de même hauteur que la précédente.

11 EPICURUS. La Tête nue d'*Epicure*, avec le dessus en partie chauve, cheveux courts & barbe assez longue. Cette tête a une draperie au bas du cou. Sur *cornaline-sardonix*, de un & un huit de pouce de haut.

12 HERACLITUS. La Tête nue d'*Héraclite*, fort barbue & frisée, & ayant une draperie au bas du cou. Sur *cornaline-sardonix*, de même hauteur que la précédente.

13 MARCION. La Tête nue de *Marcion*, avec cheveux frisés, barbe & draperie. Sur *agathe* d'un pouce de haut.

14 LEODAMAS. La Tête nue de *Léodamas*, avec cheveux courts & barbe. Sur *cornaline* d'un pouce de haut.

15 ARCHIMIA. La Tête d'*Archimia*, avec cheveux courts, forte barbe & bandeau. Cette tête a une draperie au bas du cou. Sur *cornaline* de un & un huit de pouce de haut.

16 HESIODUS La Tête nue d'*Hésiode*, avec cheveux pendans & barbe. Sur *cornaline* de même hauteur que la précédente.

17 ARISTIDES. La Tête nue d'*Aristide*, barbue & frisée. Sur *agate* d'un pouce de haut.

18 POSIDIPPUS. La Tête de *Posidippus*, nue & frisée. Cette Tête a une draperie au bas du cou. Sur *cornaline* de un & un huit de pouce de haut.

19 ARISTOMACHUS. Le Buste d'*Aristomache*, avec tête barbue & frisée. Ce Buste est drappé. Sur *cornaline* de un & un huit de pouce de haut.

20 HIPPOCRATES. La Tête nue d'*Hippocrate*, avec cheveux courts & barbe épaisse. Le dessus de cette tête est chauve. Sur *cornaline* de même hauteur que la précédente.

21 APULEJUS. La Tête d'*Apulée*, avec longue chevelure pendante en ondes le long du cou bandeau & draperie. Sur *cornaline* d'un pouce de haut.

22 CARNEADES. La Tête nue du *Philosophe Carnéade*, barbue & frisée, & ayant une draperie au bas du cou. Sur *agate sardonix* d'un pouce de haut.

23 THALES La Tête de *Thalès*, semblable à l'antécédente, mais sans draperie. Sur *agate sardonix* de même hauteur que la précédente.

24 APOLLONIUS TYANEUS. La Tête nue d'*Apollonius de Tyane*, avec cheveux en partie relevés & partie pendants en boucles le long du cou, barbe longue & draperie. Sur *cornaline* d'environ un pouce de haut.

25 SOPHOCLES. La Tête nue de *Sophocle*, *Poëte tra-
gique*, fort barbue & frifée , & ayant une draperie
au bas du cou. Sur *cornaline* de un & un huit de
pouce de haut.

26 PLATO. La Tête de *Platon*, avec les cheveux en
partie retrouffés & en partie pendants en boucles
le long du cou , barbe épaiffe & longue , bande-
lette & draperie. Sur *cornaline* de même hauteur
que la précédente.

27 CHRYSIPPUS. La Tête nue de *Chryfippe* avec che-
veux retrouffés & frifés, forte barbe & draperie.
Sur *cornaline* de même hauteur que la précédente.

28 ANACREON. Le Bufte du *Poëte Anacréon*, ayant
les cheveux en partie retrouffés & en partie pen-
dants en boucles le long du cou, longue & forte
barbe , couronne de laurier & draperie. Sur *corna-
line* de même hauteur que la précédente.

29 SAPHO. Le Bufte de *Sapho*, avec les cheveux fri-
fés fur le front, retrouffés par derriere, & pen-
dants en partie le long du cou. Sur *agate fardonix*
de un & un huit de pouce de haut.

30 ISOCRATES. La Tête nue d'*Ifocrate*, avec che-
veux courts & barbe. Sur *cornaline fardonix* de un
& un huit de pouce de haut.

TIROIR Nº. LXII.

Contenant XXI Cornalines & autres Pierres
gravées en creux.

Nº. 1 MATIDIA AUG. Le Buſte de *Matidie*, *niece
de Trajan*, coëffée en cheveux avec treſſes, ceinte
d'un double diadême & ayant une draperie. Sur
cornaline d'un pouce de haut.

2 MARCIA OCTACILIA SEVERA AUG. Le Buſte
d'*Oɛlacilie*, ayant les cheveux relevés en treſſes,
diadême & draperie. Sur *cornaline* de un & un
huit de pouce de haut.

3 HER. CUP. ETRUSCILLA AUG. Le Buſte d'*Etruſ-
cille*, *femme de Trajan Déce*, avec cheveux fort
arrangés & treſſe qui forme une eſpece de bon-
net. Sur *cornaline* de même hauteur que la précé-
dente.

4 DIVA MARINIANA AUG. Le Buſte de *Mariniane*,
femme de l'Empereur Valérien, avec cheveux re-
trouſſés & arrangés, treſſe ſur le front, & voile
qui couvrant en partie la tête, lui tombe ſur les
épaules. Sur *cornaline* de même hauteur que la
précédente.

5 MANLIA SCANTILLA AUG. Le Buſte de *Manlia*

Scantilla, ayant les cheveux retrouſſés & bourlet de treſſes derriere la tête. Sur *agate ſardonix* d'un pouce de haut.

6 JULIA MAMÆA AUG. Le Buſte de *Mamée*, *Mere d'Alexandre Sévère*, avec les cheveux applatis & retrouſſés, & diadême. Sur *cornaline* d'un pouce de haut.

7 PLOTINA AUG. Le Buſte de *Plotine*, *femme de Trajan*, ayant les cheveux retrouſſés, treſſe formant une coëffure ſinguliere, diadême & bandeau. Sur *agate ſardonix* d'un pouce de haut.

8 JUL. CORN. SALONINA CHRYS. Le Buſte de *Salonine*, *femme de l'Empereur Gallien*, ayant les cheveux relevés en treſſes & diadême. Sur *cornaline* de un & un quart de pouce haut.

9 ULPIA SEVERINA P. F. AUG. Le Buſte de *Sévérine*, ſemblable à l'antécedent. Sur *ſardonix* de un & un huit de pouce de haut.

10 Un Buſte inconnu, avec les cheveux retrouſſés & groſſe treſſe autour de la tête. Sur *cornaline jaune* de trois quarts de pouce de haut.

11 Un très-beau Buſte, ayant les cheveux friſés, longue treſſe pendante & diadème. Sur *ſardonix* d'environ un & demi pouce de haut.

12 Un Buſte inconnu, coëffé à peu près de même que celui du N°. 10. Sur *cornaline jaune* de trois quarts de pouce de haut.

13 DIVA FAUSTINA AUG. Le Buſte de *Fauſtine*,
ayant les cheveux retrouſſés avec un ruban, une
petite couronne de perles, & un voile qui cou-
vrant en partie la téte lui tombe ſur les épaules Sur
cornaline de un & un huit de pouce de haut.

14 FL. JUL. HELENA AUG. Le Buſte d'*Helene*,
avec les cheveux retrouſſés & ornés de perles, au
deſſus & autour de la tête. Sur *agate noire* d'un
peu plus d'un pouce de haut.

15 JULIA DOMNA. P. F. AUG. Le Buſte de *Julie*,
femme de Septime Sévère, ayant les cheveux re-
levés en treſſes. Sur *agathe-ſardonix* de un & un
huit de pouce de haut.

16 JUSTA FULVIA PLAUTILLA AUG. Le Buſte de
Plautille, avec les cheveux friſés, bourlet de
treſſes derriere la tête, & bandelette. Sur *cornaline*
d'un pouce de haut.

17 JULIA MÆSA AUG. Le Buſte de *Méſa*, avec les
cheveux un peu applatis, & retrouſſés par der-
riere. Sur *agathe-ſardonix* d'un pouce de haut.

18 FAUSTINA AUG. Le Buſte de *Fauſtine*, ayant
les cheveux retrouſſés, petit bourlet & bande-
lette. Sur *cornaline* de un & un huit de pouce de
haut.

19 LUCILLA AUG. Le Buſte de *Lucille*, *femme de
L. Vérus*, ayant les cheveux retrouſſés & treſſé

qui forme un bourlet derriere la tête. Sur *cornaline* de même hauteur que la précédente.

20 DIVA PAULINA AUG. Le Bufte de *Pauline*, avec les cheveux retrouffés & voile, qui couvrant une partie de la tête lui tombe fur les épaules. Sur *cornaline* d'un pouce de haut.

21. FAUSTINA AUG. Le Bufte de *Fauftine*, ayant les cheveux retrouffés & entrelaffés de perles, & une treffe. Sur *cornaline* dè un & un huit de pouce de haut.

T I R O I R N°. LXIII.

Contenant XIX Cornalines & autres Pierres gravées en creux.

---

1 Un Bufte, avec cheveux frifés, corne de helier retournée fur l'oreille, petite barbe & draperie. Sur *cornaline* de un & demi pouce de haut.

2 Un Bufte, vu par le dos, avec tête couverte d'un bonnet en forme de turban, barbe épaiffe & bandelette. Sur *Jafpe* d'un peu plus de un & demi pouce de haut.

3 Un Bufte de Guerrier, vu par le dos, avec barbe épaiffe, cafque panaché & draperie. Sur *cornaline* d'un peu moins de un & demi pouce de haut.

4 Un Buste de femme vêtue, ayant les cheveux
en partie retroussés & en partie pendans le long
du cou, & attachés derriere la tête. Sur *cornaline*
d'un peu plus d'un pouce de haut.

5 Un Buste de femme, ayant les cheveux retroussés
avec bandelette, & une draperie qui lui couvre
une partie du sein. Sur *cornaline* de un & demi
pouce de haut.

6 Un Buste de femme, avec les cheveux retroussés,
couronne murale, voile attaché derriere la tête
& tombant sur l'épaule, & draperie. Sur *cornaline* de même hauteur que la précedente.

7 Un Buste de femme, avec longue chevelure pendante en ondes sur le cou, & draperie. Sur *agathe
noire* d'un pouce de haut.

8 Un Buste, vu par le dos & presque nu, avec
forte barbe & casque à la grecque, sur lequel
est représenté le combat d'un centaure avec cupidon. Sur *cornaline-sardonix* de un & demi pouce
de haut.

9 Un Buste de femme, ayant les cheveux retroussés
& tresse pendante par derriere. Ce Buste a la tête
ceinte du diadème & une draperie. Sur *cornaline*
d'un pouce de haut.

10 CLEOPATRA MORIENTE. Le Buste de *Cléopatre mourante*, avec les cheveux en partie relevés

en tresses & en partie pendans sur un côté du
sein , & ornés de perles, voile qui descend à côté
du visage & tombe sur l'épaule. Sur *agathe-onix
blanchâtre* de deux pouces de haut.

11 La Tête du Génie de la Santé , ayant de grosses
boucles qui lui pendent jusqu'au bas du cou , &
ailes dans la chevelure. Sur *cornaline* d'un pouce
de haut.

12 PYRRHUS. Le Buste de *Pyrrhus* , *Roi d'Epire* ,
avec forte barbe , casque très-orné & surmonté
d'un panache , & une cuirasse ornée de deux mas-
ques. Sur *cornaline-sardonix* de un & cinq-huit
de pouce de haut.

13 CUPIDO VENERIS VICTOR. *Cupidon vainqueur
de Venus* , représenté par un buste de femme ,
avec les cheveux en partie retroussés & en partie
pendans le long du cou. Ce buste a une dra-
perie. Sur *cornaline sardonix* de un & un huit de
pouce de haut.

14 Un Buste de Guerrier, avec barbe épaisse , cas-
que panaché , ayant la forme d'une coquille de
limaçon & un masque sur le devant. Ce buste
a une draperie. Sur *cornaline* de un & trois-huit
de pouce de haut.

15 SCIPIO AFRICANUS. Le Buste de *Scipion l'Afri-
quain* vu par le dos , avec cheveux courts & fri-
sés , peu de barbe , musle de taureau qui lui

couvre la tête, & draperie. Sur une belle *corna-*
line de un & trois-huit de pouce de haut.

16 VENUS AMORUM MATER. Le Bufte de *Vénus*,
mere des Amours, ayant les cheveux en partie re-
trouffés & en partie pendans, bandeau & dra-
perie. Sur *cornaline-fardonix* de un & un huit de
pouce de haut.

17 Un Bufte d'homme, avec cheveux courts, cou-
ronne radiale, & draperie en partie de pellice.
Sur *cornaline fardonix* de un & demi pouce de
haut.

18 FLORA. Le Bufte de *Flore*, vu par le dos, avec
les cheveux retrouffés, tortillés derrriere la tête &
ornés de fleurs. Ce bufte a un bandeau & une
draperie. Sur *jafpe* de un & demi pouce de haut.

19 Un Bufte, avec cheveux courts & frifés, corne
de belier retournée fur l'oreille, forte barbe &
draperie. Sur *cornaline fardonix* d'environ même
hauteur que la pierre précédente.

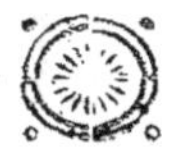

TIROIR N°. LXIV.

Contenant XXXI Agathes tranfparentes & au-
tres Pierres gravées en creux.

Les Buftes de trente & un Empereurs Turcs.

N°. 1 OTHOMAN.	17 MAHOMET III.
2 ORCANES.	18 ACHMET I.
3 SOLIMAN.	19 MUSTAPHA I.
4 AMURAT.	20 OSMAN.
5 BAJAZET I.	21 AMURAT IV.
6 ISA.	22 IBRAHIM.
7 SOLIMAN I.	23 MAHOMET. IV.
8 MUSA.	24 SOLIMAN III.
9 MAHOMET I.	25 ACHMET II.
10 AMURAT.	26 MUSTAPHA II.
11 MAHOMET II.	27 INCERTAIN.
12 BAJAZET II.	28 INCERTAIN.
13 SELIM I.	29 INCERTAIN.
14 SOLIMAN II.	30 INCERTAIN.
15 SELIM II.	31. BAJAZET III.
16 AMURAT III.	

*Toutes ces Pierres font d'environ fept-huit de pouce de
haut, à la referve de la derniere qui eft de un &
trois-huit de pouce de haut.*

TIROIR.

TIROIR No. LXV.

Contenant XVII Cornalines & autres Pierres
gravées en creux.

No. 1 C. JUN. CASS. POSTUMUS AUG. FIL. Le
Bufte de *Poftume, le fils*, avec barbe affez longue,
cafque panaché & cuiraffe. Sur *amétifte* de fept
huit de pouce de haut.

2 M. FULV. MACRIANUS AUG. PATER. Le Bufte
de *Macrin, le pere*, avec cheveux courts, peu de
barbe, couronne radiée & draperie. Sur *cornaline*
d'un pouce de haut.

3 F. FULV. JUNIUS MACRIANUS AUG. FIL. Le
Bufte de *Macrin, le fils*, avec cheveux courts,
couronne radiée & draperie. Sur *cornaline* de même
hauteur que la précédente.

4 FULVIUS QUIETUS AUG. Le Bufte de *Quietus*,
vû par le dos, avec cheveux courts, couronne ra-
diée & draperie. Sur *cornaline* de un & un huit de
pouce de haut.

5 M. PIAW. VICTORINUS AUG. PATER. La Tête de
Victorin, barbue & frifée, & ceinte de laurier.
Sur *jafpe* de un & un huit de pouce de haut.

6 M. AUREL. MARIUS AUG. Le Bufte de *Marius*,

R

avec cheveux courts, couronne radiale & draperie. Sur *cornaline* d'un pouce de haut.

7 MAN. ACIL. AUREOLUS AUG. Le Bufte d'*Auréole*, avec cheveux très-courts, peu de barbe, couronne radiée & draperie. Sur *cornaline* de un & un huit de pouce de haut.

8 ÆLIANUS. La Tête d'*Elien*, avec cheveux courts, barbe épaiffe & couronne à rayons. Sur *cornaline* d'un pouce de haut.

9 Un Bufte d'homme, avec cheveux fort courts & bonnet. Ce bufte eft vêtu à la moderne. Sur *cornaline fardonix* de un & cinq huit de pouce de haut.

10 L. DOMIT. DOMITIANUS AUG. La Tête de *D. Domitien*, avec cheveux courts, peu de barbe, & couronne de laurier. Sur *cornaline* d'un pouce de haut.

11 TETRICI PATER ET FILIUS. Les Buftes des deux *Tetricus, pere & fils*, accolés. L'un & l'autre ont les cheveux courts, barbe épaiffe, couronne de laurier & draperie. Sur *cornaline* de même hauteur que la précédente.

12 HEROIAS VABALATHUS AUG. Le Bufte de *Vabalathus*, vu par le dos, avec cheveux courts, peu de barbe, couronne de laurier & draperie. Sur *cornaline* de même hauteur que la précédente.

13 CLAUDIUS GOTHICUS AUG. Le Buſte de *Claude le Gothique*, vu par le dos, avec tête barbue & friſée, couronne de laurier, & draperie. Sur *cornaline* de un & un huit de pouce de haut.

14 M. AUREL. CLAUD. QUINTILLUS AUG. Le Buſte de *Quintillus*, *fils de Claude le Gothique*, vu par le dos, avec tête barbue & friſée, couronne radiale & draperie. Sur *cornaline* de même hauteur que la précédente.

15 M. CLAUD. TACITUS AUG. Le Buſte de *l'Empereur Tacité*, avec cheveux courts & friſés, couronne de laurier & draperie. Sur *cornaline jaune*, de même hauteur que la précédente.

16 VAL. AURELIANUS. Le Buſte de *Valere Aurélien*, avec tête barbue & friſée, couronne radiée & cuiraſſe. Sur *cornaline* d'un pouce de haut.

17 M. ANN. FLORIANUS AUG. Le Buſte de *Florien*, avec tête barbue & friſée, couronne de laurier & draperie. Sur *cornaline* de un & un quart de pouce de haut.

TIROIR Nº. LXVI.

Contenant XXI Cornalines & autres Pierres
gravées en creux.

Nº. 1 VERTUMNUS. Le Buſte de *Vertomne*, avec de
longs cheveux, barbe épaiſſe & draperie. Ce buſte a
la tête entourée de roſeaux. Sur *cornaline* de un &
un quart de pouce de haut.

2 LISIMACHUS. La Tête de *Liſimachus*, *Roi de Pont
& de Thrace*, avec de longs cheveux friſés, pen-
dans le long du cou, corne de belier & bandelette.
Sur *cornaline* de un & un huit de pouce de haut.

3 ALEXANDER. La Tête d'*Alexandre*, coëffée de la
dépouille d'un lion. Sur *cornaline* de un & trois-huit
de pouce de haut.

4 MARCUS AURELIUS ANTON. AUG. Le Buſte de
Marc-Aurele, avec tête barbue & friſée, couronne
de laurier & draperie. Sur *cornaline* d'un pouce de
haut.

5 TRIPTOLEMUS. La Tête de *Triptoléme*, *fils de
Célée, Roi d'Eluſis*, avec cheveux courts & friſés,
& couronne de laurier. Sur *cornaline* de un & un
quart de pouce de haut.

6 PHILIPPUS ARIDÆUS. La Tête de *Philippe d'Ari-*

dée, couverte d'un mufle de lion. Cette tête a le cou fort court. Sur *cornaline* d'environ même hauteur que la précédente

7 PHILÆTERUS. La Tête de *Philétérus Roi d'Egypte*, avec cheveux courts & frifés, & couronne de laurier. Sur *cornaline* d'un pouce de haut.

8 GELON REX SICILIÆ. La Tête de *Gélon*, *Roi de Sicile*, avec de longs cheveux pendans, & bandeau. Sur *cornaline* de même hauteur que la précédente.

9 SELEUCUS II. La Tête de *Séleucus II*, avec cheveux courts & bandelette. Sur *cornaline* de un & un huit de pouce de haut.

10 Un Bufte, avec tête en partie chauve, fort barbue & frifée. Ce bufte eft drapé. Sur *cornaline* de un & trois-huit de pouce de haut.

11 Un bufte de femme, coëffée en cheveux, avec diadême orné de perles, & corne de belier. Sur *cornaline* de un & cinq-huit de pouce de haut.

12 Une Tête barbue & frifée. Sur *cornaline* de un & trois huit de pouce de haut.

13 L. ÆL. AUREL. COMMODUS AUG. Le Bufte de *Commode*, avec cheveux courts & frifés, couronne de laurier & draperie. Sur *cornaline* de un & un huit de pouce de haut.

14 PTOLEMÆUS JUBÆ FIL. La Tête de *Ptolemée*, *fils de Juba*, avec cheveux courts, couronne de

R 3

laurier & draperie. Sur *cornaline* d'un pouce de haut.

15   ARSACES. Le Bufte d'*Arface*, *Roi de Perfe*, avec cheveux frifés & fort arrangés, barbe terminée en pointe, & bandeau. Ce bufte eft vêtu, & a une étoile fur l'épaule. Sur *cornaline* de même hauteur que la précedente.

16 L. ÆL. AUREL. COMMODUS AUG. Le Bufte de *Commode*, avec tête fort barbue & frifée, & ceinte de laurier Ce bufte eft drapé. Sur *cornaline* de un & un huit de pouce de haut.

17 VULCANUS. La Tête de *Vulcain*, barbue & couverte d'un bonnet. Dans le champ de la pierre derriere le cou, les tenailles. Sur *cornaline* de un & un quart de pouce de haut.

18 M. AUR. PROBUS AUG. INVICTUS. Le Bufte de *Probus l'Invincible*, avec petite barbe, cafque panaché, environné de laurier & cuiraffe. Sur *cornaline* de un & un huit de pouce de haut.

19 Un Bufte, avec cheveux courts & frifés, bonnet fingulier en forme de cafque & draperie. Sur *cornaline pâle* de un & trois-huit de pouce de haut.

20. PERSEUS ARIDEI FIL. La Tête de *Perfée*, *fils d'Aridée*, avec cheveux en partie retrouffés & en partie pendans derriere le cou, & cafque aîlé. Sur *cornaline* de un & un huit de pouce de haut.

21 PHANACES. La Tête nue de *Pharnace*, *Roi de Pont*, avec les cheveux frifés & pendants en boucles autour du cou. Sur *cornaline* de un & un quart de pouce de haut.

TIROIR N°. LXVII.

Contenant XXIX Cornalines & autres Pierres
gravées en creux.

n°. Un Bufte de femme, ayant les cheveux en par-
tie pendants en boucles, diadême orné de perles,
voile tombant fur le dos & draperie. Sur *cornaline*
de un & trois-huit de pouce de haut.

2 Q. FABIUS MAXIMUS COS. La Tête nue du *Con-
ful Fabius Maximus*, avec cheveux courts. Sur
agate tranfparente de fept-huit de pouce de haut.

3 Un Bufte de femme, dont la tête eft un peu pen-
chée en avant, ayant les cheveux retrouffés &
treffe fur le milieu de la tête, diadême orné de
perles, & draperie. Sur *cornaline* de un & un
quart de pouce en travers.

4 Un Bufte de femme, ayant les cheveux en partie
relevés en treffes & en partie pendants en boucles
fur le cou. Sur *fardonix* d'un pouce de haut.

5 Un Bufte de femme, ayant les cheveux retrouffés
par derriere & attachés fur la tête, quelques boucles
pendantes le long du cou, bandelette & draperie.
Sur *cornaline* de un & trois - huit de pouce de
haut.

6 C. MARTIUS CORIOLANUS COS. La Tête du

R 4

Conful Coriolan, couverte d'un cafque & ayant une petite draperie au bas du cou. Sur *agate blanche & tranfparente* de fept - huit de pouce de haut.

7 CATO UTICENSIS. La Tête nue de *Caton d'Utique*, avec cheveux courts & frifés. Sur *cornaline* de fept-huit de pouce de haut.

8 Un Bufte de femme, avec les cheveux retrouffés & entrelaffés de perles, voile tombant d'un côté fur l'épaule, & draperie. Sur *cornaline* de un & un huit de pouce de haut.

9 Un Bufte de femme, ayant les cheveux retrouffés par derriere, & attachés fur la tête, diadême & draperie. Sur *agate brune* de trois quarts de pouce de haut.

10 PERGAMUS. La Tête de *Pergamus*, avec cheveux courts & cafque panaché. Sur *cornaline* d'un pouce de haut.

11 NICOMEDES REX BITHYNIÆ. La Tête de *Nicoméde*, *Roi de Bithynie*, à peu près femblable à l'antécédente. Sur *cornaline* d'environ même hauteur que la précédente.

12 PERICLES. La Tête de *Périclès*, *Capitaine Grec*, à peu près femblable à l'antécédente, excepté que le cafque eft entouré de laurier. Sur *cornaline* de fept-huit de pouce de haut.

13 Un Bufte de femme, ayant la tête penchée en avant,

avec les cheveux retrouffés & frifés , & une treffe , voile pendant fur le dos & draperie. Sur *jafpe jaunâtre* de un & un huit de pouce en travers.

14 Une Tête de femme , ayant les cheveux retrouffés avec une bandelette , & formant un bourlet par derriere , d'où pend un voile jufqu'au bas du cou. Sur *cornaline* de fept-huit de pouce de haut.

15 Un Bufte de femme , coëffée en cheveux avec treffe , bandelette , & voile qui defcend jufques fur l'épaule. Ce Bufte a une draperie. Sur *cornaline* de un & demi pouce de haut.

16 EUMENES. La Tête d'*Eumène , Roi de Pergame* , avec cheveux courts & couronne de laurier. Sur *agate tranfparente* de fept-huit de pouce de haut.

17 Un Bufte de femme , ayant les cheveux retrouffés avec treffe , & voile fur le derriere de la tête , tombant fur l'épaule gauche. Ce Bufte a une draperie. Sur *cornaline fardonix blanche* d'un peu plus de un & un huit de pouce de haut.

18 PYRRHUS. La Tête de *Pyrrhus , Roi d'Epire* , ayant un cafque panaché , avec une corne de bélier. Sur *agate tranfparente* de fept-huit de pouce de haut.

19 CYZICUS REX SYRIÆ La Tête de *Cyzique , Roi de Syrie* , avec cheveux pendants derriere le cou , & bandeau. Sur *agate tranfparente* de même hauteur que la précédente.

20 CODRUS ATH. REX. La Tête de *Codrus Roi d'A-thénes*, avec cheveux pendants, barbe affez longue, & bandeau. Sur *agate fardonix* de même hauteur que la précédente.

21 SERTORIUS. La Tête nue & frifée de *Sertorius*. Sur *agate tranfparente* de même hauteur que la précédente.

22 Un Bufte de femme, vu par le dos, ayant les cheveux retrouffés par derriere, & attachés fur la tête, treffe & boucle pendante fur le cou, & draperie. Sur *agate brune & marbrée* d'environ un & un quart de pouce de haut.

23 Uu Bufte de femme, ayant les cheveux retrouffés & ornés de fleurs, & une boucle pendante. Ce Bufte a contre l'épaule une Corne d'abondance qui regorge de fruits. Sur *cornaline* de fept-huit de pouce de haut.

24 PHEDRA. La Tête de *Phédre*, avec cheveux en partie retrouffés & en partie pendants fur le cou, bandeau & petite draperie. Sur *agate tranfparente* de fept-huit de pouce de haut.

25 Un Bufte de femme, ayant les cheveux retrouffés & frifés avec treffe. Ce Bufte a une draperie. Sur *cornaline* de un & demi pouce de haut.

26 Une Tête de femme, ayant les cheveux retrouffés, diadéme & vôile, qui la couvrant en partie, fe termine par derriere en pointe, & forme comme

une efpece de bonnet. Sur *cornaline* de fept-huit de
pouce de haut.

27 Un Bufte de femme, ayant la tête fort penchée en
avant, avec les cheveux en partie retrouffés & en
partie pendants en treffes fur les épaules, & drape-
rie. Sur *cornaline fardonix* de un & un quart de
pouce en travers.

28 ARATUS. La Tête nue du *Poëte Aratus*, en partie
chauve, avec cheveux courts & frifés, & barbe
épaiffe. Cette Tête a une draperie au bas du cou.
Sur *cornaline* d'un pouce de haut.

29 Un Bufte de femme, ayant les cheveux retrouffés,
petite coëffure pliffée fur le devant de la tête, voile
qui la couvre en partie par derriere, noué au bas
avec un ruban, orné de perles. Sur *cornaline* de un
& trois-huit de pouce de haut.

TIROIR N°. LXVIII.

Contenant XIII Cornalines & autres Pierres
gravées en creux.

---

1 P. HELV. PERTINAX AUG. La Tête de *Perti-
nax*, ceinte de laurier. Sur *cornaline-fardonix* de
un & demi pouce de haut.

2 HERCULES JUVENIS. La Tête nue & frifée d'*Her-*

cule jeune, avec la maſſue derriere le cou. Sur *cornaline* de un & cinq-huit de pouceʃ de haut.

3 L. SEPT. SEVERUS PERTINAX AUG. Le Buſte de *Septime Sévère*, vu par le dos, avec tête barbue & friſée & ceinte de laurier. Ce Buſte eſt drappé. Sur *cornaline-ſardonix* de un & demi pouce de haut.

4 JUPITER. Le Buſte de *Jupiter*, avec bandelette autour de la tête, & une draperie qui forme une eſpece de robe. Sur *cornaline-ſardonix* de même hauteur que la précédente.

5 AFRICA. Le Buſte de l'*Afrique*, avec forte barbe, & coëffé de la dépouille d'un Elephant. Ce buſte eſt drappé. Sur *cornaline-ſardonix* de même hauteur que la précédente.

6 JULIA TITI FILIA. Le Buſte de *Julië*, *fille de Titus*, ſemblable, pour la profondeur de la gravure & la grandeur, à la célebre cornaline qui ſe trouve de cette Princeſſe, dans le tréſor de St. Denis en France. Sur *cornaline* d'environ deux pouces de haut.

7 CLEOPATRA. Le Buſte de *Cléopatre*, ayant les cheveux en partie retrouſſés & en partie pendans en boucles ſur l'épaule. Ce buſte eſt vétu d'une robe ornée de perles. Sur *cornaline-ſardonix* de même hauteur que la précédente.

8 L. AEL. AUREL. COMMODUS AUG. Le Buſte de

Commode, vu par le dos, ayant la tête ceinte de laurier, & fur l'épaule gauche une dépouille de Lion, qui lui couvre une partie du dos. Sur *cornaline-fardonix* de un & fept-huit de pouce de haut.

9 M. Did. Sev. Julianus Aug. La Tête de *Julien*, barbue & frifée, & ceinte de laurier. Sur *cornaline-fardonix* de un & demi pouce de haut.

10 Jupiter Olympicus. La Tête de *Jupiter Olympien*, ceinte de laurier. Sur *cornaline-fardonix* de même hauteur que la précédente.

11 Amazon. Le Bufte d'une *Amazone*, avec les cheveux en partie retrouffés, l'arc & le carquois, & ayant une efpece de hache fur l'épaule. Ce bufte a une draperie qui lui laiffe la moitié du fein découvert. Sur *cornaline-fardonix* de un & cinq-huit de pouce de haut.

12 Annia Faustina Anton. Uxor. Le Bufte de *Fauftine*, *femme de Marc-Auréle*, ayant les cheveux retrouffés & formant une efpece de bourlet fur la tête. Ce bufte a une draperie. Sur *cornaline.fardonix* de même hauteur que la précédente.

13 Helcules. La Tête nue d'*Hercule*. Sur *cornaline-fardonix* de un & demi pouce de haut.

NB. *Tous ces morceaux font d'une grande beauté & d'un travail admirable.*

T I R O I R N°. LXIX.

Contenant XV Cornalines & autres Pierres
gravées en creux.

----

1 Un Bufte de femme, ayant les cheveux retrouffés,
& bourlet, orné de perles, derriere la tête. Ce
bufte eft drappé. Sur *cornaline blanche & tranfpa-
rente* de un & demi pouce de haut.

2 Un Bufte d'homme, avec tête nue, barbue & fri-
fée. Ce Bufte eft drappé. Sur *cornaline blanche
& tranfparente* de un & trois-huit de pouce de
haut.

3 Un Bufte de femme, ayant les cheveux en partie
retrouffés, treffe & boucles pendantes, diadême
& draperie. Sur *cornaline blanche & tranfparente*
de même hauteur que la précédente.

4 Un Bufte, avec cheveux pendans, bonnet & dra-
perie. Sur *cornaline-fardonix* de un & demi pouce
de haut.

5 Un Portrait d'homme en bufte, avec tête nue,
& cheveux pendans en ondes fur l'épaule. Sur
cornaline-fardonix de un & un huit de pouce de
haut.

6 Un Bufte de femme, avec tête radiée & cheveux retrouffés, le boiffeau fur la tête, femblable à celui que l'on donne à Jupiter Sérapis, & une corne de belier. Ce bufte a une draperie. Sur *cornalin-fardonix* de un & demi pouce de haut.

7 PTOLEMÆUS I. La Tête de *Ptolemée I*, avec cheveux courts & bandeau. Cette tête a une draperie au bas du cou. Sur *agathe blanche & tranfparente* de fept-huit de pouce de haut.

8 Le Bufte d'un More, vu par le dos & ayant une draperie. Sur *cornaline-fardonix* de un & trois quarts de pouce de haut.

9 ARETAS REX ARABIÆ. La Tête d'*Arétas*, *Roi d'Arabie*, avec longue chevelure pendante en ondes fur le cou, & bandeau. Sur *fardonix* de fept-huit de pouce de haut.

10 Un Bufte de femme, ayant les cheveux retrouffés & treffe tortillée fur la tête, draperie qui lui laiffe la moitié du fein découvert, & un ferpent qui le picque. Sur *cornaline* d'environ un & demi pouce de haut.

11 Le Portrait d'Inigo Jones, fameux Architecte d'Angleterre, en bufte, avec de longs cheveux pendans en ondes, & bonnet. Sur *cornaline* d'environ un & trois huit de pouce de haut.

12 Un Bufte de jeune homme, avec un grand bon-

net mis un peu de côté, & draperie. Sur *corna-
line* d'environ un & demi pouce de haut.

13 Isis. Le Bufte d'*Ifis*, avec cheveux en partie re-
trouffés & en partie pendans en boucles fur le cou,
bandeau & draperie. Sur *cornaline fardonix* de un
& trois huit de pouce de haut.

14 Un Bufte de femme, ayant les cheveux retrouffés
& treffe, une petite coëffure qui lui couvre une
partie de la tête, & draperie. Sur *cornaline far-
donix* de même hauteur que la précédente.

15 Africa. Le Bufte de l'*Afrique*, coëffée d'une
dépouille d'Elephant, & ayant une draperie. Sur
cornaline fardonix de même hauteur que la précé-
dente.

TIROIR N°. LXX.

Contenant XXII Cornalines gravées en creux.

*Les Bufles du Fondateur & des vingt & un premiers
Grands Maîtres de l'Ordre de Malthe.*

N°. 1 Gerard Tum, Fondateur de l'Ordre de St.
Jean de Jérufalem,

1 Raimond Dupui, vu de face.

2 Auger de Balben.

3

3 ARNAUD DE COMPS, vu de face.

4 GILBERT D'ASSALIT, ou de SAILLI.

5 GASTUS.

6 JOUBERT DE SYRIE.

7 ROGER DESMOULINS.

8 GARNIER DE NAPOLI DE SYRIE.

9 ERMENGARD DAPS, vu de face.

10 GODEFROI DE DUISSON.

11 ALPHONSE DE PORTUGAL, vu de face.

12 GEOFFROI LE RAT, vu de face.

13 GUERIN DE MONTAIGU.

14 BERTRAND DE TEXIS.

15 GUERIN ou GUARIN.

16 BERTRAND DE COMPS. Sur *cornaline sardonix*.

17 PIERRE DE VILLEBRIDE.

18 GUILLAUME DE CHATEAUNEUF.

19 HUGUES DE REVEL.

20 NICOLAS DE LORGUE.

21 JEAN DE VILLIERS.

Toutes ces Pierres sont d'environ un & un huit de pouce de haut.

S

TIROIR N°. LXXI.

Contenant XXI Cornalines & autres Pierres
gravées en creux.

N°. 1 HYLLUS. La Tête d'*Hyllus*, avec cheveux
plats, barbe épaisse, & bandelette. Cette tête a une
draperie au bas du cou. Sur *sardoine* de sept huit
de pouce de haut.

2 Mars & Vénus debout. Sur *onix* d'environ cinq
huit de pouce de haut.

3 Deux Bustes d'homme & de femme accolés.
L'homme, qui est vu par le dos, a la tête barbue,
une couronne de laurier, & une draperie. Sur *amé-
tiste en cabochon* d'un pouce de haut.

4 Jupiter assis, tenant de la main droite une épée
& de la gauche une lance. A ses pieds se voit une
aigle. Sur *onix noir* d'un peu plus de demi pouce
de haut.

5 Une Figure d'homme nu & debout, vue presque
de face, tenant de la droite une lance & portant
la main gauche sur sa tête. A ses pieds se voyent
des trophées d'armes, une cuirasse & un casque.
Cette figure a une draperie qui lui tombe le long
du dos. Sur *cornaline* d'environ un pouce de haut.

6 MEROPE. Le Bufte de *Mérope*, de face, ayant les cheveux en partie retrouffés & en partie pendans. Sur *cornaline* de cinq huit de pouce de haut.

7 Une Femme facrifiant à la fanté : elle eft debout devant un autel enflammé, & tient dans l'une de fes mains un ferpent. Sur *prime d'émeraude* de fept huit de pouce de haut.

8 Un Homme nu & debout, ayant le bras gauche appuyé fur une petite colonne, & tenant de la main droite un caducée. Sur *fardonix en cabochon* d'un peu plus de cinq huit de pouce de haut, & fort étroit.

9 Une Lucrece debout, fe plongeant le poignard dans le fein. Sur *fardonix* de trois quarts de pouce de haut.

10 Un Sacrifice compofé de trois figures. Sur l'Autel, qui eft au milieu, repofe une victime. Sur *jafpe rouge* d'un peu plus de cinq huit de pouce de haut.

11 Un Bufte de femme, avec cheveux relevés en partie en treffes, dont quelques-unes pendent fur le cou, & bourlet fur le derriere de la tête, d'où pend un petit voile : ce Bufte eft drappé. Sur *Jafpe rouge* d'un peu plus de un & un huit de pouce de haut.

12 Une Figure d'homme en partie nu & debout,

ayant un pied pofé fur un globe. Sur *cornaline* d'un demi pouce de haut.

13 Un Lion terraffant un Cheval. Sur *onix-fardonix* de un & un huit de pouce en travers.

14 Une Figure d'homme nu, avec un genou en terre & tenant un arc. Sur *cornaline* d'environ un demi pouce de haut.

15 Un Bufte de femme, avec les cheveux relevés en treffes, petit voile derriere la tête & une draperie. Sur *fardonix* de un & un huit de pouce de haut.

16 Une Tête de femme, coëffée en cheveux fort arrangés. Sur *fardonix* de fept-huit de pouce de haut.

17 Une Tête de femme, vue de face, coëffée en cheveux. Sur *cornaline* d'environ un demi pouce de haut.

18 Une Figure d'homme nu & debout, tenant d'une main une branche d'olivier, & s'appuyant de l'autre fur un bâton. Sur *cornaline* de même hauteur que la précédente.

19 Une petite Tête d'homme, nue. Sur *fardonix* de trois-huit de pouce de haut.

20 Un Affemblage d'une Hure de fanglier & de deux Têtes d'hommes avec barbe: l'une de ces

deux Têtes eſt mitrée. Sur *onix* d'environ trois-huit de pouce de haut.

21 Un Aſſemblage d'une Tête d'aigle, ſoutenant une Tête de Vieillard avec une barbe fort épaiſſe. De chaque côté de ces deux Têtes eſt une Tête de jeune homme. Sur *cornaline* de ſept-huit de pouce de haut.

TIROIR N°. LXXII.

Contenant XLIV Cornalines & autres Pierres gravées en relief.

N°. 1 HERCULES. La Tête d'*Hercule*, coëffée d'un mufle de lion. Sur *cornaline blanche* d'un pouce de haut.

2 Un Portrait d'homme en buſte, avec une grande perruque & vêtu à la moderne, très-artiſtement ſculpté en ivoire, & appliqué ſur une *agate noire* d'environ un demi pouce de haut.

3 Le Portrait du Prince Maurice de Naſſau en buſte vu de face. Sur *onix* de cinq huit de pouce de haut.

4 DEMETRIUS. La Tête de *Démétrius*, barbue & friſée, & ceinte d'un bandeau. Sur *cornaline* d'environ un pouce de haut.

5 Une petite Tête de Maurefſe, vue de face. La Tête
eſt d'un noir brun, ſur un fond bleuâtre.
Sur *onix* d'environ un demi-pouce de haut.

6 Une petite Tête d'homme, avec cheveux courts,
barbe & couronne de laurier. Sur *agate tranſpa-*
rente, d'un peu plus d'un demi-pouce de haut.
Cette pierre eſt chevée par deſſous.

7 Un Buſte de femme, vu preſque de face, avec
cheveux longs & pendans, diadème & draperie. Ce
Buſte eſt blanc, ſur un fond un peu plus brun. Sur
agate-onix, d'un pouce de haut.

8 Deux Chevaux. Sur *camayeu* d'environ un demi-
pouce en travers.

9 Un Buſte de femme, coëffée en cheveux & habil-
lée à l'antique. Sur *camayeu* de cinq-huit de pouce
de haut.

10 Un Buſte d'homme, avec tête nue, cheveux fort
courts & une fraiſe. La tête eſt blanche ſur un fond
tranſparent. Sur *agate-onix*, de cinq-huit de pouce
de haut

11 FAUSTINA AUG. Le Buſte de *Fauſtine*, ayant les
cheveux retrouſſés, treſſe ſur la tête, & bourlet
derriere. Ce buſte a une draperie., & eſt jaune ſur
un fond blanc. Sur *onix tranſparent*, d'un peu plus
d'un pouce de haut.

12 Un Homme monté ſur un éléphant & ſonnant

du cor. Sur *camayeu* de trois-huit de pouce en travers.

13 Hercule combattant le lion de Némée. Sur *camayeu* de même largeur que le précédent.

14 Une Tête de More, de ronde bosse, avec un bandeau blanc. Sur *onix* d'environ un demi-pouce de haut.

15 Deux Chiens courans. Sur *camayeu* de trois-huit de pouce en travers.

16 Un Cupidon devant un autel enflammé. Sur *camayeu* d'un peu plus d'un demi-pouce de haut.

17 Un Cupidon sur un cheval marin. Sur *camayeu* d'environ un demi-pouce en travers.

18 Deux Porc-épics. Sur *camayeu* de même largeur que le précédent.

19 Une Tête de ronde bosse. Le visage & le derrière de la tête sont blancs, & le bonnet qui la couvre, est noir bordé de blanc. Sur *onix* d'environ un demi-pouce en travers.

20 Un Buste de femme, ayant les cheveux retroussés, voile sur le derrière de la tête, pendant jusqu'au bas du cou, & draperie. Sur *sardonix* d'un demi-pouce de haut.

21 Un Buste de femme, ayant les cheveux en partie pendans en tresses le long du cou, diadême &

draperie. Sur *cornaline* de un & un huit de pouce
de haut.

22 Une Tête d'homme, avec cheveux pendans par
derriere, longue barbe & bandeau. Sur *cornaline
blanche & transparente* de même hauteur que la
precedente.

23 Une Tête d'homme, nue, avec cheveux courts &
presque de ronde bosse. Sur *jaspe* de un & trois-
huit de pouce de haut.

24 PLATO. La Tête de *Platon*. Sur *cornaline* d'un
pouce de haut.

25 AGRIPPINA AUG. La Tête d'*Agrippine*, avec
cheveux frisés & pendans. Cette tête a une draperie
au bas du cou. Sur *cornaline* de un & un huit de
de pouce de haut.

26 Un Cupidon domptant un lion. Sur *camayeu* d'en-
viron en demi pouce en travers.

27 Un Singe assis. Sur *œil de chat* d'environ un de-
mi-pouce de haut.

28 Une Tête de femme, avec les cheveux retroussés
& bandeau, & ayant sur un côté de la tête un voile
pendant jusqu'au bas du cou. Sur *camayeu* de trois-
quarts de pouce de haut.

29 Deux Chevres blanches sur un fond brun. Sur
agate-onix de trois quarts de pouce en travers.

30 Une petite Tête de femme, noirâtre, sur un fond

blanc. Sur *agate-onix* de trois-huit de pouce de
haut.

31 Deux Animaux aîlés, qui reſſemblent à des Gry-
phons. Sur *camayeu* de trois-huit de pouce en tra-
vers.

32 Une petite Tête de More, de ronde boſſe. Cette
tête eſt toute noire & ceinte d'un petit bandeau
blanc. Sur *onix* de même largeur que la pierre
précédente.

33 Un Cupidon aſſis ſur une chevre. Sur *camayeu* de
trois-huit de pouce en travers.

34 Un Buſte de femme , avec voile pendant des
deux côtés, & draperie. Le viſage & le cou ſont
reſervés de couleur de chair, & le voile & la
draperie de couleur de cornaline ordinaire. Ce
buſte qui eſt d'une rare beauté, eſt ſur *cornaline-
onix*, d'un peu plus d'un demi-pouce de haut,
certie en or.

35 Une Tête, ayant les cheveux pendans en boucles
& caſque. Sur *cornaline* d'un pouce de haut.

36 Deux Tigres. Sur *ſardonix* de cinq-huit de pouce
en travers.

37 Un Buſte de femme, avec les cheveux retrouſſés,
ornés de perles. & ayant ſur le derriere de la
tête un voile pendant le long du cou. Ce buſte qui
eſt vétu à l'antique & richement, eſt d'un beau

blanc, fur un fond brunâtre. Sur *agate-onix* d'en-
viron trois-quarts de pouce de haut.

38 Léda & Jupiter métamorphofé en cigne. Sur
camayeu d'un demi pouce en travers.

39 Un Bufte de femme, ayant les cheveux frifés &
relevés en treffes, bandeau, coëffure attachée dans
les cheveux & pendante par derriere, & un riche
habillement à l'antique. Sur *camayeu* de un & un
huit de pouce de haut.

40 Un Bufte de femme, ayant les cheveux en partie
retrouffés & en partie pendans en boucles fur le
cou, & draperie. Le vifage & le cou font re-
fervés blancs, les cheveux d'une couleur brunâ-
tre, & la draperie ainfi que le fond, d'une autre
couleur. Sur *cornaline-onix* d'environ cinq-huit de
pouce de haut.

41 Une Tête d'Empereur, avec cheveux courts &
couronne de laurier. Le vifage & le cou font re-
fervés d'une couleur jaunâtre, & les cheveux de
même que la couronne, font noirs comme le
fond. Sur *onix* de trois-huit de pouce de haut.

42 Une Tête d'homme, nue, avec cheveux courts
& couronne de laurier. Sur *cornaline* d'un pouce
de haut.

43 Une Tête de femme, ayant les cheveux re-
trouffés. Sur *camayeu* d'environ un demi pouce
de haut.

44 Un Buſte de femme, vu par le dos, ayant les cheveux relevés en treſſes, & derriere la tête une draperie, qui lui tombe ſur le dos & le couvre entierement. Le viſage & une épaule ſont reſervés blancs ſur un fond tranſparent. Sur *agatheonix* d'un pouce de haut, garnie d'or.

TIROIR Nº. LXXIII.

Contenant XXII Cornalines gravées en creux.

Suite des Grands Maîtres de l'Ordre de Malte en Buſtes, du Tiroir LXX.

22 ODON DE PINS.

23 GUILLAUME DE VILLARET, vu de face.

24 FOULQUES DE VILLARET, vu de même.

25 MAURICE DE PAGNAC.

26 HELION DE VILLENEUVE.

27 DIEU-DONNÉ DE GOZON.

28 PIERRE DE CORNILLAN.

29 ROGER DE PINS.

30 RAIMOND BERENGER.

31 ROBERT DE JULLIAC.

32 JEAN FERDINAND d'HEREDIA.

33 RICHARD CARACCIOLO.

34 PHILIBERT DE NAILLAC.

35 ANTOINE DE FLAVIAN.

36 JEAN DE LASTIC.

37 JACQUES DE MILLI.

38 RAIMOND ZACOSTA.

39 JEAN BAPTISTE DES URSINS.

40 PIERRE D'AUBUSSON.

41 EMERI D'AMBOISE.

42 GUY DE BLANCHEFORT.

43 FABRICE CARETTE.

Ces pierres font à-peu-près de même hauteur que celles du tiroir LXX

TIROIR N°. LXXIV.

Ce Tiroir est vuide.

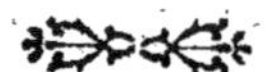

TIROIR Nº. LXXV.

Contenant XIX Cornalines gravées en creux.

1 Un Bufte de femme, ayant les cheveux retrouffés
& attachés derriere la tête en forme de bourlet,
& une robe ornée de perles. Sur *cornaline* d'un
pouce de haut.

2 MARTIA AVIA CÆSARIS. La Tête de *Martia*,
ayeule de Jule-Céfar, entierement couverte d'un
voile qui lui tombe fur les épaules. Sur *cornaline*
de un & un huit de pouce de haut.

3 CLAUDIA NERONIS FILIA. Le Bufte de la *jeune
Claudie*, *fille de Néron*, vu par le dos, avec les
cheveux retrouffés & attachés derriere la tête.
Sur *cornaline-fardonix* d'un pouce de haut.

4 Un Bufte de femme, ayant les cheveux en partie
retrouffés & en partie pendans en boucles fur le
cou, petite draperie, & la moitié du fein décou-
vert. Sur *cornaline-fardonix* de même hauteur que
la précédente.

5 Une Tête de femme, ayant les cheveux retrouffés,
ornés de perles, bourlet par derriere, & dra-
perie au bas du cou. Sur *cornaline-fardonix* de
même hauteur que la précédente.

6 AGRIPPINA TIBERII UXOR. Le Buſte d'*Agrip-pine, femme de Tibére*, avec les cheveux retrouſſés & attachés par derriere au bas de la tête, & draperie. Sur *cornaline* de un & un huit de pouce de haut.

7 CLAUDIA OCTAVII UXOR. Le Buſte de *Claudie, femme d'Octave*, avec les cheveux retrouſſés & treſſe attachée ſur la tête, & draperie. Sur *cornaline* d'un peu plus d'un pouce de haut.

8 JULIA. La Tête de *Julie, Tante de Céſar*, coëffée en cheveux extrêmement arrangés, & ayant une draperie. Sur *cornaline* de un & un huit de pouce de haut.

9 LIVIA DRUSILLA AUG. UXOR. Le Buſte de *Livie Druſille, femme d'Auguſte*, avec cheveux retrouſ-ſés en partie, boucle pendante ſur le cou, bourlet derriere la tête, & draperie. Sur *cornaline* d'un peu plus d'un pouce de haut.

10 Le Génie de la Santé, Tête ſymbolique, avec les cheveux retrouſſés autour de la tête, & pendants par derriere, aile & ſerpent dans la chevelure. Sur *cornaline* de cinq-huit de pouce de haut.

11 LIVILLA CAII UXOR. Le Buſte de *Liville, femme de Caius* avec les cheveux en partie retrouſſés & très-arrangés, treſſe ornée de perles, derriere la tête, boucle pendante ſur le cou & draperie. Sur *cornaline* de un & un huit de pouce de haut.

12 GALLERIA FUNDANA. Le Buſte de *Fundana*, avec coëffure ſinguliere en forme de coquille, gros bourlet de perles derriere la tête, & draperie. Sur *cornaline* d'un peu plus d'un pouce de haut.

13 DRUSILLA CALIG. SOROR. Le Buſte de *Druſille*, ſœur de *Caligula*, avec coëffure à peu près ſemblable à la précédente, & groſſe treſſe retrouſſée ſur la tête. Sur *cornaline* de un & un huit de pouce de haut.

14 ANTONIA AUG. Le Buſte d'*Antonie*, coëffée très-uniment, avec boucle pendante derriere le cou & draperie. Sur *cornaline* de même hauteur que la précédente.

15 DIVA DOMITILLA VESPAS. FIL. Le Buſte de *Domitilla*, *fille de Veſpaſien*, avec cheveux retrouſſés, & treſſe derriere la tête. Ce Buſte a une draperie. Sur *cornaline* d'un pouce de haut.

16 MATIDIA AUG. Le Buſte de *Matidie*, *niece de Trajan*, ayant les cheveux retrouſſés, treſſe formant un bourlet ſur la tête, double diadême & draperie. Sur *cornaline* d'environ un pouce de haut.

17 JULIA TITI FILIA. Le Buſte de *Julie*, *fille de Titus*, coëffée & ornée de même que celle du Nº. 6. en Tiroir Nº. LXVIII. Sur *cornaline* d'environ un pouce de haut.

18 ACCIA MATER AUGUSTI. Le Buſte d'*Accia*, *Mere*

de l'Empereur Auguste, avec cheveux retrouffés fur le front, bandeau & voile qui lui couvre en partie la tête & les épaules. Sur *cornaline* de un & un huit de pouce de haut.

19 Un Bufte, avec les cheveux en partie retrouffés & en partie pendants en boucles le long du cou, diadème & draperie. Sur *cornaline* d'environ un pouce de haut.

TIROIR N⁰. LXXVI.

Contenant XXI Cornalines gravées en creux.

Suite des Grands-Maîtres de l'Ordre de Malthe en buftes, du Tiroir LXXIII.

N°. 43 VILLIERS de L'ISLE-ADAM.

44 PIERRE DU PONT.

45 DIDIER DE SAINTE JAILLE.

46 JEAN D'OMEDES.

47 CLAUDE DE LA SANGLE.

48 JEAN DE LA VALETTE.

49 PIERRE DE MONTÉ.

50 JEAN L'EVEQUE DE LA CASSIERE.

51 HUGUES DE LOUBENX DE VERDALE.

52 MARTIN GARZES.

* 52 ANNE GORDON DE GENOUILLAC DE VAILLAC,

VAILLAC , Réformatrice de l'Abbaye de Beau-
lieu.

53 ALOF DE VIGNACOURT.

54 MENDEZ DE VASCONCELLOS.

55 ANTOINE DE PAULE.

56 PAUL LASCARIS CASTELLARD.

57 MARTIN DE REDIN.

58 ANNET DE CLERMONT.

59 RAPHAEL COTONER.

60 NICOLAS COTONER.

61 GREGOIRE CARAFFE.

62 ADRIEN DE VIGNACOURT. Sur *cornaline far-
donix.*

*Ces Pierres font à peu près de même hauteur que
eclles des Tiroirs N°. LXX & LXXII.*

TIROIR N°. LXXVII.

Ce Tiroir est vuide.

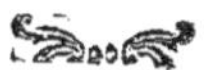

T

T I R O I R N°. LXXVIII.

Contenant XLI Cornalines & autres Pierres
gravées en creux, à l'exception d'une qui
est en relief.

N°. 1 JULIUS CÆSAR. La Tête de *Jule-César*, ceinte
de laurier. Cette tête est en bas relief sur *Lapis-
Néfréticus* de deux pouces de haut.

2 VENUS. La Tête de *Vénus*. Sur *cornaline* de sept-
huit de pouce de haut.

3 D. CLOD. SEPT. ALBINUS AUG. La Tête d'*Albin*,
barbue & frisée, & ceinte de laurier. Sur *amé-
tiste* d'un peu plus d'un pouce de haut.

4 SABINA AUG. Le Buste de *Sabine*, *femme d'A-
drien*, avec les cheveux relevés en tresses autour
de la tête, double diadème & draperie. Sur *sar-
donix* d'un peu plus d'un pouce de haut.

5 HELV. PERTINAX AUG. Le Buste de *Pertinax*,
avec tête fort barbue & frisée, couronne de
laurier & draperie. Sur *cornaline* de même hau-
teur que la pierre précédente.

6 SABINA AUG. Le Buste de *Sabine*, *femme d'A-
drien*, avec cheveux pendans en boucles sur le
cou, diadème, bandelette & draperie. Sur *sar-*

donix de même hauteur que la pierre précédente.

7 MECENAS VEL SOLON. Le Buſte de *Mécène* ou de *Solon*, avec tête nue & en partie chauve, cheveux courts & friſés, & draperie. Sur *ametiſte* d'environ un pouce de haut.

8 FAUSTINA AUG. Le Buſte de *Fauſtine*, avec les cheveux retrouſſés & friſés, & draperie. Sur *cornaline* de ſept-huit de pouce de haut.

9 VENUS. Le Buſte de *Vénus*, ceinte du diadême. Sur *agathe tranſparente* de cinq-huit de pouce de haut.

10 FAUSTINA AUG. Le Buſte de *Fauſtine*, ayant les cheveux retrouſſés, & extrêmement arrangés, ornés de perles. Ce buſte a une draperie. Sur *ſardonix* d'un peu plus d'un pouce de haut.

11 SCRIBONIA AUG. UXOR. Le Buſte de *Scribonia*, *femme d'Auguſte*, ayant les cheveux retrouſſés & fort ornés de perles. Ce buſte a une draperie. Sur *cornaline* de même hauteur que la pierre précédente.

12 JULIA POMPEII UX. Le Buſte de *Julie*, *femme de Pompée*, ayant les cheveux fort friſés & tombant le long du cou, diadême & draperie. Sur *cornaline* de même hauteur que la précédente.

13 Un Buſte de femme, avec cheveux friſés, dia-

dême, & voile qui lui couvre une partie de la
tête & tombe fur les épaules. Ce Bufte a une
draperie. Sur *cornaline* de même hauteur que la
précédente.

14 FAUSTINA AUG. Le Bufte de *Faufine*, avec les
cheveux retrouffés & fort arrangés ; bourlet der-
rière la tête & draperie. Sur *fardonix* d'un peu
plus d'un pouce de haut.

15 OMPHALE. La Tête d'*Omphale*, parée de la
dépouille d'un taureau. Sur *agathe-onix* de trois
quarts de pouce de haut.

16 FAUSTINA AUG. Le Bufte de *Faufine*, avec
les cheveux retrouffés & attachés derrière la tête.
Ce bufte a une draperie. Sur *fardonix* de trois
quarts de pouce de haut.

17 LIVIA AUG. Le Bufte de *Livie*, coëffé à-peu-
près de même que l'antécédent ; & ayant une
draperie. Sur *cornaline* de même hauteur que la
pierre précédente.

18 MESSALINA AUG. Le Bufte de *Meffaline*, avec
les cheveux relevés en treffes & le diadême. Sur
cornaline de même hauteur que la précédente.

19 FAUSTINA PIA AUG. Le Bufte de *Faufine*, avec
les cheveux retrouffés, & voile qui lui couvrant
une partie de la tête, tombe fur les épaules. Sur
fardonix de trois quarts de pouce de haut.

20 FAUSTINA AUG. La Tête de *Fauſtine*, coëffée de même que ci-deſſus. Sur *ſardonix* de même hauteur que le précédent.

21 AGRIPPINA AGRIPPINÆ FIL. Le Buſte d'*A-grippine*, *la fille*, ayant les cheveux retrouſſés & attachés en partie derriere la tête qui eſt ceinte d'un bandeau orné de perles. Sur *cornaline* de trois-quarts de pouce de haut.

22 JULIA TITI FILIA. Le Buſte de *Julie*, *fille de Titus*, ayant les cheveux fort friſés, & attachés derriere la tête. Sur *cornaline* de même hauteur que la précédente.

23 FAUSTINA AUG. PII FILIA. Le Buſte de *Fauſtine*, *fille de Tite Antonin* ayant les cheveux re-trouſſés & attachés derriere la tête. Sur *ſardonix* de trois-quarts de pouce de haut.

24 C. PESC. NIGER JUST. AUG. Le Buſte de *Peſcennius Niger*, avec tête fort barbue & friſée: ce Buſte a une draperie. Sur *ſardonix* de même hauteur que la précédente.

25 Un Buſte de femme, ayant les cheveux friſés & attachés derriere la tête, diadême & draperie. Sur *cornaline* de même hauteur que la précédente.

26 CÆSONIA AUG. Le Buſte de *Céſonie*, *femme de Caligula*, ayant les cheveux friſés & arrangés avec treſſes : ce Buſte a une draperie. Sur *cornaline* de même hauteur que la précédente.

27 FAUSTINA AUG. Le Buste de *Faustine*, ayant les cheveux relevés en tresses, dont une forme sur la tête comme une espece de couronne. Sur *sardonix* de trois-quarts de pouce de haut.

28 Une Tête de guerrier, avec forte barbe & casque panaché, sur lequel est représenté le cheval Pégase. Sur *cornaline* d'environ sept-huit de pouce de haut.

29 Un Buste de femme, ayant les cheveux en partie pendans en boucles le long du cou, diadême & draperie. Sur *cornaline* de même hauteur que la précédente.

30 Un Buste de femme, ayant les cheveux relevés en tresses, & le diadême. Sur *cornaline* de même hauteur qne la précédente.

31 Un Buste de femme, vu par le dos, ayant les cheveux retroussés, frisés, & noués derriere la tête. Sur *cornaline* de même hauteur que la précédente.

32 MARTIA FULVIA TITI. Le Buste de *Fulvie, femme de Titus*: avec cheveux relevés en tresses & noués derriere la téte. Ce buste a une draperie. Sur *cornaline* de même hauteur que la précédente

33 Un Buste de femme, ayant les cheveux retroussés, frisés & attachés derriere la tête. Sur *cornaline* de même hauteur que la précédente.

4 HOMERUS. La Tête d'*Homere*, céinte d'une bandelette. Sur *cornaline* de cinq-huit de pouce de haut.

35 Marcus Aurelius Anton. Aug. La Tête nue de *Marc-Aurele*. Sur *cornaline* de fept-huit de pouce de haut.

36 L. Sept. Severus Pertinax Aug. La Tête nue de *Septime Sévere*. Sur *amétifte* de même hauque la pierre précédente.

37 Antonia Aug. Le Bufte d'*Antonie*, ayant les cheveux retrouffés & treffe pendante, couronne de laurier & draperie. Sur *fardonix* d'un peu plus d'un pouce de haut

38 Un Bufte, vu par le dos, avec tête fort barbue & frifée, couronne de laurier & draperie. Sur *fardonix* de même hauteur que le précédent.

39 Agrippina Aug. Le Bufte d'*Agrippine*, avec les cheveux en partie retrouffés, & en partie pendans en treffes autour du cou, couronne de laurier & draperie.. Sur *fardonix* de même hauteur que le précédent.

40 Jupiter Olympicus. La Tête de *Jupiter olympien*, couronnée de laurier. Sur *cornaline* de fept-huit de pouce de haut.

41 Hercules. La Tête nue d'*Hercule*. Sur *cornaline* d'environ même hauteur que la précédente.

TIROIR N°. LXXIX.

Contenant XIX Agates & autres Pierres
gravées en relief.

N°. 1 Un Cupidon à califourchon fur une chevre
qu'un autre Cupidon conduit. Sur *camayeu* d'un
demi-pouce en travers.

2 Deux Têtes d'Empereurs accolées La premiere eft
jaunâtre, avec couronne de laurier, & l'autre
blanche, fur un fond tranfparent. Sur *agate-onix*,
de trois couleurs, d'environ un pouce de haut.

3 Un Satyre & une figure d'homme. Sur *camayeu* en
travers, de même grandeur que le N°. 1

4 Le Bufte d'un jeune guerrier, avec la tête armée
d'un cafque, & le bouclier paffé dans le bras. Le
vifage & le cou font réfervés blancs; le cafque &
le bouclier font d'une couleur jaune, tirant fur le
brun, & le fond eft opaque & tranfparent. Sur
agate-onix d'environ trois-quarts de pouce de haut.

5 Un Bufte de femme, vu de face. Sur une *perle*
de cinq-huit de pouce de haut, certie en or.

6 Le Bufte d'un Empereur, vu de face, avec très-
peu de barbe, couronne de laurier, & draperie
attachée fur l'épaule, & couvrant la poitrine. La

tête de ce buſte, qui eſt preſque de ronde boſſe,
eſt réſervée blanche. Sur *agate-onix*, de trois-quarts
de pouce de haut.

7 NERVA TRAIANUS ADRIANUS AUG. Le Buſte
d'*Adrien*, avec couronne de laurier & draperie.
Ce buſte eſt blanc, ſur un fond tranſparent. Sur
camayeu de un & un huit de pouce de haut.

8 Un Buſte, avec couronne de laurier & une petite
draperie. Sur *onix* tout à fait noir, d'environ trois-
quarts de pouce de haut, certi en argent doré.

9 Un Portrait d'homme, avec perruque, cuiraſſe &
draperie. Ce portrait paroît être celui de Guillaume
III, Roi de la Grande Bretagne. Sur *jaſpe* de un
& un huit de pouce de haut.

10 Une Tête de femme, vue preſque de face, &
coëffée en cheveux, avec un ſerpent entortillé au
bas du cou. Tout le relief de cette tête, qui eſt
d'une grande beauté, eſt blanc ſur un fond rouge-
brun. Sur *cornaline-onix* de trois-quarts de pouce
de haut, garnie d'un grand ornement d'or, très-
artiſtement travaillé à l'antique, émaillé de diverſes
couleurs claires, & accompagné de quatre diamans,
trois rubis & une perle en poire, qui pend au bas.
Le tout peſe une demi-once & trente-deux grains.

11 Une Tête d'Empereur, entourée de laurier. Sur
ſardonix, certi en or émaillé, de trois quarts de
pouce de haut.

12 Un Bufte de femme, vu de face, & coëffé en cheveux. Ce bufte a par devant une draperie. Sur une belle *cornaline* fort relevée, de trois quarts de pouce de haut, garnie d'argent doré.

13 Un Bufte de femme, qui pourroit bien être une Veftale, avec voile qui lui couvre la tête & tout le corps. Sur *prime d'émeraude* d'environ un pouce de'i aut.

14 Une Tête, avec peu de cheveux & de barbe. Cette Tête eft prefque toute noire fur un fond jaunâtre opaque. Sur *fardonix* d'un pouce de haut.

15 JUBA JUNIOR REX MAURITANIÆ. La Tête de *Juba le jeune*, *Roi de Mauritanie*, environnée de laurier. Sur une *pierre bleuâtre & opaque* de trois quarts de pouce de haut.

16 Une Tête de mort, fur deux os, pofés en fautoir. La tête eft noire fur un fond blanc. Sur *onix* de cinq huit de pouce de haut, certi en or émaillé.

17 Mars & Vénus qui s'embraffent. Les figures font refervées blanches fur un fond tranfparent. Sur *camayeu* prefque carré, d'un peu plus d'un demi pouce en travers.

18 HERCULES. La Tête d'*Hercule*, fort barbue & couverte d'un mufle de lion, dont la peau lui defcend fur les épaules. Sur *fardonix tres-varié* d'un peu plus d'un pouce de haut.

19 LUCRETIA. Le Buſte de *Lucrece* ſe donnant la mort. Sur *camayeu* d'un peu plus de demi pouce de haut.

TIROIR Nº. LXXX.

Contenant XVII Cornalines & autres Pierres gravées en relief.

Nº. 1 Un Buſte de jeune homme, avec tête nue & cheveux courts. Ce buſte eſt vêtu. Sur *cornaline* de un & un quart de pouce de haut.

2 Une Tête de femme, ayant les cheveux pendans ſur le cou & caſque ſurmonté d'un panache. Sur *cornaline* de un & un huit de pouce de haut.

3 C. PESC. NIGER JUSTUS AUG. La Tête de *Niger*, couronnée de laurier. Sur *cornaline* d'un peu plus de un & un huit de pouce de haut.

4 L. CORN. SYLLA COS. La Tête nue du Conſul *Sylla*, avec cheveux courts & friſés. Sur *cornaline* de un & un huit de pouce de haut.

5 Un Buſte de femme, vu par le dos, avec cheveux pendans en boucles ſur les épaules, couronne de laurier & draperie. Sur *cornaline* de un & un quart de pouce de haut.

6 Une Tête de femme, ayant les cheveux pendans
en boucles le long du cou. Cette tête eſt ceinte d'un
ruban. Sur *cornaline* de un & un huit de pouce
de haut.

7 Une Tête de femme, ayant de longs cheveux at-
tachés par derriere. Sur *cornaline* de même hauteur
que la précédente.

8 P. HELV. PERTINAX AUG. Le Buſte de *Pertinax*,
vu par le dos, avec couronne de laurier & dra-
perie. Sur *cornaline* de un & un quart de pouce
de haut.

9 Un Buſte d'homme, avec tête nue, cheveux courts
& friſés. Ce buſte a une draperie. Sur *jaſpe*, preſque
rond, de un & trois huit de pouce de haut.

10 L. SEPT. SEVERUS PERTINAX AUG. La Tête
de *Septime Sévère*, ceinte de laurier. Sur *cornaline*
de un & un quart de pouce de haut.

11 SOCRATES. Le Buſte de *Socrate*, avec draperie.
Sur *cornaline* de un & un huit de pouce de haut

12 PERSEUS REX MACEDONIÆ. La Tête de *Per-
ſée, Roi de Macédoine*, ayant une forte barbe &
un bandeau. Sur *cornaline* de un & un quart de
pouce de haut.

13 ATALANTE. Le Buſte d'*Atalante*, vu par le
dos. Sur *cornaline* de même hauteur que la pré-
cédente.

14 Q. POMPEIUS RUFUS COS. La Tête nue du *Conful Pompée Rufus*, avec cheveux courts. Sur *cornaline* de un & un huit de pouce de haut.

15 M. JUN. BRUTUS. La Tête nue de *Brutus*. Sur *cornaline* de un & un quart de pouce de haut.

16 BYZAS. La Tête *Bizas*, avec barbe longue & cafque panaché. Sur *cornaline* de même hauteur que la précédente.

17 ANTINOÜS. La Tête nue d'*Antinoüs*, *favori d'Adrien*. Sur *cornaline* de même hauteur que la précédente.

TIROIR N°. LXXXI,

Ce Tiroir eft vuide.

TIROIR N°. LXXXII.

Ce Tiroir eft vuide.

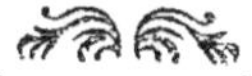

TIROIR N°. LXXXIII.

Contenant XXIII Cornalines & autres Pierres
gravées en relief.

N°. 1. Une Tête d'homme , frifée & entourée de
laurier. Sur *cornaline* prefque ronde , d'environ un
& un huit de pouce de haut.

2 Une Tête à peu près femblable, mais vue de l'autre
fens. Sur *Cornaline* d'environ même forme & hau‑
teur.

3 HIERON. La Tête de *Hiéron* , *Roi de Syracufe* ,
ceinte de laurier. Sur *cornaline* ovale d'un pouce de
haut.

4 Une Tête d'homme , environnée d'une branche de
laurier. Sur *cornaline* de même hauteur que la pré‑
cédente.

5 Un Bufte de femme , ayant les cheveux pendants
derriere le cou, cafque panaché & cuiraffe écail‑
lée. Sur *cornaline* de même hauteur que la pré‑
cédente.

6 Un Bufte de femme , avec les cheveux relevés
en treffes & attachés derriere la tête , diadême &
draperie. Sur *cornaline* de même hauteur que la
précédente.

7 Une Tête d'homme, avec cheveux courts & couronne de laurier. Sur *cornaline* ronde d'un pouce de diamétre.

8 Une Tête d'Empereur, ceinte de laurier. Les cheveux & la barbe font en partie noirs, & le vifage & le cou font blancs fur un fond noir. Sur *onix* d'un demi pouce de haut.

9 Un Bufte de femme, ayant les cheveux en partie retrouffés & en partie pendants en boucles fur le cou & les épaules. Ce Bufte qui a une draperie, eft blanc fur un fond tranfparent. Sur *agate onix* de cinq-huit de pouce de haut.

10 Un Bufte de Négreffe, vue prefque de face. Ce Bufte eft noir-brun fur un fond blanc opaque. Sur *onix* d'un peu plus d'un demi pouce de haut.

11 PHEDRA. La Tête de *Phédre*, avec les cheveux retrouffés en partie & attachés par derriere. Cette Tête eft ceinte d'un bandeau. Sur *cornaline* d'un pouce de haut.

12 Une Tête d'homme, avec cheveux frifés, barbe longue & épaiffe, & un bandeau. Sur *jafpe* de un & trois quarts de pouce de haut.

13 Une Tête d'homme cafqué. Sur *cornaline* d'un pouce de haut.

14 Une Tête de vieillard, ceinte de laurier. La tête eft blanche, fur un fond tranfparent. Sur *agate-onix*, d'un peu plus d'un demi-pouce de haut.

15 Un Bufte de femme, ayant les cheveux en partie retrouffés, & en partie pendans en boucles le long du cou, & draperie qui lui couvre prefque le fein. Ce bufte eft blanc, fur un fond bleuâtre. Sur *agate-onix* de cinq-huit de pouce de haut.

16 Une Tête d'homme, nue & frifée. Sur *cornaline* d'un demi-pouce de haut.

17 C. SERVILIUS AHALA Cos. La Tête nue du *Conful Ahala*, fort barbue & frifée. Sur *cornaline* de un & un huit de pouce de haut.

18 PHILÆTERUS. La Tête de *Philétérus, Roi d'Egypte*, avec cheveux courts, & ceinte de laurier. Sur *cornaline* d'un pouce de haut.

19 Une Tête de femme, avec les cheveux en partie retrouffés, & en partie pendans. Cette tête eft ceinte d'un bandeau. Sur *cornaline* de un & un huit de pouce de haut.

20 RIMETALCES. La Tête de *Rimétalce, Roi de Thrace*, avec cheveux frifés & couronne de laurier. Sur *cornaline* de même hauteur que la précédente.

21 ÆMILIUS LEPIDUS Cos. La Tête nue du *Conful Emilius Lépidus*, avec cheveux courts. Sur *cornaline* d'un pouce de haut.

22 Une Tête, avec cheveux courts & couronne de laurier. Sur *cornaline* ronde, d'un pouce de diametre.

23

&3 Une Tête à-peu-près femblable , vue de l'autre fens. Sur *cornaline* d'environ même forme & grandeur.

TIROIR N°. LXXXIV.

Ce Tiroir eft vuide.

TIROIR N°. LXXXV.

Contenant XXVIII Agates-Onix & autres Pierres gravées en relief.

N°. 1 Un Bufte de femme , vue de face & ayant la tête de profil, avec cheveux très-frifés & entrelaffés de treffes ; du derriere de la tête pend un voile qui lui tombe fur le dos : ce Bufte qui eft vêtu d'une robe fort ornée de perles , qui laiffe le fein découvert, eft d'un beau blanc de lait fur un fond brunâtre. Sur *agate-onix* d'environ un & un quart de pouce de haut.

2 Un Bufte d'homme , avec tête nue , cheveux frifés & draperie : tout le Bufte eft d'un beau blanc , & appliqué fur une *agate noire* de trois-quarts de pouce de haut.

3 Un Homme nu & debout, vu prefque de face, tenant de la main droite une lance , & s'appuyant

V

de la gauche fur un cheval qui eſt à côté de lui,
l'homme & le cheval font blancs en partie, fur
un fond noirâtre. Sur *onix* de trois-quarts de
pouce de haut.

4 Un Buſte de femme, ayant les cheveux en partie
relevés en treſſes & en partie pendans, & drape-
rie qui ne lui couvre qu'une épaule & que la
moitié du ſein. Ce Buſte eſt blanc, fur un fond
brun. Sur *agate-onix* de cinq-huit de pouce de haut,
certie en or.

5 Un Buſte de femme, coëffée en cheveux relevés
en treſſes, & tenant de la main droite une corne
d'abondance remplie de fleurs. Ce buſte qui eſt
vêtu, eſt blanc, fur un fond brun. Sur *agate-onix*
d'environ un pouce de haut, monté en argent
doré.

6 Deux Buſtes d'homme & de femme accolés. L'un
& l'autre avec caſque & draperie. Ces buſtes font
d'un beau blanc, fur un fond brun. Sur *agate-onix*
de trois-quarts de pouce de haut.

7 Une femme aſſiſe fur le dos d'un chameau. Sur
camayeu d'un demi-pouce en travers.

8 Un Buſte d'homme, coëffé d'une tête de femme,
ayant les cheveux retrouſſés & noués. Ce buſte qui
eſt drapé, eſt blanc fur un fond brun. Sur *agate-
onix* de trois-quarts de pouce de haut, montée en
or émaillé.

9 Une Femme, demi-figure, avec les cheveux re-
levés en treffes, voile pendant derriere la tête, &
tombant fur le dos. Cette femme, qui eft vêtue à
l'antique tient de la main droite un cœur. Le tout
eft blanc, fur un fond grifâtre. Sur *agate-onix*,
d'environ trois-quarts de pouce de haut, fur trois-
quarts de pouce de large, garnie d'argent.

10 FL. VESPASIANUS AUG. La Tête de *Vefpafien*,
environnée de laurier. Cette Tête eft jaune fur un
fond brun. Sur *agate-onix*, de fept-huit de pouce
de haut.

11 Vénus affife & Cupidon debout devant elle. Sur
camayeu d'environ trois-quarts de pouce en tra-
vers.

12 Une Femme, demi-figure, avec un enfant qu'elle
allaite. Elle eft coëffée d'une efpece de chapeau,
& vêtue d'une draperie. Sur *camayeu* de trois-quarts
de pouce de haut.

13 Une femme, demi-figure, avec cheveux retrouf-
fés & attachés derriere la tête. Cette figure qui a
une draperie, eft blanche, fur un fond brunâtre.
Sur *agate-onix*, de fept-huit de pouce de haut,
montée en argent doré.

14 Un Satyre affis au pied d'un arbre auquel il fem-
ble être attaché, & une femme ayant une draperie
volante, qui court le fecourir. Sur *camayeu* de cinq-
huit de pouce en travers, ferti en argent doré.

V 2

15 Le Jugement des trois Déeſſes par le berger Pâ-
ris. Les figures ſont d'un grand relief & preſque
iſolées. Sur *camayeu* de ſept-huit de pouce en tra-
vers.

16 Un Buſte de Moreſſe, avec la tête couverte en
partie d'un voile pendant ſur le dos & vêtue
d'un habillement à l'antique, orné de perles. Tout
le buſte eſt d'une couleur brunâtre & variée ſur
un fond blanc. Sur *agate-onix* de trois-quarts de
pouce de haut.

17 Mars aſſis, & Vénus & Cupidon debout. Les
figures ſont fort iſolées & preſque de ronde boſſe.
La Tête de Vénus ſemble avoir été ajoutée au tronc.
Le tout eſt d'un beau blanc de lait ſur un fond
brun. Sur *agate-onix* de un & un huit de pouce
de haut, ſur un & trois-huit de pouce de large,
montée en or.

18 Un Buſte de femme, ayant les cheveux rétrouſſés,
& voile tortillé ſur le derriere de la tête, avec les
bouts pendans. Ce buſte qui a une draperie, eſt
d'un blanc opaque, & le voile eſt jaunâtre ſur un
fond tranſparent. Sur *agate-onix* d'environ ſept-huit
de pouce de haut.

19 Léda recevant les embraſſemens de Jupiter mé-
tamorphoſé en cigne. Le tout eſt blanc, ſur un
fond tranſparent. Sur *camayeu* de cinq-huit de
pouce en travers.

20 Un Homme à cheval, ayant une femme en croupe.
L'homme tient un faucon fur le poing, & devant
le cheval, court un chien. Sur *camayeu* de trois-
quarts de pouce en travers.

21 Un Bufte de femme, ayant les cheveux pendans en
ondes fur les épaules, & une draperie. Ce bufte eft
blanc, fur un fond tranfparent. Sur *agate-onix*
d'environ fept-huit de pouce de haut.

22 Deux figures. L'une qui eft affife, tient une cor-
beille fur fa tête, & l'autre eft debout derriere
elle. Sur *camayeu* d'un peu plus d'un demi-pouce
en travers.

23 Un Bufte de femme, avec cheveux en partie re-
trouffés, & en partie pendans derriere le cou, &
habillement à l'antique. Ce bufte eft blanc, fur
un fond brunâtre. Sur *agate-onix* de trois-quarts
de pouce de haut.

24 Une figure nue & affife, d'or cifelé en bas-relief,
& appliquée fur une *agate-fardonix*, de un & un
huit de pouce de haut.

25 Un Bufte de femme, avec les cheveux relevés en
treffes & vêtement antique. Tout le bufte eft blanc,
fur un fond brunâtre. Sur *agate-onix* de trois-
quarts de pouce de haut, montée en argent doré.

26 Un Chaffeur dans un payfage, avec un chien cou-
rant. Les figures font blanches, fur un fond noir.

Sur *onix* d'environ un demi-pouce en travers, monté en or émaillé.

27 Un Bufte de femme, vue prefque de face, ayant les cheveux en partie retrouffés, & en partie pendans en boucles des deux côtés de la tête, & une draperie qui lui laiffe la moitié du fein découvert. Ce bufte eft blanc, fur un fond brun, Sur *agate-onix* de cinq-huit de pouce de haut, montée en argent doré.

28 Une Tête d'Empereur inconnu, ayant les cheveux frifés, & attachés par derriere avec un ruban, dont les bouts pendent fur le cou. La tête qui eft ceinte de laurier, eft blanche fur un fond tranfparent. Sur *agathe-onix* d'un peu plus d'un pouce de haut.

N. B. *La plus grande partie de ces pierres font d'une beauté de travail admirable.*

TIROIR N°. LXXXVI.

Contenant XXV Cornalines & autres Pierres gravées en creux.

N°. 1 Une Tête d'homme, nue, avec cheveux courts & barbe. Cette tête a une draperie au bas du cou. Sur *cornaline* de un & un quart de pouce de haut.

2 VENUS. La Tête de *Vénus*. La couche fupérieure de la Pierre eft d'un beau blanc, & le deſſous eft jaune. Sur un très-bel *onix* d'un peu plus d'un demi pouce de haut.

3 Un Buſte de femme, ayant les cheveux relevés en treſſes & attachés derriere la tête d'où pend une petite coëffure. Sur *ſardoine* de un & un quart de pouce de haut.

4 Un Buſte de femme, ayant les cheveux retrouſ-fés, couronne dé laurier & draperie. Sur *Amé-tiſte* d'un peu plus d'un demi pouce de haut.

5 Une Tête de femme, coëffée d'une façon finguliere & ceinte d'un bandeau orné de perles qui reſſemble à un diadême. Sur *cornaline* de un & trois-huit de pouce de haut.

6 Une Tête de femme, avec les cheveux relevés en treſſes. Sur *ſardonix* d'un demi pouce de haut.

7 Un Buſte de femme, ayant les cheveux retrouſſés, treſſe groſſe & longue pendante par derriere, & draperie ou fourrure au bas du cou. Sur *cornaline* de un & demi pouce de haut.

8 Le Portrait de Maurice de Naſſau, Prince d'Oran-ge, preſque de face, avec cuiraſſe & écharpe : ce portrait eft très-fingulier, étant gravé fur un *ſaphir bleu d'Orient* de trois-quarts de pouce de haut. Ceux qui connoiſſent cette pierre n'igno-rent pas que c'eſt la plus dure après le diamant.

V 4

9 Un Bufte de femme, vu par le dos, avec cheveux relevés en treffes & draperie. Sur *cornaline* de un & trois-huit de pouce de haut.

10 Un Bufte d'homme, vu par le dos, avec tête nue, cheveux frifés, barbe & draperie. Sur *cornaline jaunâtre* d'environ cinq-huit de pouce de haut.

11 Un Bufte de femme, ayant les cheveux relevés en treffes ; voile qui lui couvrant une partie de la tête tombe fur le cou, & draperie. Sur *cornaline-fardonix* de un & trois huit de pouce de haut.

12 MARCUS AURELIUS ANTON. AUG. La Tête nue de *Marc-Auréle*. Sur *cornaline* de fept huit de pouce de haut.

13 Un Bufte d'homme, avec tête nue, cheveux courts & frifés, & draperie. Sur *cornaline-fardonix* de un & trois-huit de pouce de haut.

14 Un Bufte d'homme, avec cheveux courts, forte barbe, bandeau orné d'une double rangée de perles, & draperie. Sur *cornaline* de cinq-huit de pouce de haut.

15 ARISTOTELES. Le Bufte d'*Ariftote*, ayant les cheveux longs, barbe, bonnet & draperie. Sur *cornaline* d'environ un & un quart de pouce de haut.

16 Un Bufte, vu par le dos, avec tête barbue & frifée, & draperie. fur *cornaline* d'environ cinq-huit de pouce de haut.

17 Un Bufte de femme, ayant une coëffure fingu-
liere & draperie. Sur *fardonix* de un & un quart
de pouce de haut.

18 NICOMEDES REX BITHYNIÆ. La Tête de *Ni-
coméde*, *Roi de Bithynie*, avec de longs cheveux
pendants, deux efpeces de cornes fur le front &
bandelette. Sur *fardonix* d'environ fept-huit de
pouce de haut.

19 Un Bufte de femme, avec cheveux retrouffés,
treffe pendante fur le cou & draperie. Sur *far-
donix* de un & un quart de pouce de haut.

20 Un Bufte, vu par le dos, ayant la tête nue, bar-
bue & frifée. Sur *cornaline* d'un demi pouce de
haut.

21 Un Bufte de femme, ayant les cheveux retrouffés,
groffe treffe tortillée au-deffus de la tête & ban-
deau. Sur *fardonix* de un & un quart de pouce
de haut,

22 Une Tête nue & en partie chauve, avec forte
barbe. Sur *jafpe* de cinq-huit de pouce de haut.

23 Une Tête nue, barbue & frifée. Sur *cornaline*
d'environ un & un quart de pouce de haut.

24 Un Bufte, ayant la tête nue & en partie chauve,
avec une longue barbe. Sur *fardonix* d'environ
cinq-huit de pouce de haut.

25 Un Bufte de femme, ayant les cheveux relevés

en treffes & ornés de fleurs, draperie attachée fur la tête & tombant jufqu'au bas du cou. Sur *fardonix* de un & un quart de pouce de haut.

TIROIR N°. LXXXVII.

Contenant XIII Cornalines & autres Pierres gravées en creux.

N°. 1 Un Bufte de femme, avec cheveux retrouffés & attachés en forme de bourlet, derriere la tête, orné de perles. Ce bufte a une draperie. Sur *cornaline* de un & trois huit de pouce de haut.

2 Une Tête de femme, ayant les cheveux retrouffés & pendans en boucles derriere le cou & diadême. Sur *cornaline fardonix* de un & trois huit de pouce de haut.

3 Un Bufte de femme, avec les cheveux en partie retrouffés & en partie pendans en boucles autour du cou, guirlandes de fleurs & draperie. Sur *cornaline fardonix* de un & un quart de pouce de haut.

4 Un Bufte de femme, avec les cheveux relevés en treffes, diadême & autres ornemens, un petit voile fur le derriere de la tête, qui tombe fur l'épaule, & une draperie. Sur *cornaline fardonix* de un & trois huit de pouce de haut.

5 Un Bufte de femme, ayant les cheveux retrouffés
  & attachés fur la tête, & un voile pendant par
  derriere. Ce bufte a une efpece de corfet & dra-
  perie. Sur *cornaline fardonix* de même hauteur que
  la précédente.

6 Un Bufte d'homme, vu par le dos, avec tête
  barbue & frifée, un peu penchée en avant, dra-
  perie autour de la tête & un bâton fur l'épaule.
  Ce bufte eft vêtu. Sur *cornaline fardonix* de même
  hauteur que la précédente.

7 VIRGO VICTRIX. Le Bufte d'une *fille victorieufe*
  à la courfe dans les jeux olympiques, avec les
  cheveux flottans fur les épaules, & une petite dra-
  perie au bas du fein. Sur *cornaline* de un & trois
  huit de pouce de haut.

8 Un Bufte d'homme, ayant la tête penchée en avant
  & couverte d'un bonnet très-fingulier, barbe ter-
  minée en pointe, & vêtement. Sur *agathe blanche*
  de un & trois huit de pouce en travers.

9 Un Bufte de femme, avec les cheveux relevés en
  treffes & ornés de laurier, une efpece de voile
  fur le derriere de la tête, qui pend fur l'épaule,
  & une draperie. Sur *jafpe jaunâtre* de un & un quart
  de pouce de haut.

10 Un Bufte de femme, ayant les cheveux retrouffés,
   une efpece de coëffure pendante par derriere, &
   une draperie. Sur *jafpe* d'environ un & un quart
   de pouce de haut.

11 Une Tête d'homme, nue, barbue & frisée. Sur *cornaline sardonix* de un & trois huit de pouce de haut.

12 Un Buste de femme, avec cheveux relevés en tresses, voile sur le derriere de la tête, qui pend sur l'épaule, & une draperie. Sur *cornaline sardonix* de même hauteur que la précédente.

13 Un Buste d'homme, avec tête en partie chauve, barbue & frisée, voile qui la couvrant en partie tombe sur les épaules, & habillement particulier. Sur *cornaline sardonix* de même hauteur que la précédente.

TIROIR Nº. I.
du bas du Cabinet.

Contenant XIV Bustes de ronde bosse, de différentes sortes de Pierres, avec & sans piédestaux, comme ils seront désignés.

Nº. 1 Le Buste de l'Empereur Adrien, avec couronne de laurier & draperie. Ce buste est de *cornaline sardonix*, & a un & trois huit de pouce de haut.

2 Le Buste de Tigrane, Roi d'Arménie, avec tête nue, cheveux courts & draperie. Ce buste est de

fardonix, & a un & fept huit de pouce de haut fans le piedeftal qui eft d'agathe.

3 Le Bufte de l'Empereur Galba, avec couronne de laurier & draperie. Ce bufte eft de *fardouix*, & de même hauteur que le précédent.

4 Le Bufte de l'Empereur Titus, avec couronne de laurier & draperie. Ce bufte eft de *fardonix*, & a deux pouces de haut fans le piedeftal qui eft d'agathe.

5 Un Bufte d'homme inconnu, avec tête nue, cheveux courts, barbe épaiffe & longue, & draperie. Ce bufte eft de *fardonix*, & a un & trois huit de pouce de haut.

6 Le Bufte de l'Empereur Marc-Aurèle, ceint de laurier & drappé. Ce bufte eft de *cornaline*, & a un & demi pouce de haut fans le piedeftal qui eft de cornaline blanche.

7 Le Bufte d'Ariobarzane, Roi des Parthes, avec cheveux courts, bandeau & draperie. Ce bufte eft d'*agathe rougeâtre*, & a deux & un quart de pouce de haut.

8 Le Bufte de l'Empereur Othon, avec tête nue, cheveux courts & cuiraffe écaillée. Ce bufte eft d'un très-beau *jafpe fleuri*, & a deux & trois huit de pouce de haut.

9 Le Bufte du même Empereur, avec couronne de

laurier & draperie. Ce bufte eft de *fardonix* & a
un & demi pouce de haut fans le piedeftal qui eft
de cornaline blanche.

10 Un Bufte, avec tête nue, cheveux courts & dra-
perie. Ce bufte eft de *fardonix*, & a fept huit
de pouce de haut.

11 Le Bufte d'Archimêde, avec tête nue, cheveux
courts, barbe épaiffe & longue, & draperie. Ce
bufte eft de *cornaline fardonix* & a un & demi
pouce de haut fans le piedeftal qui eft d'agathe.

12 Un Bufte d'homme inconnu, avec tête nue &
chauve au-deffus, cheveux frifés, barbe épaiffe &
draperie. Ce Bufte eft de *Prime de Turquoife
bleuâtre & variée*, & a deux & trois-huit de pouce
de haut.

13 Un Bufte d'homme inconnu, avec tête nue &
chauve, longue barbe & draperie. Ce Bufte eft de
fardonix & a un & fept-huit de pouce de haut
fans le piedeftal qui eft d'Agate.

14 Le Bufte de Jule-Céfar, avec couronne de laurier,
cuiraffe & draperie. Ce Bufte eft de *fardonix* & a
un & demi pouce de haut.

TIROIR Nº. II.

Contenant XXI Agates-Onix & autres Pierres
gravées en relief.

Nº. 1. M. OTHO CÆSAR AUG. La Tête d'*Othon*,
ceinte de laurier. Cette Tête est rougeâtre sur un
fond blanc & transparent. Sur *agate-onix* de un &
demi pouce de haut.

2 Un Buste de femme inconnue, & coëffée en che-
veux en partie retrousfés & en partie pendants. Ce
Buste a la tête ceinte d'un bandeau, & est blanc fur
un fond un peu brunâtre. Sur *agathe onix* d'un
peu plus d'un demi pouce de haut.

3 Un Buste inconnu, vu par le dos, avec la tête
de profil, cheveux courts & frifés, couronne de
laurier & draperie. Ce buste est tout a fait blanc
fur un fond noirâtre. Sur *agathe onix* d'un pouce
de haut, certie en or émaillé de couleur claire,
& entourée de petîts rubis.

4 La Victoire fur fon char attelé de deux chevaux,
dont l'un est brunâtre & l'autre blanc, de même
que la Victoire, fur un fond gris. Sur *agathe onix*
d'un pouce en travers, montée en argent doré &
entourée de huit rubis.

5 Une Tête ceinte de laurier. La tête eſt un peu rougeâtre ſur un fond plus blanc. Sur *agathe onix* d'environ un pouce de haut , montée en argent doré.

6 Un Buſte de femme , coëffée en cheveux en partie retrouſſés & en partie pendants en treſſes. Ce buſte a la moitié du ſein découvert , & eſt blanc ſur un fond tranſparent. Sur *camayeu* d'un peu plus d'un demi pouce de haut.

7 Une Tête d'homme , nue avec cheveux courts & friſés. Sur *jaſpe ſanguin* preſque rond , de un & un quart de pouce de haut.

8 Une Tête , avec cheveux courts , barbe & bandeau. Cette tête a une draperie au bas du cou. Sur *agathe onix* ovale , de forme longue , de un & un huit de pouce de haut.

9 Hercule aſſis & ſe repoſant ſur la dépouille du Lion , avec la tête & la main droite appuyées ſur ſa maſſue. Dans le champ de la Pierre ſe voyent une draperie étendue & un bouclier. L'Hercule qui eſt d'un blanc de lait , eſt très-relevé & preſque de ronde boſſe ſur un fond tranſparent. Sur *camayeu* de un & un huit de pouce de haut.

10 L. AEL. AUREL. COMMODUS AUG. Le Buſte de *Commode* , repréſenté ſous la figure d'Hercule , vu par le dos , avec la tête de profil. Ce buſte , qui eſt ceint de laurier & a le dos couvert d'une

dépouille

dépouille de Lion, attachée fur l'épaule gauche,
eft blanc fur un fond vert, à la réferve de quel-
ques taches brunes & naturelles qui fe trouvent
fur les cheveux & fur l'épaule, de même que fur
la peau de Lion. Sur un *jaffe fanguin onix* de
deux & un huit de pouce de haut, très-artifte-
ment monté en or émaillé de couleur claire, &
garni de quatre emeraudes.

N. B. *Cette pierre, dont le travail eft de toute
beauté, & qui eft très connue des curieux, vient
du cabinet de feu M. Uylenbroek.*

11 Sacrifice compofé de quatre figures debout, en
bas relief. Au milieu, on voit un autel, à la gauche
duquel fe tient une figure qui femble allumer le
feu, & qui eft accompagnée d'un Victimaire. A
droite on apperçoit un homme & une femme qui
s'embraffent. La femme eft nue a la réferve d'une
petite draperie qu'elle a fur la cuiffe, & l'Homme
eft armé d'une cuiraffe. Ce fujet dont les figures
font d'une beauté de deffin & de travail admi-
rables, quelques unes très-ifolees & d'autres de
ronde boffe, eft d'un beau blanc de lait fur un
fond transparent, qui paroit brunâtre. Sur *camayeu*
d'environ un & un quart de pouce de haut, garni
d'argent dore.

12 Une fainte Face. La face eft brune, & le mou-
choir blanc fur un fond tranfparent. Sur *agathe*

X

onix de trois couleurs, d'environ un pouce de haut, cerṭie en argent doré.

23 Un Buſte de la Sainte-Vierge , de profil, couverte d'un voile. Sur *cornaline blanche* de un & un quart de pouce de haut.

24 T. AEL. ADE. ANTONINUS P. AUG. Le Buſte d'*Antonin le pieux* , vu de face , couronné de laurier & ayant une draperie. Ce buſte qui eſt preſque de ronde boſſe, eſt brun ſur un fond blanchâtre. Sur *agathe onix* de un & cinq huit de pouce de haut.

25 Un Buſte, ayant la tête armée d'un caſque , ſur lequel eſt repréſenté le cheval Pégaſe. Ce buſte qui eſt drappé , eſt fort relevé & rougeâtre ſur un fond plus blanc. Sur *agathe onix* de un & demi pouce de haut.

26 Une Tête de femme, avec les cheveux retrouſſés & bandeau. Sur *cornaline blanche* de un & un huit de pouce de haut.

27 Deux Buſtes d'homme & de femme accolés & vus par le dos, avec les têtes de profil. L'homme a les cheveux courts, couronne de laurier & draperie. Son Buſte eſt en partie brunâtre, & celui de la femme eſt blanc, ſur un fond jaunâtre & tranſparent. Sur *agate-onix* de un & demi-pouce de haut.

28 Le Triomphe de l'Amour, dans un char tiré par deux lions , conduits par un Cupidon. Derriere le

char on apperçoit Pan jouant de la flûte à plu-
fieurs tuyaux, & à côté des lions marchent deux
figures, dont l'une tient une corne d'abondance,
& l'autre deux urnes qui regorgent de fleurs. En
l'air un autre Cupidon tenant de chaque main une
couronne de fleurs, dont il femble vouloir cou-
ronner l'Amour. Tout ce fujet eft blanc fur un fond
noirâtre. Sur *camayeu* de un & un quart de pouce
en travers, monté en argent doré.

19 SERG. SULP. GALBA CÆSAR AUG. La Tête de
Galba, ceinte de laurier. Sur *agate veinée*, de trois
pouces de haut.

20 Une Furie debout, portant la tête en l'air, & une
grande draperie voltigeante Cette figure qui eft très-
artiftement travaillée, eft blanche fur un fond bru-
nâtre. Sur *agate-onix*, d'un pouce de haut.

21 Deux Buftes accolés. Celui de l'homme qui eft
vu par le dos, a la tête barbue & couverte d'une
dépouille de lion, qui eft brunâtre, mais le vi-
fage & le cou font blancs, & le vifage de la femme
eft encore plus blanc. Ces buftes dont les têtes font
de profil, font fur un fond brunâtre & tranfparent.
Sur *agate-onix* de un & trois-quarts de pouce de
haut.

X 2

T I R O I R N°. III.

Contenant XIX Pierres gravées en creux.

N°. 1 M. Aur. Sev. Anton. Caracalla Aug.
Le Buſte d'*Antonin Caracalla*, avec couronne ra-
diée & draperie. Sur *ſardonix* de un & ſept-huit
de pouce de haut.

2 Un Buſte ayant les cheveux en partie relevés, & en
partie pendans, le caſque panaché, & la cuiraſſe
ornée d'un maſque. Sur *cornaline* noirâtre d'en-
viron un & un quart de pouce de haut, montée
en argent doré.

3 Le Portrait de l'Empereur Charles-Quint, ceint
de laurier & armé d'une cuiraſſe, avec le collier
de l'ordre de la Toiſon d'or. Sur *agate-onix* de
un & cinq-huit de pouce de haut.

4 Vénus recevant les embraſſemens de Mars. Au pied
du lit ſe voit un Cupidon jouant de la lyre, &
en l'air le ſoleil. Les figures ſont blanches ſur un
fond tranſparent. Sur *agate-onix* de un & demi-
pouce en travers.

5 Postumi Pater et Filius. Les Têtes des deux
Poſtumes, pere & fils, accolées & ceintes de lau-
rier. Sur *ſardonix* de un & cinq-huit de pouce de
haut.

6 Un Bufte de femme, ayant les cheveux en partie retrouffés & attachés derriere la tête, boucle pendante, & draperie. Sur *fardonix* d'environ un & un quart de pouce de haut, monté en or.

7 ATALANTE. Le Bufte d'*Atalante*. Sur *fardonix blanc*, de un & cinq-huit de pouce de haut.

8 Le Bufte de Domitia Paulina, mere de l'Empereur Adrien, ayant un cafque & une cuiraffe fort ornée, avec cette légende. DOMITIA PAUL. ADR. IMP. MATER. Sur *onix de trois couleurs*, dont le fond eft tranfparent, de un & demi-pouce de haut, certi en argent.

9 Jefus-Chrift fortant du tombeau aux côtés duquel fe voient deux foldats fort épouvantés. Les figures qui font prefque blanches fur un fond tranfparent, font fort ifolées & prefque de ronde boffe. Sur *agate-onix* de un & un quart de pouce de haut, garnie d'argent doré.

10 NERVA TRAJANUS ADRIANUS AUG. Le Bufte d'*Adrien*, vu par le dos, avec couronne de laurier & draperie. Sur *fardonix* de deux & un quart de pouce de haut, garni d'or en filagrame émaillé, & orné de quatre diamans, quatre rubis, & d'une groffe perle en pendeloque.

11 Un Bufte de femme, prefque de face, avec cheveux retrouffés, bandeau & draperie. Sur une *jacinte la belle*, de un & cinq-huit de pouce de haut,

fur cinq-huit de pouce d'épais, garnie d'or émaillé,
& entourée de perles, de turquoifes & d'opales.

N. B. *Ce Bufte a le bout du nez un peu endommagé.*

12 Un Bufte d'homme, fort relevé & vu de face.
Sur une *jacinte la belle*, d'un pouce de haut, gar-
nie d'argent doré.

13 L. SEPT. SEVERUS PERTINAX AUG. La Tête
de *Septime Severe*, avec barbe & couronne de
laurier. Sur *jafpe fanguin* de deux pouces de haut.

14 Le Portrait de l'Empereur Charles-Quint, ceint de
laurier, avec cuiraffe, & le collier de l'Ordre de
la Toifon d'or. Ce bufte eft blanc, fur un fond
tranfparent. Sur *agate-onix* de un & demi-pouce
de haut.

15 SERG. SULP. GALBA CÆSAR AUG. La Tête de
Galba, ceinte de laurier, & ayant une draperie au
bas du cou. Sur *cornaline* d'environ un & demi-
pouce de haut, garnie d'argent doré.

16 Un Bufte de femme, coëffée en cheveux frifés
& ayant deux longues treffes, dont l'une tombe
fur l'épaule & l'autre derriere le cou. Ce bufte
a la tête ceinte du diadême & une draperie. Sur
cornaline blanche & prefque ronde, de un & trois-
huit de pouce de haut.

17 Une pierre gravée des deux côtés. De l'un fe
voit le bufte d'*Alexandre le Grand*, avec cafque

panaché, cuirasse écaillée & draperie, & ayant un grand bouclier passé dans le bras. Au revers, le Buste de *Minerve*, avec de longs cheveux, casque panaché, & un grand bouclier. Cette pierre est une *cornaline* de un & demi pouce de haut, garnie d'or.

18 Un Buste de femme, de face, ayant les cheveux en partie retroussés & en partie pendans en boucles, une petite draperie & le sein découvert, avec des perles autour du cou. Ce buste, qui est presque de ronde bosse, est blanc sur un fond à-peu-près transparent. Sur *agathe-onix* de un & un huit de pouce de haut.

19 SOCRATES. Le Buste de *Socrate*, avec une petite draperie. Sur *Jaspe* d'environ un & trois quarts de pouce de haut.

TIROIR N°. IV.

Contenant XI Agates-Onix & autres Pierres gravées en relief.

N°. 1 Une figure de ronde bosse, représentant un Guerrier assis au milieu de trophées d'armes, tenant de la main droite un sabre & de la gauche un bouclier. Cette figure est composée de pieces de rapport. La tête est d'agathe, dont le visage est

refervé de couleur de chair, & les cheveux qui
font frifés, font de couleur brune. Le corps eft
couvert d'une cuiraffe d'or, émaillée en partie,
avec lambrequins au bas. La poitrine & le ventre
font de perle fine, & les bras & les jambes qui
font nuds, font auffi d'agathe & fort artiftement
ajoutés. Sur le bouclier fe voient Vénus & Cupi-
don debout. Le tout fur un fond de *Lapis Laʒuli*
dans un ornement d'or émaillé de couleur claire,
& garni d'onze rubis. La figure quoiqu'affife, a
deux & un quart de pouce de haut, & eft ainfi
que tout ce qui l'accompagne, très-artiftement
travaillée. Le tout enfemble pefe environ deux &
trois quarts d'once.

2 Un Bufte de ronde boffe, d'or émaillé, repré-
fentant une Minerve ayant de longs cheveux pen-
dans en boucles, le cafque & la cuiraffe, or-
née de mafques fur les épaules avec lambrequins.
Le vifage de même que le cou font d'une jacinthe
la belle, & très-relevés Derriere le cafque, qui
eft en forme de bec d'oifeau, fe voit un beau gre-
nat longuet, & fur le bec une belle émeraude.
Sur la poitrine & le dos font deux jacinthes la
belle en forme de coquilles. Ce bufte qui eft fait
avec beaucoup d'art, a environ deux & un quart
de pouce de haut, & pefe le tout enfemble un &
un quart d'once.

3 Une Tête d'Empereur, avec couronne de lau-

rier, & ayant une fraife autour du cou. Sur
Jafpe d'environ un pouce de haut & de large,
garni d'argent doré.

4 Un Bufte, avec tête nue, cheveux courts & frifés,
barbe épaiffe & draperie. Ce bufte eft rouge fur
un fond à-peu-près tranfparent. Sur *cornaline-onix*
de un & un quart de pouce de haut.

5 L. DOMIT. DOMITIANUS AUG. La Tête de *Do-*
mitien, ceinte de laurier. Sur *cornaline* dé un &
un huit de pouce de haut.

6 HERCULES La Tête d'*Hercule*, coëffée de la
dépouille du lion. Sur *fardonix* de un & un huit
de pouce de haut.

7 Une Tête de femme, de ronde boffe, couverte
d'un voile qui lui tombe fur le cou. Sur *agathe-*
onix de fept huit de pouce de haut.

8 Une Tête d'homme, avec barbe affez longue &
couronne de laurier. Sur *agathe-onix* de trois quarts
de pouce de haut.

9 Un Bufte d'Empereur, avec cheveux courts &
draperie. Sur *agathe noire* de fept-huit de pouce de
haut.

10 Une Tête de More, environnée d'une bande
blanche. Sur *onix* d'un demi pouce de haut.

11 Une Tête femblable à la précédente. Sur
agathe-onix de fept-huit de pouce de haut.

T I R O I R N°. V.
Contenant ce qui ſuit.

N°. 1 Le Jugement de Pâris, très-artiſtement gravé en relief. Les figures ſont blanches ſur un fond brunâtre. Sur une *coquille* de forme ronde, de ſept-huit de pouce de diamêtre, proprement montée dans une petite bordure de bois brunâtre.

2 Pyrame & Thysbé dans un payſage, en relief. Sur une *coquille* ſemblable de forme ovale, de deux pouces en travers, montée de même.

3 Le Portrait de Louis XIV, en buſte de relief, & émaillé de blanc ſur un fond noir. Sur *or* de un & un quart de pouce de haut.

4 Une figure de femme nue, avec un Dieu marin, en relief. Sur une *coquille* de un & un quart de pouce de haut, montée en argent.

5 Trois Buſtes accolés, en relief, & de différentes couleurs. Sur *coquille* ſemblable, de un & un quart de pouce de haut, montée en or.

6 Les Buſtes des trois Rois d'orient, en relief & accolés. Sur *coquille* ſemblable, d'environ un & trois-quarts de pouce de haut, montée en argent.

7 JULIUS CÆSAR ET POMPEIA. Les Buſtes de

Jule-Céfar & *de Pompée*, en relief & en deux pieces. Sur *coquille* appliquée fur *agate-noirâtre*, de un & trois-huit de pouce de haut.

8 Deux petits Sujets en bas-relief, compofés chacun de deux figures. Sur *coquille* de cinq-huit de pouce en travers.

9 Le Portrait de Barneveld, vu prefque de face, en bas-relief. Sur *coquille* de un & demi-pouce de haut.

10 Trois Têtes accolées de différentes couleurs. Sur *coquille* d'environ un pouce en travers.

11 Trois autres Têtes femblables. Sur *coquille* d'environ un pouce de haut & de large.

12 Trois autres femblables Sur *coquille* d'environ fept huit de pouce de haut & de large.

13 Trois autres Têtes femblables. Sur *coquille* de même hauteur & largeur.

14 Deux buftes d'homme & de femme accolés, en bas-relief. Sur une *coquille* toute blanche, d'un pouce de haut.

15 Les douze premiers Empereurs & Impératrices, faifant enfemble vingt-quatre pieces, très-proprement gravés en taille douce, fur *nacre de perle* de un & un quart de pouce de diametre.

TIROIR No. VI.

Ce Tiroir eft vuide.

N°. I.

LE CABINET

Contenant les Pierres gravées.

Ce cabinet eſt de bois d'inde, & a cinq pieds quatre
pouces de haut, ſur deux pieds huit pouces de large,
& environ un pied & un pouce de profondeur·
La partie ſupérieure du cabinet, qui ſe ferme à
deux battans, & qui peut être ſéparée de la par-
tie inférieure, a deux pieds huit pouces de haut,
ſur environ deux pieds huit pouces de large, &
contient LXXXVII Tiroirs d'égale grandeur, dont
chacune à neuf & demi pouce de profondeur ſur
huit & demi de largeur. Ces Tiroirs ſont parta-
gés en trois colonnes, & le dedans de chacun
d'eux contient des ornemens d'un deſſin différent,
qui reſſemblent à des parterres, & qui ſont ſculp-
tés, dorés & appropriés ſelon la grandeur des
pierres qui s'y trouvent arrangées comme dans des
niches; ce qui forme un coup-d'œil très-agréable.
La partie inférieure du cabinet, contient d'abord VI
autres Tiroirs, dont chacun a un pied deux &
& demi pouce de largeur ſur dix pouces de pro-
fondeur. Ces Tiroirs ſont partagés en deux co-
lonnes, & cette partie du cabinet ſe ferme auſſi

à deux battans. Enfuite, au deffous font trois grands
tiroirs vuides l'un fous l'autre, qui font de même
largeur & profondeur que le cabinet.

FIGURES ANTIQUES
DE BRONZE

qui ornent le deffus de ce Cabinet.

———

N°. 1 Pallas armée en partie, & affife, ayant le pied
pofé fur deux livres, près defquels on voit une
tête de vieillard renverfée. A côté de Pallas fe tient
un Cupidon debout avec un bras appuyé fur fon
fiége. La figure de la Déeffe eft dorée d'or moulu,
& à fix & demi pouces de haut.

■ Deux Figures fur des piedeftaux féparés de bois
d'inde, & repréfentant des Cupidons debout. L'un
de ces Cupidons joue de la trompette & l'autre
regarde dans un livre de mufique. Ces deux figures,
qui font de bronze & auffi dorées d'or moulu, ont
chacune fept pouces de haut, & font placées à
chaque côté de Pallas.

■ Deux autres Figures nues & debout, dont l'une
repréfente Mercure avec le Pétafe, & tenant de
la main gauche la bourfe; & l'autre, un Adonis
ou Chaffeur, tenant une pique de la main gauche

& ayant un Chien à côté de lui. Ces deux figures,
qui font bronzées, ont chacune neuf & demi
pouces de haut, & font placées à côté des Cupi-
dons.

N°. I I.

L E   C A B I N E T

Contenant les Empreintes.

Ce cabinet eſt de pareil bois d'inde, & contient auſſi
LXXXVII Tiroirs, tous de même grandeur,
avec les empreintes en cire, des pierres gravées en
creux, arrêtées fur des cartons, & numérotées
dans le même ordre des pierres. Ce cabinet fe ferme
auſſi à deux battans.

N°. I I I.

U N   C A B I N E T

Contenant des Pâtes ou Compoſitions de verre.

Ce Cabinet qui eſt de pareil bois d'inde que les pré-
cédens, & qui a deux pieds trois pouces de haut
fur un pied huit & demi pouces de large, & un

pied de profondeur, contient XLVIII Tiroirs partagées en deux colonnes égales, & se ferme aussi à deux battans.

Les XXIV Tiroirs de la premiere colonne, contiennent environ 1250 pâtes ou compositions de verre presque toutes différentes & de diverses couleurs, très-proprement arrangées dans des compartimens à peu près dans le goût de ceux du cabinet des pierres gravées n°. 1. La plûpart de ces Pâtes sont imprimées sur les pierres gravées même du cabinet du Roi de France, & sur celles d'autres cabinets célèbres. On sera peut-être surpris de ce qu'on a pu avoir occasion de tirer un nombre aussi considérable d'empreintes des pierres du cabinet de ce Monarque; mais les curieux, sur tout ceux de Paris, n'ignorent pas que son Altesse Royale, le feu Duc d'Orléans, Régent de France, avoit la bonté non-seulement de permettre, mais de faciliter mêmes ces sortes d'entreprises par l'amour qu'il avoit pour les choses de ce genre, auxquelles lui-même a souvent employé une partie assez considérable de ses heures de loisir. Dans la seconde colonne, si on en excepte sept tiroirs qui sont vuides, savoir, depuis le tiroir XXV jusqu'au XXXII inclusivement, celles qui restent contiennent encore environ 1000 pâtes, non arrangées, parmi lesquelles il s'en trouve plusieurs en relief, de la même composition que les précédentes, dont diverses sont

doubles de celles qui ſe trouvent dans les tiroirs
de la premiere colonne.

FIN.

Lu & approuvé ce 30 Déc. 1788. COCHIN.

king, who might have deferved a ftatue among the beft and braveft of the ancient Romans.

Birth and education of Theodoric. A. D. 455—475.

Theodoric the Oftrogoth, the fourteenth in lineal defcent of the royal line of the Amali(1), was born in the neighbourhood of Vienna (2) two years after the death of Attila. A recent victory had reftored the independence of the Oftrogoths; and the three brothers, Walamir, Theodemir, and Widimir, who ruled that warlike nation with united counfels, had feparately pitched their habitations in the fertile though defolate province of Pannonia. The Huns ftill threatened their revolted fubjects, but their hafty attack was repelled by the fingle forces of Walamir, and the news of his victory reached the diftant camp of his brother in the fame aufpicious moment that the favourite concubine of Theodemir was delivered of a fon and heir. In the eighth year of his age, Theodoric was reluctantly yielded by his father to the public intereft, as the pledge of an alliance which Leo, emperor of the Eaft, had confented to purchafe by an annual fubfidy of three hundred pounds of gold. The royal hoftage was educated at Conftantinople with care and tendernefs. His body was formed to all the exercifes.

(1) Jornandes (de Rebus Geticis, c. 13, 14. p. 629, 630. edit. Grot.) has drawn the pedigree of Theodoric from Gapt, one of the *Anfes* or Demi-gods who lived about the time of Domitian. Caffiodorius, the firft who celebrates the royal race of the Amali (Variar. viii. 5. ix. 25. x. 2. xi. 1.), reckons the grandfon of Theodoric as the xviith in defcent. Peringfcold (the Swedifh commentator of Cochlœus. Vit. Theodoric. p. 271, &c. Stockholm, 1699.) labours to connect this genealogy with the legends or traditions of his native country.

(2) More correctly on the banks of the lake Belfo (Nieufiedler-fee) near Carnuntum, almoft on the fame fpot where Marcus Antoninus compofed his meditations (Jornandes, c. 52. p. 659. Severin Pannonia Illuftrata, p. 22. Cellarius, Geograph. Antiq. tom. i. p. 350.)